中国历代统一王朝

徐 潜 / 主 编

吉林文史出版社

图书在版编目（CIP）数据

中国历代统一王朝 / 徐潜主编 . —长春：吉林文史
出版社，2013.4（2023.7重印）
ISBN 978-7-5472-1541-8

Ⅰ. ①中… Ⅱ. ①徐… Ⅲ. ①中国历史-古代
史-通俗读物 Ⅳ. ①K220.9

中国版本图书馆 CIP 数据核字（2013）第 063825 号

中国历代统一王朝
ZHONGGUO LIDAI TONGYI WANGCHAO

主　　编	徐　潜
副主编	张　克　崔博华
责任编辑	张雅婷
装帧设计	映象视觉
出版发行	吉林文史出版社有限责任公司
地　　址	长春市福祉大路 5788 号
印　　刷	三河市燕春印务有限公司
版　　次	2013 年 4 月第 1 版
印　　次	2023 年 7 月第 4 次印刷
开　　本	720mm×1000mm　1/16
印　　张	13
字　　数	250 千
书　　号	ISBN 978-7-5472-1541-8
定　　价	45.00 元

序　言

　　民族的复兴离不开文化的繁荣，文化的繁荣离不开对既有文化传统的继承和普及。这套《中国文化知识文库》就是基于对中国文化传统的继承和普及而策划的。我们想通过这套图书把具有悠久历史和灿烂辉煌的中国文化展示出来，让具有初中以上文化水平的读者能够全面深入地了解中国的历史和文化，为我们今天振兴民族文化，创新当代文明树立自信心和责任感。

　　其实，中国文化与世界其他各民族的文化一样，都是一个庞大而复杂的"综合体"，是一种长期积淀的文明结晶。就像手心和手背一样，我们今天想要的和不想要的都交融在一起。我们想通过这套书，把那些文化中的闪光点凸现出来，为今天的社会主义精神文明建设提供有价值的营养。做好对传统文化的扬弃是每一个发展中的民族首先要正视的一个课题，我们希望这套文库能在这方面有所作为。

　　在这套以知识点为话题的图书中，我们力争做到图文并茂，介绍全面，语言通俗，雅俗共赏。让它可读、可赏、可藏、可赠。吉林文史出版社做书的准则是"使人崇高，使人聪明"，这也是我们做这套书所遵循的。做得不足之处，也请读者批评指正。

编　者

2012 年 12 月

目 录

秦汉——民族的发轫与源起

　　秦汉时期是中国秦汉两朝大一统时期的合称。秦灭六国，首次完成真正意义的中国统一。秦始皇建立起中国历史上第一个中央集权制的秦朝。秦汉时期是中国历史上第一个大一统时期，也是统一多民族国家的奠基时期。

一、从秦人崛起到统一中国

秦人崛起

中华大地地广人多，先秦时期形成了上百个使用汉语的小国。这些小国各自为政，风俗迥异，发展也不均衡，有的十分落后。

秦始皇发愤图强，挥军四出，统一了所有使用汉语的国家，并扩张到非汉语国家所在的岭南和福建，为汉族的正式形成和发展奠定了基础。

秦人姓嬴，原属东方夷族部落，生活于今山东、河北一带，善于养马。

殷商时期，一部分秦人西迁，为商王守卫西北边陲，西周时期又为周王守卫西北边陲，活动于渭水和西汉水流域，即今甘肃天水、礼县一带，处于诸戎包围之中，地位低下，等同奴隶。秦人经常受到西北游牧民族的攻杀，处境险恶。

秦人传到非子时期，正值周孝王在位。这时，周王室不断受到诸戎侵袭，急需战马加强国防。非子继承了嬴人善于养马的传统，因而被周王委以养马重任。

天水石门东侧 20 里处是一条峡谷，这里树木茂密，野草丛杂，是理想的天然牧场。非子选中了这块地方为周王牧养战马，获得了极大的成功，驯养出好多良马。

非子精明强干，又善于抓住机遇。他为周王室驯养大批良马，使周王室的国防力量大大加强。为了表彰非子的功绩，周孝王在西陲之外划出一块方圆 50 里叫作"秦"的地方作为非子的封地。

从此，嬴族一分为二：一部以成（非子的长兄）为首，在故地西犬丘（礼县大堡子山），是正宗；一部以非子为首，在秦（今天水张家川），是周王室附庸。从此，非子所部便称"嬴秦"了。

周厉王在位时，因他过于残暴，引发国人暴动。西戎乘机举兵内侵，占领了西犬丘，灭了成的后代及其族人。

周宣王四年（前824年），为表彰秦人为周王室守土有功，封非子后人秦仲为大夫。

后来，秦仲为周王室讨伐西戎时战死了。

秦仲之子庄公为父报仇，击败西戎，还收复了西犬丘，被周宣王封为西陲大夫。

周幽王时，宠幸褒姒，烽火戏诸侯，导致犬戎兵攻破镐京，西周灭亡。在此次事件中，只有秦襄公亲率秦人拼死援救周王室。

犬戎兵退走后，卫、晋、秦、郑、申、鲁、许等国诸侯拥戴宜臼于公元前770年在申（今河南省南阳市北）即位，史称周平王。

因为镐京已经残破不堪，宜臼在秦襄公的护送下东迁洛邑，在晋、郑等诸侯国的辅助下勉强支撑残局。

因为镐京在西边，洛邑在东边，所以历史上把周朝以镐京为国都的时期称为西周，迁都洛邑以后的周朝称为东周。东周开始的这一年就是我国春秋时期的开端。

因周平王东迁时，秦襄公率军护驾，为东周的建立立下了汗马功劳，所以受到周平王的高度信任。

周平王东迁后，为报答秦襄公，特地封他为诸侯，并答应他说："犬戎攻占镐京，你率军攻击他们吧，打到哪里哪里就归你所有。"

不久，秦襄公大败犬戎，扩地千里，岐山以西的广大地区均被秦军攻占，秦国从此强大起来，以诸侯的资格登上了华夏民族的历史舞台。

秦襄公封侯之后，主动学习中原诸国政治、军事、文化和礼仪制度，建立各种典章制度，与中原诸侯国建立联系，发展农业生产，加强军备，国力日益强盛起来。

秦襄公死后，其子秦文公即位。

周平王九年（前762年），秦文公迁都关中，西犬丘故都作为秦人先祖陵庙所在地，仍定期祭祀。秦文公死后，仍葬于西犬丘。

西北高原是游牧部落的天下，这些马背上的民族极其凶悍，经常对秦人进行攻击和屠杀。秦人几代先王都战死疆场，刚刚诞生的

秦军更是血流成河。经过二百多年的浴血奋战，秦军彻底征服了剽悍的游牧民族，崛起于西方。

不间断的战争和恶劣的生存环境不允许秦人去做学问，秦国出的是精兵猛将，文臣几乎都是东方诸侯国前来投奔的。秦人虚怀若谷，兼收并蓄，利用他山之玉，一步步走向强盛，进而问鼎中原，最终吞并六国，完成了统一天下的大业，为汉族的形成做出了巨大的贡献。

秦孝公备战

秦国虽然在关中站稳了脚跟，但在战国七雄中，秦国在政治、经济、文化各方面都比中原各诸侯国落后。邻国魏国就比秦国强大，还从秦国手中夺去了河西一大片土地。这片土地在黄河之西，属于关中，原是秦国的领土。

周显王八年（前361年），秦孝公即位。他下决心发愤图强，搜罗人才，富国强兵。他下令说："不论是秦国人还是外国来的客人，只要能使秦国富强起来，就封他为官。"

有才干的外国人闻讯，纷纷前来投奔他。卫国有一个贵族公子叫公孙鞅，就是后来的商鞅。他在卫国得不到重用，便千里迢迢来到秦国，受到了秦孝公的接见。

商鞅对秦孝公说："国家要富强，必须进行改革，发展农业，奖励将士。要想把国家治理好，必须有赏有罚。有赏有罚，朝廷才有威信，一切改革就容易进行了。"

秦孝公赞同商鞅的主张，但秦国贵族和大臣却竭力反对改革。秦孝公刚刚即位，见反对的人多，怕闹出乱子来，影响自己的君位，就把改革的事暂时搁了下来。

过了两年，秦孝公的君位坐稳了，就拜商鞅为左庶长（秦国的官名）推行改革。

自从商鞅变法以后，秦国农业生产发展了，军事力量强大了。

不久，秦国进攻魏国，从河西打到河东，把魏国的都城安邑也打下来，魏

中国历代统一王朝

国只好迁都大梁。

十年后，商鞅又实行了第二次改革，改革的主要内容如下：

一、废井田，开阡陌。阡陌是田间的大路，南北叫阡，东西叫陌。秦国把这些宽阔的阡陌铲平，也种上庄稼，还把以前作为划分疆界用的土堆、荒地、树林、沟地也开垦了，谁开垦的荒地归谁所有，谁的土地都可以买卖。

二、建立县级行政单位。把市镇和乡村合并起来组成县，由国家派官吏直接管理。这样，中央政权的权力更集中了。

三、迁都咸阳。为了便于向东发展，把国都从原来的雍城（今陕西省凤翔县）迁到渭河北面的咸阳（今陕西咸阳市东北）。

这样大规模的改革触犯了旧势力的利益，引起了激烈的斗争，许多贵族、大臣都反对新法。有一天，秦国的太子犯了法。商鞅对秦孝公说："国家的法令必须人人遵守，如果上面的人不遵守，下面的人就不信任朝廷了。得人者昌，失人者亡。如今太子犯法，他的师傅应当受罚。"

秦孝公认为商鞅说得对，便把太子的师傅公子虔和公孙贾都办了罪：一个割掉了鼻子，一个在脸上刺上字。这样一来，贵族和大臣都不敢触犯新法了。

十年后，秦国变得十分富强。周天子见状，忙打发使者送祭肉给秦孝公，封他为"方伯"，让他做了一方诸侯的首领。中原的诸侯也纷纷向秦国道贺。

张仪助秦

帮助秦国强大起来的，除了商鞅外，还有很多东方人，其中最为著名要属张仪、范雎等人。

在商鞅的改革大潮推动下，秦国越来越强大了。

秦孝公于周显王三十一年（前338年）病逝，他儿子秦惠文王即位后，不断扩张势力，发动战争，引起了其他国家的恐慌。

为了对付秦国的进攻，一些政客帮助这些国家出主意，主张大家结成联盟，联合抗秦，这种政策叫"合纵"。

与此同时，还有一些政客帮助秦国到各国游说，

要他们帮助秦国去攻击别的国家，这种政策叫"连横"。

在这些政客中，最出名的要数张仪。张仪是魏国人，在魏国穷困潦倒，便到楚国去游说，楚王没有接见他，楚国的令尹把他留在家里作门客。

有一天，令尹家里丢了一块名贵的璧。令尹见张仪一副穷相，怀疑璧是他偷的，把他抓起来打个半死。

张仪回到家里，妻子见他满身伤痕，心疼地说："你要是不读书，不出来做官，哪会受这样的罪!"

张仪张开嘴，问妻子："我的舌头还在吗?"

妻子说："舌头当然还在。"

张仪说："只要舌头在，就不愁没有出路。"

后来，张仪辗转到了秦国，凭他的学问和口才，很快得到秦惠文王的信任，当上了相国。

这时，六国正在合纵抗秦，楚、赵、魏、韩、燕五国组成一支联军，于公元前 318 年攻打秦国的函谷关。由于五国之间有矛盾，不能齐心协力，结果被秦军打败了。

张仪认为在六国中齐、楚两国是大国，要想实行"连横"，非把齐国和楚国的联盟拆散不可。于是，他向秦惠文王献计，秦惠文王采纳后，他就到楚国去了。张仪到楚国后，将贵重的礼物送给楚怀王手下的宠臣靳尚，很快便见到了楚怀王。张仪对楚怀王说："秦王特地派我向大王致意，要跟贵国交好。要是大王同齐国断交，秦王愿意跟贵国永远和好，还愿意把商于（今河南淅川县西南）一带六百里的土地献给贵国。"

楚怀王见利忘义，立即同意了。楚国大臣听说有这样的好事儿，都向楚怀王表示庆贺。只有大臣陈轸表示反对，他对楚怀王说："秦国为什么要把商于六百里的土地送给大王呢? 还不是因为大王跟齐国订了盟约吗? 我国有齐国这样的盟国，秦国才不敢欺负我们。要是大王跟齐国绝交，秦国一定会来欺负楚国的。秦国如果真的愿意把商于的土地让出，大王不妨打发人先去接收。等商于六百里土地到手后，再跟齐国绝交也不迟。"

中国历代统一王朝

楚怀王深信张仪的话，拒绝陈轸的忠告，一面跟齐国绝交，一面派人跟着张仪到秦国去接收商于的土地。

齐宣王听说楚国同齐国绝交，马上打发使臣去见秦惠文王，约他一同进攻楚国。

楚国的使者到咸阳去接收商于的土地，张仪说："没有这回事啊！一定是你们大王听错了。秦国的土地都是百战所得，哪能轻易送人呢？我说的是六里，不是六百里，而且是我自己的封地，不是秦国的土地。"

使者如实回报，楚怀王气得浑身乱颤，立即发兵十万攻打秦国。

秦惠文王发兵十万迎战，同时还约了齐军助战。结果，楚军一败涂地。十万人只逃回两三万。不但商于六百里地没到手，连楚国汉中六百里的土地也被秦国夺去了。

楚怀王只好忍气吞声向秦国求和，从此楚国元气大伤。

张仪不但帮助秦国开疆拓土，还报了当年在楚国无故被屈打之仇。

接着，张仪又先后到齐国、赵国、燕国，说服各国诸侯"连横"亲秦。这样，六国"合纵"联盟终于被张仪拆散了。

远交近攻

除了张仪外，帮助秦王开疆拓土的还有魏国人范雎。

秦昭襄王即位时才18岁，秦国的实权掌握在宣太后和她的弟弟穰侯魏冉手里。

周赧王四十五年（前270年），穰侯要派秦兵去攻打齐国。

这时，秦昭襄王接到一封信，署名张禄，说有要事求见。

张禄原是魏国人，原名叫范雎，本是魏国大夫须贾的门客。有一年，须贾带范雎出使齐国。齐襄王听说范雎很有才干，便打发人去见范雎，送给他一份厚礼，范雎坚决推辞了。

须贾听说这件事后，怀疑他私通齐国。回魏国后，须贾向相国魏齐告发了。魏齐命人严

秦汉——民族的发轫与源起

7

刑拷问范雎，打得他几乎断了气。最后，魏齐叫人用破席把他裹起来扔进厕所里。

天黑时范雎才从昏迷中醒过来，发现自己的肋骨已被打折，门牙也打掉了两颗。范雎见只有一个兵士看守他，便向守兵恳求救命。那个守兵顿生怜悯之心，偷偷地放走他，向魏齐回报说范雎已经死了。

范雎更名改姓，自称张禄，随秦国的使者到了秦国。

范雎到秦国后，便给秦昭襄王写了一封信。秦昭襄王约定日子，要在离宫接见他。

那天，范雎到离宫去，在路上碰见秦昭襄王坐着车子来了。范雎故意装作不知道是秦王，也不回避。秦王的侍从大声吃喝道："大王来了，速速回避。"范雎故意说："什么'大王来了'，秦国还有大王吗？"秦昭襄王此时正急于亲政，不想再做傀儡了，听范雎话里有话，正说到他的心坎上，便急忙把范雎请到离宫，命令左右退出，单独接见范雎。秦昭襄王对范雎说："寡人诚恳地请先生指教，不管牵涉到谁，先生只管直说。"范雎见秦王礼贤下士，便说："秦国土地如此广大，士卒如此勇猛，要想统一天下，本来是件很容易的事，可是多年来却没有什么成就，这不能不说相国穰侯办事有失策的地方。"秦昭襄王问道："你说失策在什么地方？"范雎说："齐国离秦国很远，中间还隔着韩国和魏国。秦军要出兵攻打齐国，就算马到成功把齐国打败了，大王也没法把齐国和秦国连接起来。替大王着想，最好的办法是远交近攻。对离我们远的齐国要和它建交，暂时把它稳住，先把一些邻近的国家攻下来。这样，才能扩大秦国的地盘，打下一寸就是一寸，打下一尺就是一尺。这样，等大王把邻近的韩、魏两国兼并后，齐国也就保不住了。"秦昭襄王点头称是，连说："对，对，秦国要想打下六国，统一中原，全靠先生远交近攻的妙计了。"

当下，秦昭襄王拜范雎为客卿，并且按照他的计策把韩国和魏国作为主攻目标。不久，秦昭襄王把相国穰侯撤了职，不再让太后干预朝政，正式拜范雎为相国。

魏王受到秦国的进攻，十分惊慌。相国魏齐听说秦国的相国是魏国人，就打发须贾到秦国去求和。须贾到了秦国，才知道张禄就是范雎，吓出一身冷汗。他爬到范雎面前，连连磕头，说："我须贾瞎了眼睛，得罪了大人，请大人治罪吧。"范雎把须贾狠狠地数落了一顿，接着叫须贾捎信给魏王，说只要魏王杀了魏齐，秦国就允许魏国割地求和。须贾回到魏国，将范雎的信上呈魏王，魏王情愿割地求和。魏齐走投无路，只好自杀。

接着，秦国按照范雎远交近攻的计策，继续向韩国进攻。

周赧王五十三年（前262年），秦昭襄王派大将白起进攻韩国，占领了野王（今河南沁阳）。截断了上党郡（治所在今山西长治）和韩都的联系，上党告急了。上党守将不愿意投降秦国，打发使者带着地图把上党献给了赵国，赵孝成王派军队接收了上党。

两年后，秦国又派王龁围攻上党。

赵孝成王听说后，连忙派廉颇率领二十多万大军救援上党。大军刚到长平（今山西高平县西北），上党就被秦军攻占了。

王龁移师进攻长平，廉颇连忙守住阵地，叫兵士修筑堡垒，挖好壕沟，同秦军对峙，作长期抵抗的打算。

王龁多次挑战，廉颇说什么也不跟他交战。王龁无计可施，只好派人报告秦昭襄王说："廉颇老将富有经验，不肯轻易出战。我军远道而来，长此下去，怕粮草接济不上，请大王决断。"秦昭襄王请范雎出主意。范雎说："要想打败赵国，必须让赵王把廉颇调回去。"秦昭襄王说："这哪能办到呢？"范雎说："大王勿急，臣有妙计。"

过了几天，赵孝成王听左右纷纷议论说："秦军就怕大王让年轻有为的赵括带兵；廉颇无能，马上就要投降了！"

赵括是赵国名将赵奢的儿子，从小爱学兵法，谈起兵法来头头是道，自以为天下无敌，连他父亲也不放在眼里。

赵王听了左右的议论，信以为真，哪知这是范雎的反间计。赵王立即把赵括找来，问他能不能打退秦军。赵括回答说："要是秦国派白起来，我还得费一番周折对付他。如今来的是王龁，他不过是廉颇的对手，对我来说，打败他不在话下。"赵王

听罢大喜，马上拜赵括为大将，让他去接替廉颇。相国蔺相如对赵王说："赵括只懂得读父亲的兵书，不会临敌应变，不能做大将。"赵王认为蔺相如多虑了，执意派赵括去带兵。

赵括率领二十万赵军到了长平，加上廉颇的二十万大军，总共四十万大军，声势浩大。赵括平步青云，颐指气使，不可一世。他把廉颇规定的制度全部废除，下令军中说："秦军如再来挑战，定要迎头痛击。秦军败退时，务必追上去杀他个片甲不留。"

范雎得知赵王换将，立即秘密派白起为上将军，到长平去指挥秦军。

白起一到长平，设好埋伏后，故意打了几次败仗。赵括不知是计，拼命追赶。白起把赵军引到预先埋伏好的地区，然后派出二万五千精兵切断赵军的后路，另派五千骑兵直冲赵军，把四十万赵军切成两段。

赵括中计后，只好筑起营垒坚守，等待救兵。秦国又发兵把赵国救兵和运粮的道路切断了。

赵军内无粮草，外无救兵，守了四十多天，兵士开始人吃人，再也无力作战了。

赵括想带兵冲出重围，秦军万箭齐发将他射死。

赵军见主将被杀，纷纷扔下武器投降，四十万赵军全军覆灭。

相邦吕不韦

秦昭襄王的太子娶楚王的女儿为妃，称华阳夫人。华阳夫人没有生儿子，后娶的夏姬生了个儿子叫异人。异人长大后，被昭襄王派到赵国都城邯郸去做人质。由于秦国数次攻打赵国，赵国对异人不加礼遇，异人在赵国很不得意。

阳翟有个大商人叫吕不韦。一天，吕不韦在邯郸见到异人，不禁说道："此奇货可居！"于是，他去拜见异人，说道："我能光大你的门楣。"异人笑道："你先光大自己的门楣吧。"吕不韦说："你不知道，我的门楣得靠你的门楣才能光大。"异人明白他的意思，拉他坐下，两人密谈起来。

吕不韦对异人说："秦王已经老了。太子宠爱华阳夫人，而华阳夫人却没有儿子。你在兄弟二十多人里，位置居中。你父亲不大喜爱你，你父亲一旦即位，立了太子，你就没有机会争做太子了。"异人问道："你看怎么办好呢？"吕不韦回答说："只有华阳夫人能决定谁做太子。我愿意拿出千金为你活动，好让你父亲立你为太子。"异人说："如果此事真能办成，我愿意和你平分秦国。"于是，吕不韦拿出五百金送给异人，让他结交宾客。自己用五百金买了奇物珍玩，到秦国去见华阳夫人的姐姐，托她将奇物珍玩献给华阳夫人。

华阳夫人见了礼物，立即召见吕不韦。吕不韦对华阳夫人说："异人极其贤能，他的宾客遍布天下。他以夫人为天，常流泪思念太子。"夫人听了，十分高兴。

接着，吕不韦让华阳夫人的姐姐劝华阳夫人说："漂亮的脸蛋是靠不住的。一旦色衰，太子就不会爱你了。不如趁现在太子爱你时，在太子的儿子中选一个贤能的立为嫡子，将来即使色衰，也有依靠了。异人既然很贤能，就立他为嫡子吧。"华阳夫人同意了。

一天，华阳夫人找机会对太子说："异人极其贤能，人们都夸他。"说着说着又哭了起来："我很不幸，没有生儿子。我想立异人为子，好有个依靠。"太子十分宠爱华阳夫人，言无不从，当时就同意了。还刻玉为符，立异人为继承人。太子厚赠异人，让吕不韦做他的师傅。

秦军围攻邯郸时，赵国人要杀掉异人。异人和吕不韦献给负责守城的赵将六百金，才得以逃到秦军中。

回到咸阳后，异人穿了一身楚国服装去见华阳夫人。华阳夫人高兴地说："我是楚国人，你就做我的儿子吧。"于是给异人改名为"楚"（又称"马楚"）。

第二年，赧王将土地献给秦国，周朝灭亡了。从此，便不用周朝纪年，改用秦王纪年了。

秦昭襄王五十六年（前251年）秋天，昭襄王去世，太子即位，史称孝文王。

孝文王即位三天就去世了，太子即位，史称庄襄王。庄襄王尊华阳夫人为华阳太后，尊母亲夏姬为夏太后。

庄襄王为了答谢吕不韦，拜他为相邦，即相国，封他为文信侯。

吕不韦立异人为嫡嗣，从而稳定

秦汉——民族的发轫与源起

11

了秦王室。秦昭襄王是一个执政五十多年的老国王，安国君是一个五十多岁的老太子，安国君有二十多个儿子，却迟迟没有立嫡嗣，秦王室潜伏着极大的不安因素。一旦众子争位，将会导致秦国内乱，甚至使秦国形势发生逆转。吕不韦说服华阳夫人，确立异人为嫡嗣，从而稳定了秦王室，使秦王去世后王室没有发生内乱。

吕不韦提出了兴"义兵"的思想，主张"兵入于敌之境，则民知所庇矣，黔首知不死矣。至于都国之郊，不虏五谷，不掘坟墓，不伐树木，不烧积聚，不焚室屋，不取六畜，得民虏奉而题归之"。

吕不韦让秦军尽量避免硬碰硬的战争，以减少损失。公元前247年，东方五国联合抗秦，吕不韦设计将联军首领信陵君和魏王的关系搞坏，使信陵君被撤职，联军遂告瓦解。

在吕不韦的辅佐下，秦国得以继续发展，维持了对东方六国的高压态势，加快了统一六国的步伐。吕不韦对中国历史的发展是有贡献的，对汉族的形成是有功的。

尉缭献计

尉缭是魏国大梁（今河南开封）人，是战国著名军事家。他于秦王政十年（前237年）来到秦国。这时，秦王政已经亲政，国内形势稳定，秦王正准备全力以赴兼并东方六国。

当时，以秦国之力，消灭六国中的任何一个是不成问题的，但怕六国联合起来共同抗秦。离间东方国家虽然是秦国的传统做法，但究竟采用什么方法更为有利，仍是一个棘手的问题。

尉缭一到秦国，就向秦王献上一计，解决了这一难题。他说："以秦国之强，诸侯好比是郡县之君，我所担心的是诸侯合纵。如果他们联合起来出其不意，这就是智伯、夫差、湣王之所以灭亡的原因。希望大王不要爱惜财物，用以贿赂各国的权臣，使其为我所用；如果不收，便以利刃刺之。这样，不过损失三十万金，诸侯就可以尽数消灭了。"

智伯是春秋晋国的权臣，后被韩、赵、魏等几家大夫联合起来攻灭；夫差是春秋末吴王，后为越王勾践袭杀；湣王指战国齐湣王，后被燕、赵、魏、秦等国联军打败，流亡而死。

尉缭的这番话说到秦王最担心的问题上，秦王觉得此人非同一般，正是自己千方百计寻求的人，于是对他言听计从。为了显示恩宠，秦王让尉缭享受同自己一样的衣服和饮食，每次见到他，总是表现得很谦卑。经过与秦王嬴政不长时间的接触，尉缭觉得秦王这个人缺乏仁德，有虎狼之心，穷困的时候容易对人谦卑，得志的时候会凶相毕露的。我是一介平民，然而他见到我总是那样谦卑。如果秦王夺取天下的心愿得以实现，天下的人就都成他的奴隶了，我也自身难保了。我不能跟他长久交往，还是走为上计吧。于是，他逃走了。秦王发觉尉缭逃走，立即派人将其追回，还让他当了秦国最高的军事长官，始终采用他的计谋。心有余悸的尉缭不好意思再萌去意，只好死心塌地地为秦王出谋划策，为秦的统一大业效力。

秦王政重用尉缭，一心想统一中原，不断向各国进攻。几年后，终于统一了天下。

贤相李斯

李斯是战国末年楚国上蔡人，年轻时曾在家乡当小吏，怀才不遇。于是，他拜当时的大学者荀卿为师，学习帝王之术，即辅君治国之术。学成之后，李斯到秦国找到相国吕不韦，做了他的门客。在吕不韦的手下，他尽心尽力地干，得到吕不韦的赏识，被推荐为郎官，也就是秦王的侍卫官。从此，李斯有机会向秦王进言，阐述自己的政治见解了。

有一天，李斯建议秦王吞并东方六国，完成统一大业。他说："以秦国之强，大王之贤，能像扫除尘埃一样消灭诸侯，完成帝业，统一天下。

此乃万世一遇之机，若不急行，诸侯复强，相聚合纵，虽有黄帝之贤，也不能吞并六国了。"秦王听了李斯的卓越见解，拍手称快，立即任命他为长史。

秦王嬴政十年（前237年），文信侯吕不韦罢相。这时，宗室大臣向秦王进言说："从诸侯各国来我国做官的都是为他们国王游说的，都是来搞离间活动的，请大王将他们全部驱逐吧。"秦王听了，觉得言之有理，于是颁下《逐客令》，把从诸侯各国来秦国做官的人一律驱逐出境。

李斯本是楚国人，当然也在被逐之列。他在被逐途中，给秦王上了一封谏书说："从前穆公求贤，西面在西戎找到由余，东面在宛地得到百里奚，从宋国迎来蹇叔，从晋国迎来丕豹、公孙支。穆公有了这些外国来的贤人，才兼并了二十个小国，扩地千里，称霸西戎。孝公用商鞅变法，至今国富民强，诸侯才亲近秦国。惠王用张仪之计，拆散了六国的合纵，使他们服从秦国。昭王得到范雎，加强了国君的权力，抑制了私人的势力。这四位国君都是借外国贤人之力才得以成功的，外国贤人有什么对不起秦国的？美色、音乐、珍珠、宝玉不产在秦国，而大王却享用它们，而用人却不肯这样，不问贤愚，不是秦国人就不用，只要是外国人就赶走。这是大王重美色、音乐、珍珠、宝玉而轻视人啊！我听说泰山不拒绝土壤，所以才那么高；江海不拒绝小河，所以才那么深；王者不拒绝人民，所以才能建立德政，成就大业，因此五帝、三王能够无敌于天下。现在，大王抛弃人民以资助敌国，拒绝宾客让他们给诸侯办事，这岂不等于送士兵给敌人，送粮食给大盗吗！"

秦王见了李斯的谏书，恍然大悟，忙收回《逐客令》，下令将李斯召回，恢复他的职务。这时，李斯已经走到骊邑了。李斯回来后，秦王任命他为廷尉，这是秦国最高的司法官员。

秦王在李斯等人的辅佐下，历时二十余年，终于灭了六国，于秦王嬴政二十六年（前221年）统一了中国。

统一后，丞相王绾说："全国地方太大，难以管理，应像周武王那样封诸子为王。"秦始皇召开群臣会议讨论此事，群臣都赞同王绾的意见，只有李斯提

中国历代统一王朝

出不同的意见说："周武王封的子弟很多，后来一个个都疏远了，互相视为仇敌，经常发生战争，周天子也不能禁止。现在天下一统，应实行郡县制，天下才得以安宁。"秦始皇也认为天下好不容易才统一了，如果再立许多小国，不利于统一，安宁也没有保障，因此支持李斯的意见。于是，将全国分为三十六郡，郡以下设县。郡县制确实是一个进步，有利于国家的统一。

这一整套封建中央集权制度从根本上铲除了诸侯王国分裂割据的祸根，对巩固国家统一，促进社会发展起了积极作用。因此，这一制度在秦以后的封建社会里一直沿用了近两千年，对汉族的发展是大有好处的。

公元前221年，秦始皇接受李斯"书同文字"的建议，命令全国禁用各诸侯国留下的古文字，一律以秦国小篆为统一书体。战国时期，由于群雄割据，出现了"言语异声，文字异形"的现象，使这一时期的汉字形体产生了地域性的差异。原本只有一种写法的字，各国多有不同。因此，统一后的中国急需一种统一的官方文字。李斯奉秦始皇之命制作了标准字，这便是小篆。小篆取史籀大篆略加省改而成，故名"小篆"。为了推广统一的文字，李斯亲作《仓颉篇》七章作为学习课本，供人临摹。不久，李斯又采用一个叫程邈的奴隶创造的书体，打破了篆书曲折回环的形体结构，形成一种新的书体——隶书。从此，隶书便作为官方正式书体流行，深受国人喜爱。在中国书法四大书体真、草、隶、篆中，隶、篆占了半壁江山。

统一之前，中国的度量衡没有一个统一的标准，各国诸侯制定了不同的计算单位和不同的计算进制，影响了秦王朝的经济交流和发展。李斯上书秦始皇，建议废除六国旧制，把度量衡从混乱不清的状况下统一起来，秦始皇准奏。于是，在李斯亲自指挥下，度制以寸、尺、丈为单位，采用十进制计数；量制以合、升、斗为单位，也采用十进制计算；衡制以铢、两、斤、钧、石为单位，二十四铢为一两，十六两为一斤，三十斤为一钧，四钧为一石。为了有效地统一制式和器具，李斯又从制度和法律上采取措施，保证了度量衡的精确实施。几千年来，无论朝代怎样更迭，这种计量方法从未更改。

公元前220年，秦始皇觉得庞大的中央

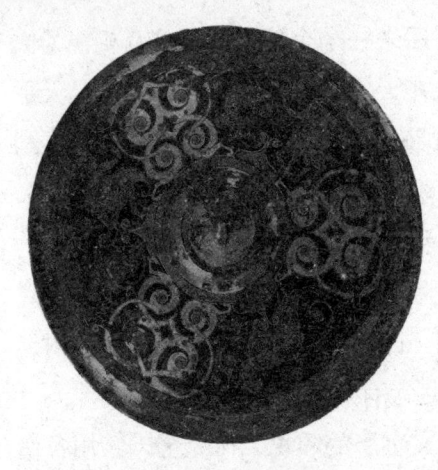

集权要想在辽阔的土地上做到政令畅通，做到物资交流便利，必须改变以往的交通条件。为此，李斯建议统一全国的车轨，并在全国范围内修筑驰道。在李斯的设计下，以京师咸阳为中心，陆续修建了两条驰道，一条向东通到过去的燕、齐地区（今河北、山东一带），一条向南直达吴楚旧地（今湖北、湖南、江苏、浙江等地）。驰道宽 50 步，路基坚固，道旁每隔三丈种一株松树。后来，又修筑了"直道"，由九原郡直达咸阳，全长 1800 余里。还在今云南、贵州地区修筑了"五尺道"，以便利中原和西南地区的交通。在湖南、江西一带，修筑了翻越五岭的"新道"，以利南北交通。这样，一个以咸阳为中心的四通八达的交通网把全国各地联在了一起。同时，为了与道路配套，李斯规定车轨的统一宽度为六尺，以此保证车辆的畅行无阻。

公元前 210 年，李斯向秦始皇上了一道奏折：废除原来秦以外通行的六国货币，在全国范围内统一货币。秦统一中国后，市面上使用的货币仍包括布币、刀币、贝钱和圆钱等旧形式，使用起来十分不便。因此，统一货币便成了当务之急。在李斯的主持下，货币规定以黄金为上币，以镒为单位，每镒重二十四两；以铜半两钱为下币，一万铜钱折合一镒黄金。严令珠、玉、龟、贝、银、锡之类不得当做货币流通。同时，规定货币的铸造权归国家所有，私人不得铸币，违者定罪。李斯所主持铸造的圆形方孔的半两钱俗称秦半两，因造型设计合理，使用携带方便，一直使用到清朝末年。

李斯办的这几件大事都产生了影响千年的效果，给汉族带来了极大的好处。

二、从刘邦建国到王莽篡汉

陈涉起义

秦始皇死后，小儿子胡亥即位，史称秦二世。

秦二世荒淫暴虐，赋税徭役过重，百姓不堪其苦，终于纷纷起来造反了。

秦二世元年（前209年）七月，阳城人陈涉在蕲地起兵了。

原来，秦廷征发贫苦的百姓到燕北的渔阳去戍边，这次，以陈涉、吴广为首。征发了九百人在大泽乡集中。出发前，大雨倾盆，道路不通了。陈涉估算了一下，即使雨后继续上路，也不能如期到达渔阳了。而根据秦法，不能如期到达是要砍头的。陈涉、吴广便利用人们对秦廷的仇恨，杀了秦廷的押送官员。陈涉对大家说："我们已经不能如期到达了，按法是要砍头的。即使不砍头，戍边而死的也占十分之六七。大丈夫不死则已，死就要成大名。王侯将相也不是天生的贵种啊！"大家听了他的话，一致同意造反。于是，陈涉诈称他们是大楚队伍，陈涉自立为将军，吴广自称都尉。

陈涉率领起义队伍先后攻下大泽乡、蕲和陈。这时，他们已有战车六七百辆，骑兵千余人，步兵数万人了。

当初，大梁人张耳、陈馀是刎颈之交。秦始皇灭掉六国之后，听说他俩是魏国的名士，特悬重赏购求他们。他俩更名改姓，到陈郡隐藏起来。陈涉的队伍攻下陈郡后，张耳、陈馀去拜见陈涉。陈涉素闻他俩的大名，见他二人前来，心中大喜。当时，陈郡的父老豪杰都劝陈涉称王，陈涉正在犹豫，便向他俩征求意见。他俩回答说："秦二世暴虐无道，将军冒死起兵，为的是除暴安良。如果刚到陈郡就称王，天下人会以为将军是有私心的。为今之计，应该立即引兵西

征，攻打秦国。同时，要派人去立六国的后人，分散秦军的兵力。待攻下咸阳之后，再号令诸侯。诸侯都是你立的，自然会拥戴你。那时，你会建立帝业的，何止称王呢？"陈涉没听他俩的，在陈郡自立为王，国号"张楚"。

这时，秦朝各郡县早已受尽了苦，听说陈涉起兵了，都杀掉长官，起兵响应。这年九月，刘邦、项羽和田儋分别在沛县、吴郡和狄城起兵了。

陈涉在陈郡称王后，派将领南征北战，东杀西讨。不久，出征的将领有的自立为王，有的立六国之后为王。真是天下大乱，群雄并起了。

陈涉派去西征的将领是周文，周文率军一直打进关中，军队扩展到十万人。秦二世闻讯大惊，问群臣说："这如何是好？"少府章邯回答说："盗贼已经打到眼前。我们征发军队已经来不及了。在骊山做苦工的百姓很多，可以放了他们，发给他们武器，让他们迎击盗贼。"秦二世同意了。章邯率领由骊山苦力组成的大军打败了周文的队伍。秦二世二年（前208年）十一月，周文撤出关中，接着在渑池大败，自刎而死。

秦二世又派长史司马欣、董翳率军协助章邯进攻义军。陈涉亲自到阵前监战，义军被秦朝联军打败。陈涉的车夫庄贾杀死陈涉，投降了秦军。

当初，陈涉称王后，孔子八世孙孔鲋特地从鲁国家乡前去投奔，陈涉让他做了博士官。后来，陈涉派大军远征后，开始轻视秦军，不再设防了。孔鲋进谏说："兵法上说：'靠的不是敌人不攻我，靠的是我自己不怕攻。'如今大王不再设防，万一秦军来攻，后悔莫及了。"陈涉说："寡人的军队，先生放心就是了。"陈涉不听孔鲋之言，骄傲轻敌，终致今日之败。

陈涉部下吕臣闻讯，起兵攻下陈郡，杀了庄贾，将陈涉埋葬在砀山之下，称之为隐王。

刘邦建立汉朝

周赧王五十九年（前256），也就是信陵君窃符救赵的第二年，汉高祖刘邦生于楚国丰邑阳里村的一个小康之家。

刘邦字季，兄弟四个，他是老三。家乡父老都称他"刘季"。刘邦出生这年，正是秦始皇的曾祖父秦昭襄王五十一年（前256年）。等到秦始皇统一天下时，刘邦已经36岁了。

刘邦从小聪明多智，相貌奇伟，方面大耳，高鼻梁，双目炯炯有神。父亲见他相貌异常，知道他将来不是一般人，便给他起名叫刘邦。

刘家世代务农，刘邦的父兄都在家种田。父亲为了让刘邦做大事，特地供他一人读书。

秦始皇统一天下后，刘邦通过考试当上了泗水亭长，做了秦朝的官。

秦制：十里一亭，十亭一乡。这个亭不是凉亭之亭，是行政单位，一亭方圆十里。十个亭组成一个乡。亭长是个比乡长还要小一级的行政长官，负责管理地方百姓，解决邻里纠纷，处理诉讼。手下有役卒两人，一个管洒扫，一个管缉捕。亭里遇有大事时，亭长要上报到县里。因此，刘邦认识了县里的一些官吏。

刘邦为人大度，乐于助人，喜欢结交豪杰。沛县主吏萧何、狱掾曹参和夏侯婴都是他的好朋友，他们常在一起喝酒。

刘邦胸怀大志，一天在咸阳街头碰巧遇见秦始皇出行。望着前呼后拥、八面威风、仪仗如林的秦始皇，刘邦喟然长叹道："唉！大丈夫就应该如此啊！"

秦始皇末年，朝廷颁下命令，让各县押送狱中的囚犯到骊山为秦始皇修筑陵墓。这年，刘邦接到了押送几十名刑徒到骊山去的任务。

刑徒怕到骊山去送命，不断有人逃跑，刘邦想："走到骊山时，这些刑徒都得跑光了。"于是，刘邦将刑徒的绳子解开，对他们说："你们若到了骊山，必做苦工，是难免一死的。我决定放了你们，你们快逃吧。"剩下的刑徒听了，无不感激涕零，向刘邦千恩万谢，纷纷逃走了。

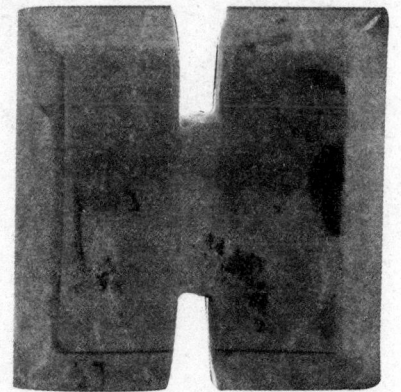

有十个人没有逃走，问刘邦："亭长，你把人放了，如何回县里交差啊？"刘邦回答说："我也从此远走高飞了。"那十个人说："刘公如此仗义，我们情愿相随，共同保护你。"刘邦见这十个人愿意跟随他，便说："那好，我

们暂时躲到芒砀山上去吧。"

刘邦带着刑徒逃到芒砀山躲了起来，渐渐聚集了一百多人。

陈涉起义以后，刘邦的朋友沛县县衙的文书萧何等人派人接回刘邦，杀了县官，让刘邦当了沛县的首领，人称"沛公"。

后来，刘邦和谋士一起投奔了当时声势最大的项梁领导的反秦队伍。陈涉兵败被杀后，项梁立楚怀王的后人为领袖，仍称楚怀王。

楚怀王派刘邦攻打咸阳（秦国都城），刘邦便率领人马一直攻到咸阳城外，秦王子婴出城投降。刘邦进入咸阳，统治中国仅十五年的秦帝国灭亡了。

刘邦听张良的劝告，废除秦始皇的严刑苛法，因而深受到百姓的欢迎，争先恐后地拿着酒肉去慰劳刘邦的军队。

不久，项羽也率军进入咸阳，自封西楚霸王，封刘邦为汉王。刘邦很不服气，但因当时自己的力量太弱，只有十万大军，没办法和拥有四十万大军的项羽一争高低，只好带人马到封地南郡（今陕西省汉中东）去。到了南郡，刘邦招兵买马，发现和重用有才能的人，决心和项羽争夺天下。由于刘邦虚心听取大臣的意见，知人善用，军纪严明，关心百姓，最后终于打败了项羽，迫使项羽在乌江自刎。

公元前 202 年，刘邦在众人拥戴下做了皇帝，建立汉朝，史称汉高祖。

华夏民族发展为汉族的标志是汉族族称的确定。华夏民族统一于秦王朝，其族称一度称为"秦人"，西域各国就有称华夏民族为"秦人"的习惯。但秦王朝国运太短，"秦人"的称呼很快被人们遗忘了。而汉王朝从西汉到东汉长达四百多年，为华夏民族称为"汉族"提供了历史条件。

汉王朝国势强盛，在对外交往中，其他民族称汉朝的军队为"汉兵"，称汉朝的使者为"汉使"，称汉朝的人为"汉人"。汉王朝与周边少数民族进行频繁的交往活动中，"汉族"的称呼取代了"华夏民族"。吕思勉说："汉族之名，起于刘邦称帝之后。"吕振羽说："华族自前汉的武帝、宣帝以后，便开始叫汉族。"总之，"汉族"名称始于汉朝。

刘邦是真正意义上统一中国的人。秦始皇统一中国只有短短十几年，只是军事上的统一，并未争得民心，民心并未统一。建立汉朝之后，刘邦以文治天下，征用儒生，广泛求贤。废除秦朝苛法，豁免徭役，减轻人民负担，与民休息，减轻田租，什五税一，释放奴婢，迅速恢复并提高了国民经济。

刘邦采取的宽松政策安抚了人心，使四分五裂的中国真正统一起来，将分崩离析的民心凝集起来。刘邦对汉族的形成、中国的统一强大、汉文化的保护发扬作出了巨大的贡献。

秦始皇在版图上将中国统一，为汉族的形成提供了环境，因而被称为千古一帝。

刘邦在人心上将中国统一了，因而国运长久，他所建立的汉朝得以与"汉族"的名称联系在一起。

七国之乱

汉高祖死后,元配夫人吕后临朝。吕后死后，汉文帝即位。汉文帝死后，儿子刘启即位，史称汉景帝。

汉景帝继续执行与民休息的政策，国家越来越富了。

与此同时，藩王的势力也越来越强，对中央构成了威胁。其中最强大的是刘邦的侄儿吴王刘濞。

汉文帝前元七年（前173年），贾谊曾向汉文帝上书说："当今王国势力过于强大，犹如一个人犯了肿病，一条腿肿得像腰那么粗，一个指头肿得像一条腿，应当赶快医治才好。医治的办法最好是分割诸侯的王国，削弱他们的力量。力量小了，就不会造反了。"

太子家令晁错也跟贾谊有同样的看法。他曾建议汉文帝说："应该削减王国的领地，分散他们的力量。"

大将韩信

原来，刘邦在建立汉朝时，曾大封子弟为王。一个王就是一个小国之王，而且是世袭的。

汉文帝明知他们的建议都很好，可是觉得时机还未成熟，不能太性急了。他只是在齐王刘侧死后，因为没有儿子继承，才把领地最大的齐国分成了六个小国，又把曾经发动过叛乱的淮南国分成了三个小国。

刘启即位后，任命自己的管家晁错为御史大夫。晁错又一次建议削夺王国的领地。

有一天，晁错对汉景帝说："吴王因为儿子被打死，假装有病不来朝拜天子。这种狂妄的行为，按照古代的礼法是应当杀头的。现在，他不肯改过自新，反而更加骄横，应当趁早削夺他的领地。"汉景帝说："削夺他的领地，他造反怎么办？"晁错说："削夺他的领地，他要造反；不削夺他的领地，他也要造反。削他的领地，他早一点造反，危害小一些；不削他的领地，他晚一点造反，准备得更充分，危害就更大了。"汉景帝认为晁错说得有道理，就采取了削弱王国的措施。

原来，刘启做太子时，刘濞的儿子曾来京城，和刘启下棋时两人发生争执，被刘启用棋盘打死了。

汉景帝先放过吴国，而从其他几个王国下手。他先把楚国的一个郡、赵国的一个郡和胶西国的六个县削减下来，划归朝廷直接管辖。

刘濞见汉景帝已经削了三个王国，下一个要轮到他，便决定起兵了。

刘濞联合楚王、胶西王、赵王、济南王、菑川王、胶东王一起出兵，于汉景帝前元三年（前154年）发动了叛乱，这就是历史上有名的"七国之乱"。

七国起兵的名义是"清君侧"，就是要求杀掉汉景帝身边主张削藩的晁错。其实，这是借口，实际上是刘濞纠集割据势力，要夺取汉景帝的皇位。

汉景帝接到密报后，想起了父皇临终前的叮嘱："周亚夫十分可靠，将来如果国家有难，可以让他掌兵，不要迟疑。"于是，便任命周亚夫为太尉，让他前去平叛，对付吴王和楚王。此外，还有窦婴等分头率军出战：大将军窦婴屯兵荥阳，监视战局；郦寄率军进攻赵国，对付赵王；栾布率军进攻齐国，对付胶西王、济南王、菑川王、胶东王。

同时，汉景帝不愿意事态扩大，把晁错杀了，想借以缓和七国的敌对情绪。

汉景帝虽然杀了晁错，可七国仍然没有退兵，继续向长安进军。

周亚夫是周勃的儿子，善于用兵。他接受平叛的任务后，对汉景帝说："楚军剽悍，跟他们正面作战很难取胜，应当断绝他们的粮道，相机行事。还有，请陛下准许臣先把梁国丢下不管，好牵制他们的力量，再断其退路，才能取胜。"汉景帝批准了周亚夫的作战计划，周亚夫领兵出发了。

大军到了霸上，有个叫赵涉的人拦住周亚夫的马车献计说："吴王占据的地方很富饶。他招兵买马，早就想造反了。这次太尉出兵征讨，他一定会在半路上选山势险峻之处设伏，袭击官军。因此，请太尉千万不要从近道走，要奔蓝田，出武关，再绕向洛阳。这条路虽说远一些，要多花一两天时间，但走这条路会出乎吴王意料之外，他们一定不会防备。等太尉突然出现在他们面前时，他们定会大吃一惊，以为你是从天而降。"周亚夫接受了赵涉的建议，大队人马从南路直奔洛阳。

赵涉的建议果然起到了出奇制胜的作用，周亚夫率领的大军很快截住了吴楚联军。周亚夫还派出一支军队切断了叛军的粮道和归路。

叛军猛攻梁国，梁国向周亚夫求救，周亚夫拒不出兵。梁国又向汉景帝哀求，汉景帝便命令周亚夫援救梁国。周亚夫说："将在外，君命有所不受。"拒不奉诏。

吴楚联军进攻周亚夫，周亚夫深沟高垒，坚守不战。

一个月后，形势转为对叛军不利了。吴王想要西进，有梁国誓死守城，挡住了去路；想要和周亚夫决战，周亚夫就是不出战。归路已无，粮道又断，士兵饿得纷纷逃窜。最后，楚王刘成自杀，吴王刘濞带了几千人冲出重围，逃到长江南岸的丹徒。他想去联合东瓯兵，卷土重来。周亚夫早已悬赏千金购买他的人头，东瓯人不但不帮他，反而乘机杀了他，把他的头献给了周亚夫。

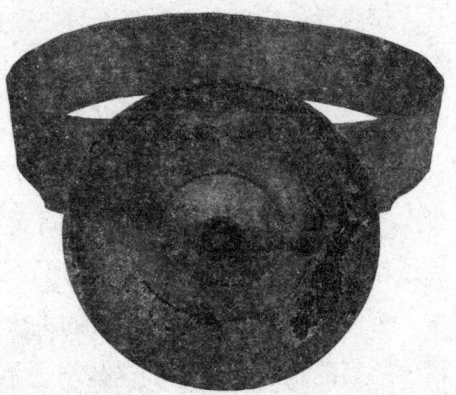

至此，这场七国之乱，仅三个月就平息了。

汉景帝对吴王的胁从一概不加追究，甚至还要为吴王立嗣。母亲窦太后说："吴王是刘家的前辈，本应率领宗室支持朝廷，但他却带头造反，你还为他立什么嗣?"汉景帝听了，这才作罢。

汉景帝后元三年（前141年），汉景帝死于未央宫，在位十六年，终年48岁。汉景帝有十四个儿子，太子刘彻即位，史称汉武帝。

七国之乱对汉朝皇帝虽说有惊无险，但对国家也是一次重创。有鉴于此，汉武帝决定抓人心，抓思想，这才有了罢黜百家，独尊儒术。汉武帝认为只要儒家思想深入人心，就不会有人造反了。

罢黜百家，独尊儒术

汉武帝从小喜爱读书，胸怀大志。即位后，他年少气盛，要做一番震古烁今的大事业。

刚一即位，汉武帝就下了一道诏书，命令丞相、御史、列侯、郡守、诸侯相等举荐人才。他知道众擎易举，要想治理好国家，光靠他一个人是不行的。

不久，一些人才被推荐上来了，其中有广川人董仲舒，菑川人公孙弘，会稽人严助。全国各地的有名学者都进京了，约有一百多人。

汉武帝亲自主考，让每人写一篇文章，谈谈自己的治国方略。

卷子交上来后，汉武帝亲自审阅，一边看一边摇头。当看到董仲舒的文章时，汉武帝不禁拍案叫好，叹为奇文。

董仲舒生于汉高祖十年（前197年）。他从少年时代起就钻研《春秋·公羊传》。通过刻苦钻研，董仲舒学问大进，终于建立了自己的完整的理论体系，成了精通儒家学说的大学问家。

董仲舒认为，朝廷对匈奴的进攻一味退让，各王国坐大，多次谋反，都是诸子百家的学说在作怪。这些学说不是提倡无为，就是提倡无君无父。为此，必须提倡儒家学说，忠君爱国，奋发有为；宣传大一统的思想，巩固皇帝中央集权的地位。

董仲舒根据自己的理解和当时政治上的需要，改造了由孔子创立经过孟子发展的儒家学说，并且把孔、孟等大儒的学说和阴阳五行等思想融合在一起，使儒家学说变成了一种为封建政治制度服务的、带有宗教色彩的理论。

董仲舒还向汉武帝提出了"天人三策"。他说："天是有意志的，人世间的事物是按照天的意志存在和变化的。皇帝是天的代表，皇帝的权力是天授予的，百姓服从皇帝，就是服从天，就是服从天道。在天道之下，君臣、父子、夫妻、兄弟之间，都必须严格遵守上下尊卑的礼节，绝对不许违反这种礼节。诸子百家的学说妨碍皇帝的绝对权威，只有儒家学说才能保持思想上的统一。因此，儒家以外的诸子百家学说都应当禁止传播，只许把儒家的经书《诗》、《书》、《易》、《礼》、《春秋》等传授给读书人，诸子百家的著作一律不许作为教学的内容。"

汉景帝平定七国之乱后，全国实行了政治上的统一。汉武帝为了巩固统治，进一步实现了学术思想上的统一。他接受董仲舒的建议，罢黜百家，独尊儒术，结束了战国以来百家争鸣的局面。

因此，汉武帝认为董仲舒的建议有利于他的统治，就下令在政府里设置了专门传授儒家学说的五经博士，在五经博士下面配置了五十名弟子员。这些弟子员在五经博士的指导下攻读儒家经书，规定每年进行一次考试，五经中能学通一经的就可以做官，成绩优良的还可以做大官。

后来，博士弟子员的人数不断增加，最多的时候曾增加到三千人。这样一来，学习儒家学说成了做官的主要途径，其他诸子百家的学说逐渐被排斥了。

依靠儒家学说做官的人，按照董仲舒的理论帮助汉武帝治理天下，并且用儒家学说来教育子孙后代。

从董仲舒起，中央集权的思想成了正统思想，儒家学说统治了整个思想领域。

罢黜百家，独尊儒术适合于当时的中

国国情，既安定了国家，也给汉族的发展提供了一个前所未有的好环境。

开疆拓土

汉武帝是个好大喜功的人。他不甘寂寞，总是不断进取，要做一个大有作为的好皇帝。

秦末，百越形成了三个国家：南越、东瓯和闽越。其中闽越最强，有兵数十万。汉朝建立后，闽越根本不把汉朝放在眼里，不肯进贡，还经常出兵骚扰汉朝的边境。

七国之乱暴发后，吴王刘濞逃到东瓯，被东瓯人杀了。他的儿子刘驹逃到闽越，为报父仇，刘驹多次劝闽越王骑郢攻打东瓯。

汉武帝建元三年（前138年），闽越王派兵攻打东瓯。东瓯王抵挡不住，派人到长安向汉武帝求救。

这时，武安侯田蚡说："越人互相攻打，习以为常。他们反复多变，无法治理，因此秦朝放弃了越人的地方。现在，我们不要前去救援。"

中大夫庄助反对说："秦朝放弃了，我们却不能放弃！秦朝连咸阳都放弃了，何况东瓯了。现在小国有难，向我们求救，如果我们不救，老百姓怎么办？我们能对得起他们吗？"

汉武帝听了庄助的话，深觉有理，便派庄助持节到会稽，调会稽军队从海上前去救援东瓯。

闽越王闻讯，连忙撤兵了。

东瓯王怕闽越王再来攻打，向汉武帝请求内迁，汉武帝一口答应了。

不久，汉武帝派人将东瓯四五万人全部迁到江淮地区。

汉武帝建元六年（前135年），闽越王发兵攻打南越。南越王想："我们南越和闽越同是汉朝属国，不应互相攻打。如今虽然闽越来攻，但我却不能自作主张，随便开战，应该先请示朝廷，再作处置。"于是，他派使者向汉武帝报告了军情。

汉武帝得报，盛赞南越王深明大义，立即派大行令王恢和大农令韩安国分

中国历代统一王朝

别从豫章和会稽出兵攻打闽越。

闽越王见状，忙派兵抵抗汉军。他的弟弟余善和国相、宗室大臣商量说："汉朝大兵压境，即使我们打胜了，汉朝地广人多，一定会再派兵来把我国灭了。因此，我们不如杀了大王向武帝谢罪。如果武帝罢兵，我们国家就保住了；如果武帝继续打我们，我们就逃到海里去。"大家听了，一致同意。于是，他们杀了闽越王，将首级送到王恢处。

汉武帝闻讯，下令撤兵，立越王勾践的后人无诸的孙子繇君丑为越繇王。

这时，余善恃功不服，与越繇王对峙起来。越繇王只好向汉廷求救，汉武帝便立余善为东越王，与越繇王分地而治，让他们友好相处。

接着，汉武帝派庄助出使南越，慰问南越王赵胡。越胡十分感激，派太子婴齐到长安侍奉武帝。

婴齐在长安娶摎氏女为妻，夫妻恩爱。

后来，婴齐回国即位后，立摎氏为王后。摎氏生子赵兴，即位后，封母亲摎氏为太后。

这位太后想让南越归属汉朝，宰相吕嘉极力反对，竟然杀了南越王和太后。

汉武帝闻讯大怒，出兵灭了南越。

汉武帝元鼎六年（前111年），汉军进攻南越时，东越王余善支持吕嘉，进攻汉军，还刻了玉玺准备称帝。

汉武帝听说后，心中大怒，派出五路大军前去讨伐。大军压境，东越发生内讧，部将杀了余善，向汉军投降。汉武帝考虑到东越民风强悍，地势险要，容易发生叛乱，便把东越人也迁到了江淮地区。

从此，独立的南方和东南方都归入中国的版图了。

秦汉之际，匈奴成了北方严重的边患，猛如暴风骤雨的匈奴骑兵常常南下烧杀淫掠。汉初，经过多年战乱，经济凋敝，国家无力反击匈奴，只得采用和亲下策，将公主嫁给单于。主张和亲的人说："和亲之后，女婿怎能再打老丈人呢？将来公主生的儿子做了单于，外孙

又怎能打外公呢?"和亲的办法确实起到了一定的作用,但匈奴骑兵的入侵仍时有发生。

汉武帝建元六年(前135年),匈奴单于又派人前来申请和亲。汉武帝召集百官商议。百官中有的主张和亲,有的主战,双方辩论得十分激烈。大臣王恢说:"每次和亲之后,过不了几年,匈奴就又兴兵入侵了。依臣之见,不如反击匈奴,不要和亲。"大臣韩安国说:"匈奴迁徙不定,难以制伏。我军数千里求战,人困马乏;匈奴以逸待劳,我军必危。因此,不如和亲为上。"群臣大多附和韩安国。

最后,主和派占了上风。于是,汉武帝便在民间选了一个美女,装扮成公主,嫁给匈奴单于了。

第二年,马邑富豪聂壹通过王恢对汉武帝说:"去年刚和亲,匈奴一定相信我们。我们可以引诱他们深入汉境,一举歼灭他们。"汉武帝一听,正合心意,立即准奏了。

聂壹将一个被判死刑的人斩首,将首级挂在城头,说这是他砍下的马邑县令的人头。

布置已毕,聂壹出塞去见单于,让单于率兵前来,攻占马邑。单于一听,心中大喜,立即倾国而来。

这时,汉武帝命韩安国为护军将军,李广、公孙贺、王恢、李息等人为将军,在马邑附近埋伏下三十万大军,要一举歼灭匈奴。

单于为了夺取财物,亲率十万大军直趋马邑。

当进入距马邑百余里的地方时,单于忽然发现原野之上只有牛羊,却没有牧人。他心中大疑,忙攻下汉军一座城堡,捉获雁门尉史细审,终于从俘虏口中知道了汉军之计,于是立即退军而去。

汉军见状,齐出追击。追之不及,只得退军。从此,汉匈关系破裂了。

这样,武帝便不用再举行廷议,可以按照自己的意愿对匈奴用兵了。

汉武帝派大将卫青和霍去病发动了数次反侵略战争,赶走了匈奴,保障了黄河流域广大地区的安定，促进了经济的发展。

为了防止匈奴卷土重来，汉武帝又派张骞出使西域，让西域各国脱离匈奴，归附汉朝。这样，等于斩断了匈奴的右臂。

为了开疆拓土，汉武帝还解决了西南夷的问题。

西南夷邻近蜀郡，物产丰富。汉武帝建元六年（前130年），汉武帝派唐蒙出使夜郎，带着一千多士兵和一万人组成的运货队伍。

夜郎王见了唐蒙，问道："你们汉朝和我们夜郎相比，究竟谁大啊？"原来，西南夷在蜀郡之南，和汉朝从无来往，因此不了解汉朝。经唐蒙介绍，他们才知道汉朝这个泱泱大国。

夜郎和附近的小国都接受了汉朝使者的礼物，相约归附汉朝了。于是，汉朝在那里设置了犍为郡，派官员管理他们。

元鼎六年（前111年），西南夷的且兰君杀了汉使和犍为太守，率众造反。汉武帝派中郎将郭昌、卫广率军前去镇压，杀了且兰君、邛君和筰君，平了西南夷，在那儿设置了牂牁郡。夜郎旧王朝汉，被封为夜郎王。西夷冉、駹两部震恐，请求内附。于是，汉武帝以邛都为越嶲郡，筰都为沈黎郡，冉、駹为汶山郡。

滇王依仗强大的兵马和归附他的部族拒绝服从汉朝命令，并杀了汉使。汉武帝元封二年（前109年），汉武帝派兵征讨，滇王降汉，愿意置官入朝。于是，汉武帝在那里设置益州郡，并赐给滇王大印，让他仍旧管理当地百姓和附近的部落。

汉武帝北击匈奴，南平百越，开发西域，征服西南夷，将中国的版图大大地扩大，相当于秦始皇时中国版图的两倍。

在大一统思想的指导下，汉武帝创设了刺史制度，把全国分为十三州，增强了汉族的凝聚力。汉武帝接受桑弘羊的建议，颁行均输法、平准法，以京师为中心，建立了全国范围的商业网，商品流通大大发展，增强了汉族的联系。汉武帝接受董仲舒"罢黜百家，独尊儒术"的建议，使儒学发展成经学，取得了统治地位，使儒学成了正在形成的汉

族的共同思想基础。从此，汉族以世界上人口最多的一个民族跻于世界民族之林，屹立在世界的东方。

王莽篡汉

汉宣帝死后，太子即位，史称汉元帝。汉元帝皇后王政君生下汉成帝，汉成帝即位后，尊母亲为皇太后，拜大舅王凤为大司马大将军，其他几个舅舅也都封了侯。从此，王家掌握了汉家大权。

汉成帝的二舅王曼去世早，王曼的二儿子王莽极有心计，为了爬上权力的顶峰，一面拼命读书，一面讨好叔叔伯伯。王凤病重时，王莽大献殷勤，亲尝汤药，端屎端尿，几个月不洗脸，不脱衣服。王莽尽心服侍王凤，王凤极为感动，死前向太后和汉成帝推荐了王莽。于是，汉成帝任命王莽为黄门郎，接着又提拔他为射声校尉。

后来，由于叔叔王商的推荐，王莽被封为新都侯，做了光禄大夫。

几年后，王莽的叔叔大司马骠骑将军王根年老退休，汉成帝让王莽出任大司马。这样，王莽便掌握了朝中大权。

汉成帝绥和二年（前7年），汉成帝去世了。

汉成帝的侄儿刘欣即位，史称汉哀帝。汉哀帝的祖母傅太后和母亲丁太后的娘家人为了夺权，利用汉哀帝将王莽排挤出朝廷。王莽在家闲居六年后，汉哀帝也去世了。

王政君立汉哀帝的堂弟做皇帝，史称汉平帝。王政君又让她的侄儿王莽重新担任大司马。从此，尝过下台滋味的王莽开始一步步篡夺汉朝的天下了。

这年，汉平帝只有9岁，名义上由王政君掌握朝中大权，实际上大权掌握在王莽手里。

汉平帝一天天长大，渐渐懂事，对王莽的野心又恨又怕。他的母亲卫姬按理应封为皇太后，但王莽怕卫家的人夺权，只封卫姬为中山王后，封平帝的两个舅舅为关内侯，让他们留在封地中山，不许进京。对此，汉平帝难免有怨言。

中国历代统一王朝

王莽听说后，怕汉平帝将来对他不利，便将他毒死了。

汉平帝死后，王莽让只有2岁的刘婴做了皇帝，史称孺子婴。

没几天，武功人孟通在淘井时淘出一块白石头，上面刻有"告安汉公莽为皇帝"八个大字。这当然是王莽授意干的。

王莽立即叫人将这件事报告王政君，王政君便封王莽为摄政，并把第二年改为居摄元年。

皇族安众侯刘崇对亲信张绍说："王莽要篡位，刘家的天下危险了。但刘氏皇族中竟没有一个人敢站出来反对他，这是我们刘家的耻辱。我想带头反对王莽，天下人一定会响应的。"

张绍听了，便协助刘崇聚集了百十来人，起兵攻打宛城。由于准备不足，力量太小，很快便失败了。

王莽又指使人对王政君说："应该封摄政为摄皇帝。"王政君照办了。

居摄二年（7年），东郡太守翟义起兵反对王莽，立严乡侯刘信为天子，发表檄文说："王莽鸩杀平帝，摄天子之位，意欲篡汉。如今天子已立，誓与豪杰共行天讨。"檄文传开后，天下震动，翟义大军很快发展到十万人。

王莽闻讯，恐惧万分，忙派七个将军率军前去镇压。

这时，听说有人起兵反对王莽，关中也有人起兵响应了。王莽一面派人镇压，一面加强长安城防。

不久，关里关外的义军都被镇压下去，王莽的贼胆更大了。梓潼有个叫哀章的人，做了一个铜箱，在上面刻了"汉高祖让位于王莽"几个字，然后把铜箱放在汉高祖的庙里。人们看到这个铜箱后，赶紧去告诉王莽。王莽说："既然高祖显灵，让我做皇帝，这是老祖宗的意思，我不能再推辞了。"

始建国元年（9年），王莽建立了朝，做了皇帝。

王莽登基后，假惺惺地对孺子婴哭道："我本想做周公，将来把江山再还给你。但天命难违，不能尽如人意了。"说完，封孺子婴为安定公，以平原等五县百里之地作

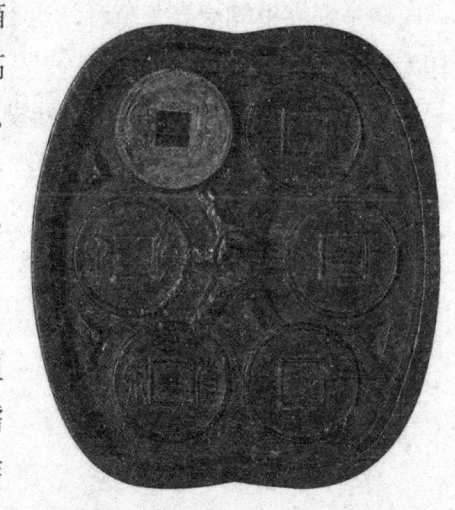

 秦汉——民族的发轫与源起

为封邑。但王莽怕放虎归山，必留后患，因此不让孺子婴到封地去，将大鸿胪府改为安定公府，将他软禁在里面。

这年，孺子婴才5岁，什么也不懂，见王莽哭了，他也哭了。然后，乳母抱着他到安定公府去了。

王莽把孺子婴软禁在安定公府，仍然不放心，怕将来有人利用他做号召再来夺天下。于是，王莽吩咐安定公府内任何人，包括乳母、男佣、女仆，都不许和安定公说话。

孺子婴在安定公府一关就是十五年。因为不许和人接触，所以他成了一个呆头呆脑的人，什么也不懂。

王莽地皇四年（23年），农民起义军拥立的更始皇帝刘玄的军队攻入长安，杀了王莽，孺子婴这才解放了。

更始皇帝接见孺子婴，见他是个白痴，一问三不知，连五谷牛羊都分不清，便没有杀他。

这时，平陵人方望认为更始必败，孺子婴身为汉平帝的太子，应该君临天下，便起兵将孺子婴劫到临泾，立他为皇帝。

孺子婴糊里糊涂当了皇帝，也不知道是喜是忧，反正什么事也不用他管，任人摆布。

更始皇帝闻讯，这才后悔当初没有杀掉孺子婴，又多了一个人来和他争江山。于是，立即派丞相李松率军攻打方望。不久，方望兵败，孺子婴被杀了。

三、从刘秀中兴到东汉灭亡

刘秀中兴

刘秀生于春陵，是汉景帝的七世孙。

刘秀字文叔，身长七尺三寸，眉清目秀，长髯，大嘴，高鼻梁。

刘秀9岁丧父，寄居在叔父刘良家，长大后喜欢耕田种地。

刘秀的哥哥刘演胸怀大志，喜欢结交朋友，为人豪爽。刘演常常嘲笑刘秀说："你一天就知道种地，不想做大事了吗？真和高祖的二哥一样啊。"

原来，刘邦的二哥喜欢种地，刘邦曾讥笑他种地的收获不如刘邦大，因为刘邦的收获是夺得了天下。

刘秀见哥哥嘲笑他，便抛弃农业，到洛阳求学去了。他在洛阳拜中大夫许子威为师，学习《尚书》。王莽篡位后，刘秀又回到了春陵。

王莽做皇帝后，进行了一系列的改革。

百姓的土地被剥夺了，仅有的一点积蓄也被搜光了，吃不上，穿不上，饿死无数，再也无法活下去，只得造反。

王莽天凤五年（18年），樊崇在山东领导饥民起义，很快发展到十几万人，王莽连忙派官军前去镇压。起义军在作战前都把眼眉染成红色作为标记，因此人们称这支义军为赤眉军。

几乎与此同时，湖北新市人王匡、王凤也率领饥民起义了。他们以绿林山为根据地，号称绿林军，绿林军很快发展到五万人。

起义军不断发展壮大，一些封建地主也率领地主武装参加了反对王莽的义军。其中著名的有刘玄、刘秀等人。不久，刘玄被义军立为皇帝，号称更始帝。

王莽见全国都反了，忙派大将王邑、王寻率领四十二万军队，号称百万，杀向义军。于是，历史上著名的昆阳之战开始了。

秦汉——民族的发轫与源起

昆阳附近的义军见官军像潮水般涌来，只得退进昆阳城中暂避其锋。这时，义军的一些将领认为敌众我寡，难以守城，不如分散开来各自为战。刘秀不同意这样做，他说："我们人少，如果集中力量打击官军的一路，还是有胜利的可能的。如果分散开来，必然被各个击破。因此，我们必须同心协力守住昆阳，打败官军。"义军将领们听了这话，恍然大悟，统一了观点。

这时，昆阳城里只有八九千义军。义军领袖王凤、王常和刘秀商量，决定由王凤、王常负责守城，派刘秀等十三人趁黑夜骑快马冲出南门，到附近去组织援军。

官军来到昆阳城下，敌将严尤认为不宜攻打昆阳。他建议说："昆阳虽然城小，但十分坚固，不易攻破。擒贼先擒王，贼首刘玄在宛城一带，我们应该先去攻打他。把他打败了，昆阳不攻自破。"王邑不听他的，一定要打昆阳。四十二万大军将昆阳围了几十层，旌旗蔽野，尘土遮天，战鼓声传几十里。官军把云车、撞车和楼车都用上了，还挖掘地道，想从地下攻进城去。官军的箭像雨一样射进城中，城里汲水的人要顶着门板才敢出去。

义军在城上堆满了滚木礌石，像冰雹一样砸向官军。义军日夜苦战，坚守了一个多月，刘秀终于率领援军赶来了。

王邑、王寻见刘秀只带来几千名援军，不由得哈哈大笑道："这不是以卵击石吗?"

刘秀一马当先冲向敌阵，士兵见了，一个个像猛虎一样跟了上去。官军没想到刘秀攻势这样猛，退了好几里才稳住阵脚。这一仗，刘秀消灭官军一千多人。一连几天，刘秀猛打猛冲，每天都消灭许多官军。

这时，宛城已被义军攻下，刘秀还不知道这个消息。但为了瓦解敌人军心，刘秀让人装成从宛城来的报信人，信中说宛城已被义军攻下，大军马上要来支援昆阳了。刘秀让送信人故意把信丢在路上，让官军拾去。王邑、王寻见到这封信后，十分沮丧，失去了攻城的信心。城里的义军听到城外喊杀声，又见官军阵脚已乱，便知道刘秀的援军到了。他们信心倍增，准备看好时机里应外合消灭敌人。

刘秀侦察到官军的指挥中心在昆阳城西河滨一带，便率三千人组成的敢死队直捣过去。官军将士从睡梦中惊醒，乱作一团。王寻被杀，其他人只顾逃命而去。

这时，王凤率军从城中杀出，里应外合打败了敌人。官军争着逃命，自相践踏，死了不少人。逃出一百里后，因争着渡河，又淹死了好几万人。

王邑逃回洛阳后，四十二万人只剩下几千人了。

在这次昆阳大战中，义军总人数只有一万多人，却打败了四十二万官军。

昆阳大捷后，义军一鼓作气，攻下长安，杀了王莽。王莽做了十五年皇帝，给人们带来的只是天下大乱，生灵涂炭。

愤怒的军民冲入皇宫，将王莽碎尸万段，将头砍下来送往宛城，刘玄命人将王莽的头挂起来示众。

百姓痛恨王莽，纷纷用石子击他的头。有人将他的舌头割下来切成数块。

后来，刘秀恢复汉朝统治，做了皇帝。因他建都洛阳，洛阳在长安之东，所以历史上称他建立的汉朝为东汉。

刘秀接连降诏，鼓励百姓生产，兴修水利，发展农业，轻徭薄赋，减轻人民负担，让刚从战乱中走出来的人过上温饱的日子。

刘秀统一中国，让汉族百姓过上了安定的日子，让汉族继续走上发展的道路。

佛教传入中国

有一天夜里，汉明帝做了一个梦。

在梦中，汉明帝看见一个金人，头顶上闪着白光在宫中走着。汉明帝问道："你是谁呀？从哪儿来的？"那人没有回答，突然凌空而起，向西而去。

汉明帝吃了一惊，吓醒了。只见寝宫里的巨形蜡烛一闪一闪的，上面有一圈白光，很像梦中的金人。

汉明帝对着蜡烛出了一会儿神，又进入梦乡了。

第二天早晨，汉明帝上朝，将梦中所见讲给群臣听，然后问道："你们可知这金人是谁吗？不知此梦是吉是凶。"群臣听了，都答不上来，只有博士傅毅出班奏道："陛下，臣听说西方有神，人们称之为佛。金人既然向西方去了，可能就是佛吧？当年，霍去病攻打匈奴时，曾把匈奴休屠王供奉的金人带回来献给武帝，武帝把金人供奉在甘泉宫里。据说，这金人是从天竺传到匈奴的。后来屡经战乱，武帝供奉的金人早已不知去向。陛下梦到的金人肯定就是佛，佛还有佛经。"

秦汉——民族的发轫与源起

所谓金人，即金制的佛像。汉明帝听了这些，觉得很好奇，心想既然武帝供过金佛，便命郎中蔡愔和博士秦景到天竺去求取金佛和佛经。

天竺也叫身毒，是佛教创始人释迦牟尼的降生地。释迦牟尼降生那年，正是周灵王十五年（前 557 年）。释迦牟尼原是太子，从小安享富贵，也娶了妻子。因他同情百姓，所以常常微服私访。在私访中，他看到老人和病人太苦了，尤其是人死时更是苦不堪言。他想："这一切都是由生引起的，如果没有生，怎会有病、老和死呢？因此，人生的苦就是'生老病死'。"

为了让人摆脱生老病死之苦，释迦牟尼抛弃太子之位，离开王宫，到深山里去冥思苦想，决心琢磨出摆脱生老病死之苦的办法。

经过十六年的研究，释迦牟尼形成了自己的学说，这就是佛教。

佛教认为一切行为有因必有果，行善作恶都有报应。一切生物，从人到昆虫，都有佛性，只要行善，就能立地成佛。

佛教劝人行善，因而受到广大人民的喜爱，信教的人越来越多了。

佛教在传入中国之前，已经传进了匈奴。

蔡愔和秦景到天竺后，用一匹白马驮回一幅佛像和四十二章佛经，还带回来两位高僧——摄摩腾和竺法兰。

汉明帝热情地接待了两位高僧，让他们住在专门接待外国使臣的鸿胪寺里。

后来，汉明帝将鸿胪寺改为白马寺，让两位高僧做了住持。因驮经的白马养在寺中，故称"白马寺"。

两位高僧在白马寺中将四十二章佛经译成中文。这样，佛教便传到中国了。

佛教传入中国之后，"种瓜得瓜，种豆得豆"的因果观深入人心，给各阶层的人都带来了新的希望。佛教宣传生死轮回，提示善有善报，恶有恶报，一切行为均由个人负责，善报属于自己，恶报也属于自己，今生不报，来生必报。这极大地鼓励人们做好事，不去为非作歹，不去行凶作恶。因此，佛教对于千百年来民心向善、社会安定方面影响深远，在汉族精神思想上所起的作用是无法估计的。

蔡伦造纸

蔡伦字敬仲，湖南桂阳人。他生于汉光武帝晚年，汉明帝时入宫做了小太监。

建初元年（76年），汉章帝即位，见他性子刚烈，好学不倦，为人正派，不苟言笑，便让他专门侍奉宠妃钱贵人。

钱贵人见蔡伦面如冠玉，唇红齿白，像个文质彬彬的书生，心里十分喜欢他。

但蔡伦天性孤傲，不善逢迎，特别是侍候后宫嫔妃更不是他的志向。因此，他整日郁郁寡欢，十分苦恼。

蔡伦最喜爱的事是读书，一有空就往秘书监杨太史那里跑。杨太史名堪，继承父亲做了太史令，经常在秘书监整理文史。他是一个饱学之士，见蔡伦好学上进，极为赞赏。

杨太史那儿有好多书，书使蔡伦暂时忘记了烦恼。

有一天，钱贵人对汉章帝说："陛下，蔡伦对文史极感兴趣，整天捧着书看，简直成了书呆子。他一有空就往秘书监那儿跑，一见了杨太史就精神百倍，不如让他到秘书监去吧。"汉章帝对蔡伦印象极好，知道他刚正好学，便让他到秘书监去了。

蔡伦到了秘书监，杨太史将蔡伦视如己出，爱护备至。蔡伦见杨太史为人忠厚，便把他当父亲一样孝敬。他见杨太史整天用刀笔在竹简上刻字，十分辛苦，不禁深表同情。他想："听说武帝时有人发明了纸，如果用纸书写，那该多省力啊。"一天，他问杨太史："听说过去有人发明过纸，为什么不用纸写字呢？"杨太史说："纸在西汉时就出现了，因是用麻做的，故称麻纸，但它脆而粗糙，不适宜写字，只能用来包东西。"蔡伦听了，若有所思地说："啊，原来是这样。"

秦汉——民族的发轫与源起

37

汉和帝永元八年（96年），在杨太史的举荐下，蔡伦被提拔为尚方令，专门负责管理宫中刀剑等器物的制造。由于蔡伦忠于职守，刻苦钻研技术，他负责监制的兵器质量特别好，受到广泛的赞扬。

有一天，蔡伦经过御花园，偶然发现一棵桑树上树浆风干之后形成的薄膜。蔡伦轻轻地用手去撕薄膜，居然将薄膜揭下来了。蔡伦忽有所感："何不用树浆形成的薄膜代替竹简呢？它一定比麻纸好用。"想到这里，蔡伦心中不禁一阵狂喜。

因蔡伦担任尚方令，手下聚集了许多能工巧匠，可以说是人才济济。于是，他在这些人的基础上又找了许多造纸方面的人才，大家集思广益，在前人造纸的基础上进行改进。

他们收集了许多破麻布头、麻织破鱼网、椿树皮、桑树皮、檀树皮、竹子、麦秸、稻草等，把它们放在一起切碎后，放在草木灰水和石灰水混合而成的碱性溶液里泡得发臭发软，再用这种纸浆造纸。用这种方法造出来的纸体轻质薄，非常适于写字。

蔡伦将新造出来的纸献给皇帝，受到了皇帝的称赞。蔡伦对汉和帝说："请皇上给这种书写用品赐个名字吧。"

原来，过去竹简和丝织品都可以制造书籍，人们称用来制造书籍的丝织品为纸。从"纸"字的偏旁就可以知道它是一种丝织品。

现在，蔡伦请汉和帝赐名，汉和帝说："蔡公公造出来的书写用品又薄又白，和过去做书用的丝织品——纸极其相似，干脆就叫纸吧。"于是，纸有了新的含义，并渐渐得到了推广。

汉和帝死后，邓太后临朝听政，封蔡伦为龙亭侯，因此人们称他造的纸为"蔡侯纸"。

从此，人们使用龟壳、兽骨、竹简、木片做文字载体的日子一去不复返了。

纸是文字的载体，而汉字又是汉族的标志，蔡伦让汉字通过他造的纸传得更广更远，传遍了天下。

黄巾起义

汉灵帝是个昏君，疏远贤臣，信任宦官，只知道吃喝玩乐。渐渐地，国库里的钱不够用了，他为了搜刮钱财，特地在西园开了一个铺子，有钱的人可以公开到这里来买官。他在鸿都门外张贴榜文，标出了各种官的价格。郡太守定价二千万，县令定价四百万；一时付不出钱的可以赊，等上任后加倍付款。这些花钱买官的人，上任后拼命地搜刮民脂民膏，将百姓推入了苦难的深渊。

朝廷腐败，地主豪强如狼似虎，再加上接二连三的天灾，逼得老百姓活不下去了，只得纷纷起来造反。

巨鹿郡有兄弟三人，老大张角，老二张宝，老三张梁，都挺有本事，以助人为乐。

张角懂得医术，为穷人治病从不收钱，穷人都很尊敬他。

张角知道农民受地主豪强的压迫和天灾的折磨，都盼望出现一个太平世界，好过上安乐的日子。于是他创立了一个教门叫太平道，利用宗教把群众组织起来。他还收了一些弟子，跟他一起传教。

张角派他的兄弟张宝、张梁和弟子周游各地，一面治病，一面传教，相信太平道的人越来越多了。

大约花了十年工夫，太平道传遍了全国，各地的教徒发展到几十万人。

当时，地方官认为太平道劝人为善，为人治病，因此谁也没有认真过问。朝廷里有一两个大臣看出苗头，奏请汉灵帝下令禁止太平道。汉灵帝正忙着建造林园，根本不把太平道放在心上。

张角把全国几十万教徒组织起来，分为三十六方，大方一万多人，小方六七千人，每方推举一个首领，由张角统一指挥。

张角和三十六方约定，于"甲子"年（184年）三月初五，在京城和全国同时起义，口号是"苍天已死，黄天当立；岁在甲子，天下大吉"。

"苍天"指东汉王朝，"黄天"指

太平道。

张角暗暗派人用白粉在洛阳的寺庙和各州郡的官府大门写上"甲子"二字，作为起义的暗号。

不料，在离起义还有一个多月的紧要关头，起义军内部的叛徒向朝廷告了密。朝廷立刻在洛阳搜查，将在洛阳做联络工作的太平道领袖马元义逮捕斩首，和太平道有联系的一千多人也惨遭杀害。

形势突变，张角当机立断，决定提前一个月起义。张角自称天公将军，称张宝为地公将军，张梁为人公将军。三十六方的教徒接到张角的命令后，立即同时起义了。起义队伍人人头裹黄巾作为标志，人称"黄巾军"。

黄巾军攻打郡县，火烧官府，惩办官吏和地主豪强；打开监狱，释放囚犯；没收官家的财物，开仓放粮。

不到十天，全国纷纷响应。义军从四面八方涌向京都洛阳，各郡县的告急文书像雪片一样飞向朝廷。

汉灵帝这才慌了，忙召集大臣商量对策。

汉灵帝拜国舅何进为大将军，同时派出大批人马，由皇甫嵩、朱儁、卢植率领，分两路前去镇压黄巾军。

黄巾军声势浩大，像黄河决口一样，官军哪里抵抗得了。大将军何进不得不奏请汉灵帝下了一道诏书，吩咐各州郡招兵对付黄巾军。于是，各地的宗室贵族、州郡长官、地主豪强都借着打黄巾军的名义招兵买马，抢夺地盘，扩张势力，拥兵自重，把整个国家搞得四分五裂。

黄巾军坚持了九个月的苦战，终于被东汉朝廷和各地地主豪强的军队血腥镇压下去。在紧张战斗的关键时刻，黄巾军领袖张角不幸病死。张梁、张宝继续带领将士和官军进行殊死搏斗，先后牺牲。

起义虽然失败了，但是化整为零的黄巾军一直坚持战斗了二十年。

东汉王朝的腐朽统治，经过这场暴风骤雨般的大起义，受到了致命的打击，也就奄奄一息了。

汉献帝建安二十五年（220年），东汉政权被曹魏政权取代。

隋唐——强盛的大一统王朝

　　隋唐时期的中国先进、文明、繁荣、强大，它在世界特别是亚洲历史发展中有着特殊地位，成为当时亚洲的中心，也是世界中心地区之一。亚洲各国人民都企羡中国，"对中国文化无限向往"，"殷切希望政治上要有像中国那样统一的国家组织，经济上要过像汉人那样灿烂的文化生活"。气势宏大壮阔的隋唐时期，在中国封建社会历史上、在世界特别是亚洲发展史上占有特殊、辉煌的地位。

一、隋文帝励精图治终铸开皇之治

（一）杨坚代周称帝统一天下

杨坚的家族从远祖杨元寿那时候起，就开始带兵打仗、镇守边关了。到杨坚的父亲杨忠时开始发迹，军事、政治地位逐渐显赫起来。时值北魏大乱，边镇下级军官出身的鲜卑人宇文泰苦心经营，逐渐在关中一带形成一股强大势力。杨忠跟随宇文泰南征北战，立下了赫赫战功，作为宇文泰的得力干将，杨忠便成了开国重臣。北周时杨忠官至柱国大将军、大司空，封隋国公，成为显赫的军事贵族。

公元 568 年，杨忠病死，杨坚继承了父亲的爵位。此时在位的宣帝是一个胸无大志、只知游戏享乐，并且十分残暴的皇帝。他继位不到一年，就传位给 7 岁的儿子宇文衍，即静帝，自己以天元皇帝的名义继续执掌政权。他不理朝政，大臣经常见不到他，有事只有通过宦官上奏。每召侍臣论议，只谈土木兴建，未尝言及政事。他对大臣的猜忌也日益加深，公卿大臣稍有对他不从之处，重则诛杀，轻则发配边疆，文武百官都非常害怕。由于周宣帝的皇后是杨坚的女儿，从而使杨坚在关陇贵族集团中的地位尤为突出，大臣们对杨坚的为人和才干也非常赞赏。公元 580 年，周宣帝突然病死，杨坚以都督内外诸军事名义执掌兵权，不久又官至宰相，当时继位的周静帝年仅 8 岁，由母后即杨坚的女儿辅政。北周朝廷内外的军政大权实际上都被杨坚掌握，这为他篡周立国打下了坚实基础。

杨坚并不是目空一切、眼高手低的人，他对夺取帝位是经过充分考虑、有十足信心的。自东晋灭亡后、中原大地一直为少数民族所统治，以正统自居的汉族贵族把受少数民族政权统治视为莫大的耻辱，他们一直不甘心，一代接一代地寻找机会、创造条件，无时无刻不想恢复汉族对中原、对整个中国的统治。因此，杨坚坚信，占人口绝大多数的汉族人，特别是汉族贵族是他坚实的支持者。出于这样的原因，在与汉族大臣的交往中，杨坚的言谈举止并不刻意掩饰自己的宏图大志。为收买人心，杨坚充分利用手中权力、大刀阔斧地改革清除种种弊政，并大量招揽人才，同时以身作则，倡导节俭。对于北周宗室，杨坚非常警惕。进宫辅政不久，他就找借口，相继将宁文氏诸王巧妙地召回首都长安，牢牢地控制在自己的势力范围内。最终于公元581年二月，早已成为傀儡的周静帝在杨坚的逼迫下，下诏将皇位禅让给杨坚。杨坚继位后，把国号定为"隋"，改元开皇。他就是隋朝的第一个皇帝隋文帝。

杨坚建隋时，南方有建都于建康的陈朝和居于江陵一隅的西梁，北方就是虎视眈眈的突厥。公元582年，突厥沙钵略可汗在其妻北周千金公主煽动下，以四十万骑兵大举南下攻隋，自幽州到临洮的隋军全线崩溃。隋文帝严治关塞，用重兵反击和反间计等办法应付。不久，突厥内部生乱，又遇到天灾饥疫，只得遣使求和，北周千金公主自请改姓，乞为隋文帝之女。公元584年，隋文帝赐公主为杨氏，改封大义公主，沙钵略拜受诏书，并称臣纳贡，永远不与隋朝为敌。北方形势的改观，使隋朝君臣的注意力再次转向了南方。

占有江陵沿江的西梁，原是西魏、北周的傀儡政权，隋文帝为避免树敌，建国之初对其进行过安抚。不久梁主萧岿入朝，隋文帝给予破格礼遇，并选定萧岿之女为晋王杨广之妃，还撤销了监视西梁的江陵总管，萧岿死后其子萧琮继位，隋文帝征萧琮君臣二百余人入朝，留京不遣返，却派大军戍守荆州，摆出灭梁的阵势。隋军还没有发动攻击的时候，萧琮的叔父萧岩等带十万人逃往陈国，西梁就此灭亡了。

陈国此时在位的国君后主陈叔宝是个荒于酒色、不恤政事的昏君，隋文帝采用疲兵之计，几年下来，陈朝的将士被折腾得疲惫不堪，又因农时连连耽搁，国力迅速减弱。公元587年，隋文帝认为时机已经成熟，准备与陈朝决战。他在武昌以东的长江下游一带部署重兵，并且打造战船，随时准备渡江。在渡江决战的前夕，隋文帝又下诏宣布了陈后主的二十条罪状，并抄写了三十多万份，在江南广为散发，以争取江南民心。公元588年，隋文帝任命晋王杨广、秦王杨俊为元帅，率八路大军五十多万人，在横亘数千里的长江沿线上，向陈军发

起攻势，晋王杨广又以统帅身份向陈国执政的尚书令江总发出檄文，讲述了治乱纷争终归一统的历史大势，并且表示出隋朝对统一的决心。

隋文帝的诏书和晋王的檄文，陈国君臣全然不予理会。陈后主依然自欺欺人，对宠臣们说："从前北齐来攻过三次，北周也进犯过两次，均大败而去。这次隋兵来攻，还不是死路一条。"宠臣们也附和道："长江天堑，自古分隔南北，今日隋兵岂能飞渡不成？"君臣仍然饮酒作乐、赋诗赠答如故。

隋军的攻击首先由杨素在永安发动，他率水军出三峡东下，大张旗鼓吸引陈军主力。杨俊坐镇汉口，切断上下游陈军的联系。下游主攻陈国国都的战事，于开皇九年正月初揭幕，乘陈入朝会，在大雾掩护下，北军发动偷袭，贺若弼率军由广陵渡江攻占京口，韩擒虎率军自横江渡江袭取采石，而后向建康合围、坐镇江北桃叶山的杨广派宇文述率三万兵渡江夺取石头山，并遣杜彦与韩擒虎合军屯兵建康城西南白鹭州附近的新林。这时贺若弼已进据建康城东门外的钟山，形成对陈国国都的夹击之势。陈后主拒不接纳将领们在攻守上争取主动的意见，迟疑多日，忽然决定倾建康十余万士兵出击，在城东排出南北二十里的长蛇阵与隋军决战。谁知旋即便被贺若弼看出破绽，果断提前迎战，从薄弱环节孔范部突破，陈军支离破碎，土崩瓦解，四处溃散。陈后主与张贵妃、孔贵嫔避入景阳冈中，被先突入宫中的韩擒虎部擒获。最终陈后主只得投降，隋文帝终于完成了自己的伟业，自西晋末年以来的南北分裂局面又归于统一了。

（二）开皇之治

隋文帝亲眼看到北周残暴的统治不得人心，唯恐重蹈覆辙，所以，他认为只有谨慎地处理政事、提倡节俭、实行廉政，才能安抚民心。隋文帝自己就是以节俭来严格要求自己的，平时隋文帝就非常留意民间疾苦，自感江山打得太容易，怕人心不服，于是常存警戒之心。他认为最重要的保国法就是节俭。有一年，关中发生饥荒，隋文帝即派左右丞去了解关中百姓的生活，当他看到百姓们吃的是豆屑与糠做成的团子时，难过得流下了眼泪。他一面将此团子传给朝中各大臣观看，一面宣布当日起一年内不喝酒不吃肉。他很注意皇亲国戚的行动，他们要是犯了法，也一律严惩。他的三儿子秦王杨俊觉得自己是皇子，又在灭陈的时候立下了战功，生活越来越奢侈，根本不把法律放在眼里。他指

中国历代统一王朝

使手下的人放高利贷，敲诈勒索，使许多小官吏和老百姓倾家荡产。他模仿皇宫建造自己的宫殿，用外国进贡来的香料涂抹墙壁。隋文帝知道了这些情况，非常生气，下令罢免了杨俊的官职，把他禁闭起来，直到病死。隋文帝对他人如此，对自己也同样。一次，隋文帝患痢疾，需要一些胡粉调药，找遍宫中却不可得。因胡粉属妇女保养皮肤的化妆品，被列为宫中禁品。由于隋文帝的身体力行，当时整个社会形成了节俭的好风尚，贵族官吏平常服装多为布帛，饰品只用钢铁骨角制成，没有人佩戴金玉饰物。

隋朝的统一天下，是中国历史上的一件大事，它结束了中国社会四百年来的分裂局面。开国之君隋文帝杨坚于称帝后实行了一系列的社会改革，诸如设置尚书、门下、内史三省以加强中央集权；简化地方行政机构，在地方政权上实行州、郡、县三级制，以节省国家开支，便于政令的通达；建立科举选官制度，加强对地方官吏的考核和控制；在经济上颁布均田新令，采用租调力役等剥削制度，减免赋税，并且减轻徭役，使广大农民有时间来发展农业经济。颁布"输积法"以打击豪强势力，增加国家的财政收入，注重水利建设；将府兵制度推行于全国，镇压江南豪族叛乱，等等。这一切，使得隋朝的农业获得了空前的发展，耕地面积扩大，粮食产量增加，全国各地粮仓中储存的粮食数量多得不可胜数。在手工业方面，著名工匠李春所设计的赵州石桥，至今仍保存完好，堪称我国建筑史上的杰作。其他如纺织业、造船业，亦有很大的发展。这一时期，在中央王朝同边疆各民族的联系上，亦有了进一步的加强，中原与中亚地区已开辟了三条主要交通要道。总之，在隋朝统一后的短短时期内，社会经济、文化事业获得了空前的发展，呈现出国势强盛的局面。在隋文帝在位期间，他综合了前朝各项制度，有沿有革，形成隋制，建立了唐宋以至元明各朝所沿袭的规范。

二、隋炀帝的奢华与残暴

（一）四处巡游与大兴土木

作为杨坚的次子，杨广能够登上太子位、进而当上皇帝，靠的是一系列阴谋。太子杨勇性情宽厚，行事直爽，无所拘束，无所掩饰。他不喜欢父皇和母

后为他选定的元妃，为此公开顶撞过隋文帝和独孤皇后，也因为生活奢侈受到隋文帝的训斥。杨广看在眼里，记在心上，他为了得到隋文帝的欢心，就处处掩饰自己，处处投其所好。杨广并非不是浪荡子，他跟杨勇比起来有过之而无不及。但是，杨广非常善于伪装，凡是隋文帝反感的事，杨广在其面前都竭力掩饰。平时，见到朝臣，杨广都非常谦逊恭敬；有事出门，车马侍从也尽量从简。

开皇二十年，隋文帝终于下决心废黜了杨勇，另立杨广为太子。当上太子后，杨广的本性渐渐暴露，肆意残害杨勇和其他兄弟，大力培植党羽，再也不加掩饰了。然而已患重病的隋文帝因为身边有独孤皇后对杨广的美言，朝中有杨素为虎作伥，一切不利于杨广的消息都到不了他耳中。

隋炀帝上台后，立即向全国大批征发民工，大兴土木。首先，他觉得长安城太小，皇宫不够豪华气派，立即决定在洛阳营造新的都城，并准备把都城从长安迁到洛阳。

公元 605 年，他下令营建东都洛阳。宫城东西五里二百步，南北七里，是皇帝居住和议事的地方；宫城内殿堂林立，其中的一个乾阳殿，光是柱子就有二十四围粗。此时全国总人口还不到五千万，却至少有两千万人次的成年男子在洛阳工地上被役使了整整一个月。这意味着全国所有的壮丁都被征发一遍还不够，相当多的人要被征发第二次。洛阳的工程规模十分浩大，每月要征调二

中国历代统一王朝

百多万个民夫，从江南送来奇材异石修饰皇宫。不仅如此，隋炀帝为了更好地行乐，下令在洛阳西郊修建了一处大花园，叫做西苑。

此苑占地二百多里，苑内建筑十分华丽壮观，而且还在苑内修建了人工海，海上有蓬莱、方丈、瀛洲三座神山，山上有许多亭台楼阁，甚至苑中的花草秋冬凋谢后，用彩绸剪成花叶加以装饰，池沼中也布满绫制的荷花。花园内宫殿无数，楼阁交错排列，工程量十分浩大。并且苑内还饲养着各种珍禽异兽，供皇帝观赏、打猎。夜里，隋炀帝经常带着几千宫女到西苑游玩，一边奏乐、一边喝酒赏月。

西苑工程刚刚结束，隋炀帝为乘船到江都游玩，下令征调上百万的民工挖掘大运河。大运河以洛阳为中心，北达涿郡，南到余杭，共分为四段，隋炀帝首先征发了河南、淮北百余万民工，挖掘了贯通黄河、淮河的通济渠。公元608年，再次动用河北民工百余万，修成了从板渚北直到涿郡的永济渠。公元610年，又挖通了从长江南岸的京口到钱塘江入海口的余杭的江南河。加上隋文帝时修建的西起大兴城，东至潼关的广通渠，四条人工河沟通了海河、黄河、淮河、长江、钱塘江五条大河，成为南北交通的重要航线。后人把它称为大运河。大运河全长四五千里，从洛阳到江都共设置斋宫四十多座。大运河便利了南北交通，形成遍及全国的水运网，这条河是劳动人民的伟大创造，对隋朝以后的唐宋经济发展有很大影响。但它是用无数劳动人民的血汗建成的。人民为躲避徭役，往往自残肢体，称为"福手""福足"，足见人民被迫害到何种悲惨的地步。

公元605年八月隋炀帝开始了他首次江都之游，此次出游的场面之大，令人难以置信。隋炀帝带领大批随从、嫔妃、王公大臣、僧尼道士，乘坐几千艘华丽的龙舟到江都游玩。隋炀帝所乘的龙舟长二百尺，宽五十尺，高四十尺，共分四层。上层有正殿、内殿和东西两堂；中间两层分成一百二十个房间，全用金玉装饰，供隋炀帝生活起居用；下层是为他贴身服务的内侍的住所。另外，

隋唐——强盛的大一统王朝

47

还有数千艘人船，供随行的诸工、公主、百官、僧尼、道士乘坐。为这支庞大的船队服务的民工和士兵多达一二十万，其中纤夫就有八万多人。

隋炀帝在船上纵情饮酒作乐，两岸还有骑兵护送，热闹非凡。一路上，隋炀帝为了使自己和他的后宫佳丽、跟随的显贵能品尝到各地不同的山珍海味、菜肴名点，下令运河两岸五百里以内的州县均要献食。许多州县官为了让隋炀帝满意，绞尽脑汁，恨不得把自己辖地上的所有特产连同子民百姓统统搬上餐桌。库存的钱粮不够，就强迫农民预交几年的租税。这一来，不知使多少民户倾家荡产。

第二次出游江都前，这些豪华游船均被起义的民众烧毁，隋炀帝竟然下令造出更豪华、更庞大的船。于公元 610 年继续他的挥霍之行，他每巡游一次，许多官吏都拼命搜刮百姓，向皇帝献厚礼，沿途老百姓则又一次遭殃。公元616 年，农民起义已遍布全国，许多朝廷大臣和地方豪强也纷纷拥兵自立，隋朝的统治已经摇摇欲坠，然而隋炀帝不顾大臣们的劝告，坚持再次巡游江都，最后把自己的头颅留在了江都。

（二）远征高丽

导致隋朝迅速崩溃的直接原因，是隋炀帝对高丽发动的三次征讨战争。因为在这次战争中，全国的老百姓所遭受的痛苦和灾难，比其之前大兴土木、游玩炫耀所带来的后果要严重得多。隋炀帝上台后，在对待高丽的态度上，俨然一副子承父业的派头，虎视眈眈，一直在寻找机会，准备向高丽进攻。开皇十八年，高丽王高元兵犯辽西，隋文帝派汉王杨谅、高颖、王世积率水陆三十万将士征伐高丽。由于高丽自隋军平陈后，便治兵积谷，早有防备，而隋军劳师远征，馈运不继，加上疾疫流行，水军在海上遭遇风暴，船只多葬于海上，无功而还。高丽王高元连忙遣使谢罪，算是给了文帝一个罢兵的台阶下。

公元 607 年隋炀帝北巡时，警惕地发现突厥启民可汗处有高丽王使者活动。

于是采纳裴矩的建议，要高元入朝。高元不从，炀帝决定出兵讨伐。经过准备后，他命令出动左右各十二军及沧海道水军舟舻千艘，目标直取平壤。高丽军队在辽水、萨水节节狙击，坚城死守。隋将作战必须请示皇帝，以致一再贻误战机，结果大败而退。公元613年他再次亲征，这次敕准诸军便宜行事，诸将分道攻城，高丽形势危急。不料在黎阳督运的杨百感起兵作乱，迫使隋炀帝仓促退兵，高丽派兵追击，重创隋军。次年炀帝竟然又发动第三次征辽战争，此时全国战乱风涌，人多流亡，形势混乱不堪，隋军大多不能按期集结进军。这时，高丽经连年作战也困弊不堪，乃遣使向隋军乞降，隋炀帝同意退兵。事后高元仍然不肯入朝，炀帝还想举兵再征，终因天下大乱而作罢。

无穷无尽的劳役和年复一年的征伐高丽的战争，给人民带来了不堪忍受的灾难。其中有三四百万士兵和民工死于行役和战争，农村中只剩下了老弱和妇女，社会生产已无法正常进行，加之隋朝后期山东、河南一带水灾不断，疫病流行，人口和牲畜大量死亡。广大农民陷入了水深火热之中，被迫起来反抗，以求一条生路。

（三）义军蜂起山河覆灭

对高丽的战争尚未进行，农民就相继起义了。公元611年，起义首先在山东章丘长白山爆发。起义的领导者王薄自称知世郎，作《无向辽东浪死歌》，鼓动农民不要到辽东去为统治者卖命。很多人都前往参加王薄的起义军，起义军队伍迅速壮大。起义军的势力逐渐从山东、河北向江南发展，蔓延到黄河、长江两大流域的广大地区。

公元615年十月，隋炀帝回到东都，马上故态复萌，把群臣的劝谏抛到一边，再也听不进臣下的意见，又是议伐高丽，又是准备去江都，几个月就这样过去了。直到大业十二年正月，由于起义的发展，朝集使不至者二十余郡，隋炀帝才感到形势确实有些严重，始议分遣使者十二道发兵进行讨伐，开始把部分注意力放到镇压农民起义上来。隋王朝

49

开始加强镇压，但各路起义军经过持久的战斗，壮大了力量，也开始加强攻势，攻陷了许多郡县，消灭了大量的郡兵和府兵。隋炀帝调杨义臣率从辽东到此增援的部队镇压河北的起义军，自己则亲自带禁军到江都，由陈棱率领镇压江淮的起义军，还任命唐公李渊为太原留守，继续镇压山西起义军，并防御突厥。在隋王朝集中力量进行镇压的情况下，几支最早的起义军受到挫折。

起义军吸取分散作战易于被各个击破的教训，公元 617 年初，最终在黄河南北和江淮地区陆续汇成三大义军。一是瓦岗义军，逃脱了官军捕杀的李密，上了瓦岗寨，投奔在此聚众造反的翟让。李密设计破金堤关，消灭张须陀，攻占兴洛仓，连战大捷，开仓散粮。瓦岗军众至数十万，成为声势最大的反隋武装。二是河北义军，农夫出身的窦建德收集孙安祖、高士达余部，优待归降的士人和隋官，在河北发展到十万余人，并且自封为长乐王，建立了政权。三是江淮义军，江淮军的基础是山东南下的几支造反队伍，被杜伏威用武力统一了起来，队伍逐渐壮大。三大义军占领了河北、中原和江淮广大地区，隋的残余势力被分割包围在长安、洛阳、太原、幽州、扬州等几个孤立的据点，隋王朝陷于土崩瓦解的境地。

公元 617 年四月瓦岗军发表讨隋炀帝檄文，标志着与隋军进入决战阶段。同年五月李渊趁势在晋阳起兵，半年后袭取长安，在江都的隋炀帝终于认识到大势已去，便放纵玩乐，一批不满隋炀帝重用南方人及南朝旧官，又滞留江南不归的北方将领，拥戴关陇军事贵族宇文化及，以北归为号召，煽动将士进行反叛。公元 618 年农历三月，缢杀隋炀帝于江都宫西阁，隋朝灭亡。

三、李渊太原起兵问鼎全国

（一）晋阳起兵占据关中

李唐祖上原籍属于山东望族，从西晋末年到隋统一中国的二百年中，李氏家族一直是关陇的贵族世家。李渊的祖父李虎在西魏时立下战功，是"八柱国"之一，封唐国公。后李渊袭其爵位，成为隋朝重臣。李渊娶北周上柱国窦毅的女儿为妻，生有四男，即李建成、李世民、李元吉、李元霸，四子在隋炀帝继位后分别升任将军，历任陇州、楼烦等地的地方长官。当时天下大乱，统治阶级内部日益分裂，炀帝因杨玄感起兵反叛而猜忌杀戮大臣。隋炀帝曾因事征召李渊议事，李渊因病未能按时拜见。李渊有个外甥女王氏在炀帝后官，炀帝向王氏询问李渊未应召入宫的原因，王氏以李渊患病答对。炀帝闻听后半信半疑，颇不满意地说道："可得死否？"当李渊闻知炀帝对自己的猜疑和不满后，越发恐惧。为消除皇上的猜疑，李渊在向炀帝进献珍宝的同时，整日纵酒取乐，以表示自己胸无大志，没有窥伺国家社稷的野心，这才使隋炀帝放松了对他的警惕。

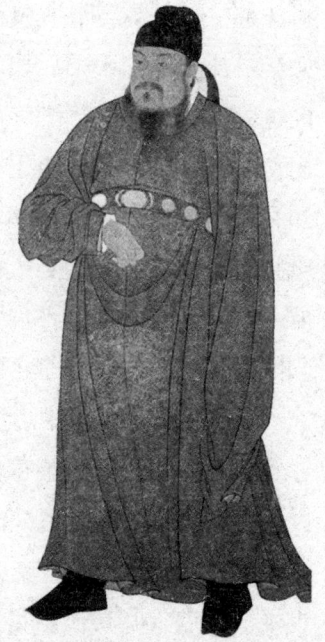

早在公元 613 年，李渊就已萌发反隋的念头，却一直都没有公开起来反对隋王朝的统治。正当他犹豫的时候，隋炀帝因李渊镇压农民起义和抵御突厥势力南下屡立战功，任命李渊为太原留守。在太原留守任上，李渊鉴于隋王朝在农民起义的强烈冲击下大势已去，终于开始准备起兵反隋，夺取天下。太原是个军事重镇，不仅兵源充足，而且粮饷丰沛。李渊非常高兴，暗中在太原发展自己的势力。他以镇压农民起义军为名，自行招募士兵。许多有识之士也不远千里慕名到晋阳投奔他们。与此同时，李渊的次子李世民自从随父亲来到太原后，结交了长孙顺德、刘文静等一批好友，有意一同图谋大事。在李渊的秘密组织下，他的二儿子李世民、手下刘

隋唐——强盛的大一统王朝

文静等人四处活动，招揽人才和附近的地主武装，没过多久，李渊直接控制的军队就达到近万人。

李渊的这些行动，引起了副留守王威和高君雅的怀疑。隋炀帝一直对李渊不放心，这两个人就是隋炀帝安插在李渊身边的内线。王威、高君雅见李渊图谋不轨，决定在晋祠举行祈雨的仪式，邀请李渊等去参加，伏兵杀之。晋阳乡长刘世龙与高君雅关系不错，他无意之中偷听了王、高二人的密谋。刘世龙知道李渊是个英雄人物，就把这事向李渊说了。李渊决定先发制人，除掉王威、高君雅。几天后的一个夜晚，李渊派长孙顺德率领五百名新招募的士兵，与李世民的军队一同埋伏在晋阳城东门旁边，以防不测。李渊派人把王威、高君雅找来，说有要事相商，二人毫无戒备。李渊见到二人，当面宣布他们勾结突厥人的罪状，并将二人逮了起来，又过了几天，正巧突厥骑兵入侵，人们都以为真的是王、高二人引进来的。李渊趁机把两人斩首示众，宣布自己为了维护隋朝的统治，而大举义兵。

李渊晋阳起兵后，就决定进军关中，直取长安，以号令天下。但南下攻取长安时，背后有数十万的突厥军队虎视眈眈，还有瓦岗军近在洛阳，不处理好这两个方向的战略关系，就会三面受敌。李渊只有三万兵力，无法多方作战，于是制订了臣服突厥和安抚李密的战略。突厥自大业五年启民可汗去世，始毕可汗继位起，便与隋失和。大业十一年始毕可汗围攻隋炀帝于雁门，关系恶化。始毕可汗接李渊手书后表示，只有唐公自作天子，推翻隋朝才给予支持。李世民、刘文静掌握的兴国寺屯兵也闹事，胁迫李渊服从突厥。于是李渊遣刘文静出使突厥，实际是称臣于突厥，以换取军事上的支持。八月，突厥派来五百士兵和两千匹马，合乎李渊多要马少要兵的方针。这样可以预防将来对入援的突厥兵失去控制，又达到了借突厥兵马为自己壮大声势的目的。瓦岗军是另一个要妥善处理的对手，不仅要避免其对自己构成直接威胁，还要利用其来牵制洛阳的隋军，李渊致书李密时极尽谄媚之能事，哄得李密高兴，一心去对付王世充。李渊因而得以集中力量进攻关中。

当时，西河郡丞高德儒不服从李渊的命令，李渊就命令长子建成、次子世民率军攻打西河。行军途中，建成、世民与士兵同甘共苦，所过之处秋毫无犯。沿途的老百姓见来了一支多年不见的仁义军队，都争着送来蔬菜水果慰劳建成、世民。而二人坚持付给百姓钱，如果不收就不吃，实在推辞不了的，二人就跟

士兵们一起分享。将士们见二人如此爱护部下，都很感动，纷纷向二人表示愿意为之效命。到了西河，建成、世民的军队奋勇向前，以一当十，不几天就把西河拿了下来，把高德儒也杀了。建成、世民又在城中开仓济贫，很得民心，名声也传播开来。

西河首战告捷，李渊信心大增。他命令三子李元吉留守太原，自己则亲自率领三万大军，进军灵石县。隋朝守将宋老生屯兵霍邑，挡住了李渊南下的道路。当时天公不作美，阴雨连绵，粮饷也因此没有及时送上来；还有流言说刘武周与突厥联兵想乘虚攻取太原。李渊很着急，把谋臣武将们召集来商量对策。裴寂对李渊说："太原是军事重地，而且大多数起义军将领的家属都在那儿，如果太原有失，那无异于大树断根；现在前进受阻，不如先还师太原，再等待时机以图后举。"李渊认为这是两全其美之策，于是下令班师。就在这时，李世民前来劝父亲，说现在已举义兵，就如箭在弦上，只能前进，不能后退。如果遇到这么一点挫折就打退堂鼓，士气肯定因此受挫，大事难成。李渊恍然大悟，赶紧命令世民和建成骑快马追回已经先撤的部队。过了十几天，雨也停了，粮饷也送到了。李渊亲率大军直奔霍邑。他派建成、世民各带人马前去挑战，又把军队分成十几队，从城东南向西南，装出安营攻城的样子。宋老生带着三万多人，杀出城来，李渊命令一队士兵假装败退，宋老生认为李渊害怕了，就带队追击。李渊见宋老生已远离霍邑，就命令大将殷开山带精兵插入隋兵背后，控制了城门，两面夹击，隋军大败，宋老生也战死在霍邑城下。

攻占霍邑之后，军心大振，李渊乘胜前进，攻取临汾。兵至汾阳，李渊派人给当地农民起义军首领孙华写信。孙华手下人数虽不多，但兵强马壮，称霸一方。他收到李渊的信以后，十分高兴，率领部队归顺李渊。在他的引导下李渊军队围攻河东要塞。镇守河东的是隋朝名将屈突通，他见李渊来势凶猛，便闭城坚守，不敢交战。李渊攻了几天也没能拿下河东。裴寂建议李渊聚集所有人马攻克河东，干掉屈突通，以绝后患。而李世民却主张应避实击虚，兵贵神速，直取关中。李渊考虑再三，决定兵分两路：由李世民率军渡黄河入关中，直取长安；同时以相当的兵力继续围攻河东，来牵制屈突通。李渊的女儿平阳公主在父亲起兵晋阳以后，招引英雄豪杰，准备到时响应父亲。后来，平阳公主与在司竹园起义的何藩仁，攻占了长安附近的鄠城，队伍发展到六七万人。平阳公主听说李世民进了关中，就带着人马跟他会师，屯兵于阿城。李建成也从新丰攻到灞上。李渊又亲自率领大军从下邽西上，最终形成了对长安的合围之势。两个月以后，李建成的部下率先攻上长安城墙，长安守军顿时土崩瓦解，隋朝的西部长安成了李渊的手中之物。李渊占领长安后，仍不放弃尊隋旗号，立炀帝长孙为帝，并尊炀帝为太上皇，自己以大丞相和唐王的身份来辅佐朝政。公元 618 年 3 月隋炀帝被杀，五月恭帝退位，李渊登基，加冕称帝。自晋阳起兵后仅一年，便建立了大唐王朝。

（二）李渊称帝统一全国

公元 618 年李渊在长安称帝建国，当时的天下形势是：全国处于数以百计的武装力量的分割占领之下。几支强大的农民起义军主要活动在中原地区。特别是东都洛阳附近由李密所领导的瓦岗军，拥有几十万的兵力，兵强马壮，又一直想要做中原的盟主，因而是唐帝国的主要威胁，是唐帝国向东争夺天下的主要障碍。在关中地区尚有强敌威胁的形势下，把主要军事力量用于关东地区，这对唐朝显然是不利的。因而，消灭关中四周的强敌，把关中建设成巩固的根据地。然后再扫除关东的群雄，统一天下，便成了唐王朝最高统治集团的战略抉择。

公元 618 年占据金城的薛举进犯扶风城，唐军出战时因轻敌而大败，折损兵将十之六七。同年末再战时，唐军坚守高土庶城。六十余天高挂免战牌，待敌疲后出击，一举将敌军击败。李世民马不停蹄，率轻骑抢先赶到敌人驻扎的城池，使溃退的敌军进不了城，散归陇外。此时薛举已死，全军将士投降。而后唐军的作战方向转向河东。

自李渊从晋阳南下后，代北的刘武周和宋金刚勾结突厥大举南攻，袭占太原，兵犯晋南。于是李世民率军东渡黄河，先在晋西南与敌对峙五个月不与决战，却派兵坚守敌后的浩州，阻断其粮道，迫使敌军北撤。唐军乘势反攻，一昼夜追击二百余里，敌军溃散，宋金刚、刘武周都被突厥人斩杀，唐军收复晋阳。

关陇和河西、河东心腹肘腋之地稳住以后，唐军自武德三年起东进中原，与洛阳的王世充和河北的窦建德决战。公元619年以后，在东都废杨侗自立、定国号为郑的王世充和定国号大夏的窦建德分别控制着大河南北之地。公元620年五月，李世民从山西回到长安，七月受命率大军进军中原，向王世充发起攻击。李世民于谷水大败王世充，兵围洛阳鏖战八个月。

窦建德怕王世充覆灭后自己成为唐军下一个目标，于武德四年三月亲自统兵十余万援救王世充。李世民围城打援，往虎牢迎战。同年五月，诱窦军出击，待其疲困后，李世民以优势骑兵突袭敌军，窦建德被俘，王世充投降。李世民一战而克二敌，黄河流域战事取得了决定性的胜利。七月，李世民凯旋至长安，献俘于太庙，赦王世充为庶人，斩窦建德于市。公元621年七月窦建德在长安遇害后，其旧部刘黑闼起兵占据漳南，徐元朗响应，连克州县，尽复故地。李世民再度受命东征，并于公元622年大败刘黑闼，刘黑闼逃往突厥。后刘黑闼引突厥侵扰山东，半年后，太子李建成、齐王李元吉又大败刘黑闼。刘黑闼被部下所擒，送太子李建成军中斩首，徐元朗也战败而死。至此江南地区尽归唐朝，从而完成了统一天下的大业。

四、唐太宗与贞观之治

（一）玄武门之变

李渊以其敏锐的眼光和丰富的政治经验，抓紧时机，在太原起兵，在其长子李建成、次子李世民的辅助下，进占关中，一举完成了大唐创立的事业，并于公元 618 年在长安称帝建立唐朝，立长子李建成为太子，封李世民为秦王。

唐朝刚建立不久，秦王李世民和皇太子李建成之间就为争夺皇位展开了激烈的斗争。

李渊的长子李建成，性情宽简仁厚。李渊在山西期间，十七八岁的建成留居河东照顾家小。他能喝酒、爱打猎，与当地博徒大侠有密切的往来。李渊决定起兵后，建成被密召到太原，和世民共同带兵打下了西河郡，又与世民一起领兵进入关中。李渊称帝后，建成以嫡长子被立为太子。由于皇储的地位，他没有亲自率兵参加统一全国的各次战役。他的主要工作是帮助高祖安定后方，处理国事。而李世民年少时便爱好弓矢。公元 615 年李渊受命为山西河东抚慰大使，便把 16 岁的世民也带到了太原。在李渊身边，世民熟悉了战争和统治阶级内部的政治斗争，获得了较多的军事知识和政治斗争经验。在唐初削平群雄、统一全国的战争中，李世民立下了许多战功，声誉越来越盛，权势越来越大。特别是公元 621 年一举击败了窦建德，逼降了王世充，更使他成为一位威震四海的人物。高祖命他为天策上将，而他本人更是努力培植自己的势力。作为皇位继承人的太子李建成，由于李世民勋业日隆，中外归心，更感到自己的地位所受到的威胁越来越大。

于是李建成和李元吉策划，利用抵御突厥入侵这个时机，先夺了李世民的兵权，等出征的时候再把他杀掉，李建成在唐高祖面前推荐李元吉代替李世民北征，高祖答应了。李元吉又请求秦王府的尉迟敬德、程咬金、秦叔宝等猛将归他指挥，并调李世民部下精锐士兵充实自己的部队，高祖也都同意了。李建成以为自己安排得十分周密，其实，这消息很快就传到李世民那里。李世民急忙找来长孙无忌、尉迟敬德等人商量对策，大家都主张立即动手，先发制人。

中国历代统一王朝

李世民在长安的力量相对李建成、李元吉来说，是比较薄弱的。虽然他们都蓄养了一批精兵，但世民只有八百人，不及官府兵两千人的一半。正是这种情况，决定了李世民必须采取阴谋伏兵，先发制人的方式。而这种方式之所以能实现，主要是由于玄武门守将被其收买，因而可以出其不意，攻其不备，从而擒贼先擒王、攻心为上，收到瓦解对方的效果。

公元 626 年六月，世民密奏建成、元吉淫乱后宫，准备在高祖召他们入宫时谋杀他们。四日清晨，李世民带领尉迟敬德、侯君集、张公谨等人入宫，并伏兵于玄武门。李建成、李元吉事先虽已得到通知，知道高祖要他们廷辩，但他们不知道玄武门的守将常何已为世民收买。因此，他们将东官和齐王府兵集中起来以后，就前往高祖处一探究竟。当他们走到临湖殿，发现情况异常，立即掉转马头，往东宫跑。只听有人喊道："太子、齐王，为什么不去上朝？"李元吉回头一看，不是别人，正是对头李世民。李世民连发三箭，只听嗖的一声，李建成从马上摔下来，断了气。李元吉也被尉迟敬德一箭射死。唐高祖正带着大臣、妃子在海池中乘船游玩。忽然看见岸上有一个全副披挂的将军，匆匆赶来，跪在地上说："太子、齐王叛乱，已经被秦王杀死了。"高祖十分难过，吩咐游船靠岸. 回头对裴寂等人说："想不到会有今天这样的事发生，你们看怎么办？"左右的大臣听到建成、元吉已死，就都顺水推舟做了个人情。陈叔达说："建成、元吉本来就没有大功，秦王功德盖世，深得人心，理应立为太子。"高祖说："我本来也是这样想的。"三天之后，唐高祖宣布秦王李世民为太子。国家大事一律由太子处理。这年八月，唐高祖被迫让位，自称太上皇。李世民当了皇帝，就是唐太宗。次年改年号为贞观。

（二）贞观之治

玄武门之变后的朝廷一片混乱景象，连年的战争，使得社会局势动荡不安。唐太宗并没有被成功的喜悦冲昏了头脑，面对这种情况，他在给跟随自己多年的将领们加封官职的同时，对齐王府和东宫中有才华的人也都不避前嫌，这使他深得人心。一些原来反对他的人也因为他的宽宏大量而改变了态度，转为支持他和拥护他。正是凭借他无私广阔的胸怀，他很快便赢得民心，逐步站稳了脚跟，朝廷中的各项工作又开始正常进行了。

他总是礼贤下士，虚心听取各方面的意见，体察民情疾苦，从不滥建宫宇，颁发沉重徭役。而是鼓励百姓从事农业生产，为百姓做了许多好事。他在用人方面一直是知人善任，赏罚分明，从不感情用事。众所周知，在封建社会里，从来就没有"平等的法律"。法律只是身为一国之主的皇帝统治人民的工具，他们自己却有着至高无上的权力和自由，他们凌驾于法律之上，甚至那些皇亲国戚都是如此。他们经常依仗权势，干尽了祸国殃民的坏事，而且从来不思悔改，逍遥法外，飞扬跋扈，历史上向来都是如此。可唐太宗却截然不同，他不但经常检查自己的一言一行，而且还教育自己的子弟和一些身居显位的人不能仗势欺人，不能干坏事，否则会严惩不贷。

贞观中期以后，唐朝经济更加繁荣，政治也很安定，朝廷大臣都尽力歌颂太平盛世。只有魏征不忘过去的艰苦，给唐太宗上了一道奏章，指出他在十个方面的缺点，希望他警惕，保持贞观初年的作风，唐太宗以此为座右铭，时时对照检查。作为一个执掌生杀大权的封建皇帝，能这样严格要求自己，对自己的缺点错误能够认识到这个程度，在历史上是很少见的，这种行为是多么的难能可贵。

正是因为严于律己的态度，唐太宗树立了极高的威望。在他的统治之下，国家百废俱兴，处处呈现一片歌舞升平的太平景象，他并没有为此沾沾自喜，居功自傲。而是把隋朝的灭亡作为自己应该吸取的教训，时时提醒自己注意体谅民间疾苦。他常常语重心长地对大臣们说："人民好比是水，国君好比是船。水可以载船，使它能够乘风破浪，奋勇前进；但水也能够使其覆没。"所以国君依靠国家，国家依靠的是人民，剥削人民来供养国君，就像割下自己的肉来吃一样，等肚子饱了，身体也就完了。这些话深刻地反映了李世民对人民力量的清醒认识。只有认识到这一点，才有可能关心人民疾苦，其江山才能稳固。

李世民在注重发展经济的同时，还注意和边境四周的少数民族搞好关系，稳定了边境局势，被回纥等民族的统治者尊称为"天可汗"，以表示对他的恭敬和臣服。为了促进不同民族间经济文化的交流和发展，李世民在公元640年前后逐步扩展"丝绸之路"，把中原文明向各地传播，弘扬民族文化，促进了经济文化的发展。

李世民不但废除了隋朝的许多苛政，而且又制定了许多有利于人民的法令制度，减少了百姓的许多苛捐杂税，同时鼓励百姓从事农业生产，发展经济。经过一系列的努力，使得社会政治清明、经济繁荣、国泰民安。唐太宗统治的二十三年期间，社会的发展空前繁荣，他的年号为"贞观"，后世便把他统治的这一段时期里出现的盛世局面称为"贞观之治"。唐太宗使历史长河中出现了可观的大唐盛世，堪称为一代明君。"贞观之治"便作为他卓越政绩的代表，成为后代治国者的治国榜样。

五、武则天代唐称帝

（一）革唐为周

武则天的父亲是武士彟，原是经营木材的商人，隋末参加了李渊的起兵，后随李渊入长安，官拜光禄大夫，后官至工部尚书，名列十四位开国功臣之一。

武则天14岁时，长孙皇后去世，唐太宗十分伤感。杨妃劝他从民间选几个美女来，充实后宫，好让他摆脱伤痛，于是唐太宗就让杨妃操办这件事。杨妃乘机把她的外甥女武则天选入宫中，被唐太宗封为才人，并赐名媚娘。公元649年太宗驾崩，26岁的武媚娘和一些后宫中太宗名下的宫眷，按照制度都被送到感业寺去做了尼姑。没过多长时间，太宗之子唐高宗又看上了她，把她召回宫来，封为昭仪。

武则天很聪明，会耍手腕，刚回宫的时候，对王皇后非常谦恭。王皇后就常常在唐高宗面前说她的好话，没过多久，唐高宗就和武则天好得如胶似漆、形影不离，渐渐地把皇后疏远了。王皇后见势不妙，又转过来说武则天的坏话。可是这时候唐高宗哪里还听得进去呢，武则天十分得意，想进一步夺取皇后的位置，绞尽脑汁，千方百计陷害王皇后。永徽四年，武则天为高宗生了一个白白胖胖的男孩，这无疑为她的前程增添了一份保证。又过了一年，她又为高宗生一个小女孩。王皇后因为自己没有孩子，常常逗这个女孩玩。一天，王皇后刚刚离开，武则天就偷偷地把女儿掐死，然后又照样盖好被子。唐高宗进来掀开被子一看，发现女孩已经死了，便大叫起来："谁杀了我的女儿？"他问乳母："方才谁来过了？"乳母战战兢兢地回答："只有皇后来过。"俗话说"虎毒不食子"，高宗当然不会怀疑武则天，武则天抱着小女婴的尸体号啕大哭，唐高宗又伤心又气愤。从这以后，唐高宗就起了废王皇后、立武则天为皇后的念

头。然而长孙无忌、褚遂良等元老大臣以王皇后是名家望族，武昭仪则出身低微等理由极力反对；而以许敬宗、李义府为首的臣僚却全力支持，那个许敬宗更是在朝廷里大造舆论："种田的农民多收了几十石谷子，都想换个老婆，何况贵为天子呢？"然而最终让唐高宗下定决心废除王皇后改立武则天为皇后的，是后宫精心策划的一次阴谋。

有一天，皇后宫中一个宫女到皇帝那儿密报，说皇后怨恨皇上，跟他的母亲魏国夫人正在使"厌胜"之术，诅咒皇上早死。高宗见这个宫女是皇后的近侍，不由得不信，便带了内侍监的宦官，去到皇后宫中，由那告密人指点，从皇后床下面的砖下挖出一个小木偶，上面写着皇上的名字和生辰八字，而木偶的七窍和心目全都插着钢针。高宗一见差点气疯了，皇后也吓傻了。高宗终于下决心不顾大臣们的阻拦，于公元655年冬天，下诏废了王皇后，立武则天为皇后。武则天一当上皇后，就参与朝政，先把褚遂良贬到外地做官，随后又逼长孙无忌自杀，同时罢免了二十多个反对她的人，还命令宫监们把王皇后、肖淑妃各杖一百下，又断去手足，放到酒瓮里用酒泡着，使她们在极大的痛苦中死去。她还提拔许敬宗、李义府做宰相，加强了自己的势力。就在这个过程中，武则天享受了最高统治者的乐趣，刺激她萌生了晋位女皇、号令天下的野心。

过了几年，唐高宗患病，不能临朝，便托武则天处理朝政。起初，她对唐高宗还是颇为尊重的，但日久天长，皇帝那庸儒的性格已为武则天所掌握，她便渐渐地凌驾于皇帝之上。武则天把国家大事处理得井井有条，她的威信越来越高。当时，大臣们把唐高宗和武则天并称为"二圣"。实际上，实权完全掌握在武则天手中，唐高宗不过空有其名罢了。唐高宗深感武氏一派的威胁越来越大，担心李家的天下保不住，就想趁自己还在世，传位给太子李弘。但是，武则天竟用毒酒杀死了自己的亲儿子，又立次子李贤做太子。不久，又把李贤废为庶人，改立三儿子李显为太子。弄得唐高宗束手无策。公元683年，唐高宗病死，太子李显继位，即为唐中宗。武则天不能容忍唐中宗重用皇后韦氏家族

中国历代统一王朝

的人，于是她废中宗为庐陵王，改立小儿子李旦为皇帝，就是唐睿宗。但不许他干预政事，自己以皇太后身份亲政。

武则天临朝称制，激起失意官僚和李唐宗室的起兵反抗。公元684年李敬业组织十万人马在扬州叛乱，骆宾王为他起草了檄文，声讨武则天秽乱春宫、狐媚惑主、杀姊屠兄等种种罪行，武则天派李孝逸率三十万大军前去镇压，仅四十九天便平定了扬州叛乱。公元688年李唐宗室策划起兵，博州刺史琅邪王李冲仅七日就败亡。对外平叛的胜利使得武则天在朝中的地位更加巩固，同时武则天还任用酷吏来巩固自己的统治，大开告密之门，以滥刑清除政治上的反对派。李唐宗室王公，包括唐高祖、唐太宗、唐高宗三代皇帝的皇子，诛灭殆尽。仅存武则天亲生的两个儿子，中宗李显被流放在房州。睿宗李旦虽名为皇帝，被软禁在别殿，无人能构成对武后权力的威胁。以唐家老臣自居的大臣们也遭到沉重打击，在武后临朝称制的六年半中，二十四名宰相中被贬杀的超过三分之二，朝臣中已不再有人敢公开反对武则天了。于是在公元690年的重阳节，唐睿宗和满朝大臣按照武则天的旨意向她上表，请求更改国号。武则天下诏废了唐睿宗，改国号为周，自称"圣神皇帝"，做了中国历史上唯一的一位女皇帝。

（二）女皇的盛世

武则天做女皇以后，立武氏七庙，甚至把儿子李旦改姓武。武则天仍然搞酷吏政治，狄仁杰和魏元忠等社稷重臣也几乎性命不保，但最后都得到武则天的赦免。周兴等以下酷吏和数百罗织之党，陆续被处置。公元697年酷吏来俊臣被处极刑，标志着酷吏的政治结束。

人们在诅咒武则天任用酷吏、打击异己的同时，也不得不为她执政期间所取得的业绩而感到由衷的赞叹。武则天大量提拔庶族地主做官，以扩大自己统治的基础。武则天鼓励地方官推荐人才，还允许人们自己推荐自己。被推荐或者自荐的人经过试用，如果确有才干，很快就会得到重用，但对不称职的，也毫不客气地罢黜降免。武则天还改进和发展了以前选拔人才的科举制度。过去的科举只选拔有文才的人，武则天专门开设"武举"，选拔武艺高强的人。以前各州选送举人进京，总是把举人安排在向皇帝进贡的贡物后面，武则天把这种顺序改变成先送举人，后送贡物，表示出对人才的重视。通过这些措施，以宗室贵戚、元老重臣为核心的统治集团，被新起的庶族地主官员和武氏集团所代替。

在纳谏方面，武则天还保持了唐太宗的一些政治风度。在她政权巩固以后，有人劝她罢告密，宽刑罚，她都采纳了。她还接受监察御史魏靖的上书，派人复查来俊臣所兴的大狱，给不少人平了反。武则天保护直言敢谏的大臣，对她身边的亲近人等加以约束，尽量限制他们的特权，目的是使她的那些皇亲国戚的不法行为有一定的限度，不至于过多地损害她的统治。武则天在位期间，比较重视农业生产。她明令规定地方行政凡是耕地增加，家有余粮的地方，官吏便受奖赏；反之，户口减少了，就要受罚。所以从唐太宗到武则天的七十多年中，劳动人民能在相对安定的环境下从事生产，使社会财富不断增加，人口也不断增长，在武则天统治结束时全国登记户口已经有615万户，这为以后的开元盛世打下了坚实的基础。

晚年的武则天政治上实际上是很孤独的，她把张易之、张昌宗这样一些年轻的男宠视为亲信，将政事委任给他们。于是，二张势倾朝野，把朝廷弄得乌烟瘴气。她自己也日趋奢侈专断，弊政很多，众叛亲离。终于在公元705年正月爆发了一场军事政变，宰相张柬之联合宫廷卫兵首领右羽林卫大将军李多祚率兵从玄武门突入宫中，斩杀了张易之、张昌宗，武则天被迫还位给唐中宗。同年，82岁的武则天凄凉地老死在洛阳上阳宫，史称"还政于唐"。

六、唐玄宗与开元之治

（一）玄宗继位和整顿朝纲

公元705年正月，张柬之、桓彦范等五人趁武则天病重，发动宫廷政变，杀张昌宗、张易之，逼武则天退位，中宗李显复皇帝位。二月，恢复唐朝国号。但以武三思为首的诸武势力仍然存在，张柬之多次劝唐中宗诛杀诸武，中宗不予听取，与武三思议政。武三思与韦后、上官婉儿私通，儿子武崇训娶了安乐公主。武韦联合，先用明升暗降的办法，夺去张柬之等功臣的实权，不久又将他们外贬杀死。于是，武韦势力控制了朝政。韦后一心想仿效武则天做女皇，密谋废掉不是她亲生的太子李重俊。安乐公主也想取代太子做"皇太女"，同其丈夫武崇训经常一起当面凌辱太子。公元707年七月，太子依靠左羽林大将军等发动政变，杀死武三思、武崇训父子，再进入内宫要杀掉上官婉儿和韦后、安乐公主。韦后等挟持唐中宗逃入玄武门楼，唐中宗出面喊话，于是军士倒戈，很多将领被杀，太子慌忙逃出城外，也被士兵杀死。此后韦后大肆培植自己的党羽，控制羽林军。景龙四年五月，燕钦融参奏皇后淫乱，干预国政，竟被韦后党人当殿扑杀。面对这样残杀大臣之事，中宗懦弱不敢言，仅面露不悦，便在六月被韦后和安乐公主毒杀。韦后秘不发丧，令上官昭容伪造唐中宗遗诏，立温王重茂为皇太子，自己临朝称制，政局再次动荡不安。

在唐中宗被专权的皇后韦氏毒死的危难之际，为了保住唐室江山，唐睿宗的儿子李隆基联合太平公主发动政变，用武力清洗作乱的韦氏和武氏集团，恢复了父亲睿宗的帝位。睿宗复位后，重用姚崇、宋璟，但是唐室内部又起纷争。唐中宗次子聚众起兵争夺皇帝位，袭取洛阳时败死。更严重的争斗，很快在李隆基和太平公主间展开。太平公主是武则天的幼女，沉敏多权略，当年诛张易之时出过力，唐中宗封她为镇国太

平公主；平韦后之乱，又是她和李隆基一起发动，睿宗对这位胞妹非常尊重。

公元712年，唐睿宗把皇位让给了能干的李隆基，改年号为开元，这就是历史上有名的唐玄宗，又称唐明皇。然而此时的太平公主亲信众多，又觉得唐玄宗是靠她的力量登上王位的，越发不可一世，大有仿照她母亲统治天下的趋势。玄宗朝中七个宰相，有五个是太平公主的亲信。他们表面是唐玄宗的辅政大臣，实际却跟太平公主勾结在一起作乱朝廷。因此，唐玄宗的帝位如同风中残烛，飘摇不定。公元713年，唐玄宗越来越无法忍受太平公主一伙的胡作非为，经过缜密的准备以后，李隆基先下手为强，彻底铲除了太平公主及其党羽，这才结束了几十年的纷扰动荡的局面。

（二）鼎盛之基的奠定

因为唐玄宗经过两次政变才得到政权，所以他很注意从各方面来巩固他的统治，唐玄宗起用了姚崇、宋璟、张九龄等人为相，针对当时的弊政进行了一些改革。有一天，玄宗约姚崇谈论天下大事，姚崇将古比今，谈得头头是道。唐玄宗听得入神，竟忘记了吃饭。最后，玄宗对姚崇说："我早知道您是个人才，请您做我的宰相吧！"姚崇推辞不干，唐玄宗很奇怪，问他什么缘故。姚崇跪下说道："臣有十件大事，恐怕陛下未必同意，所以不敢接受任命。"唐玄宗说："你说说看，是哪十件大事？"姚崇说："第一，以仁义为先，不要只用刑罚；第二，十年之内，不要在边境作战；第三，宦官不要干预朝政；第四，皇亲国戚不要担任机要职务；第五，无论什么人，犯了法都要受罚；第六，取消租税以外的一切额外征收；第七，禁止营造佛寺；第八，对待臣部下要有礼；第九，允许群臣对朝政提出批评建议；第十，严禁外戚干预政事。这十件大事，陛下能同意吗？"唐玄宗十分诚恳地说："这十件大事至关紧要，我都同意，你不必担心。"姚崇马上叩头谢恩，表示愿意接受任命。姚崇提出"十事要说"为名的施政纲领，从反对酷吏政治和防止宦官外戚干政入手，来解决武则天和唐中宗以来的弊政，这些主张在唐玄宗初年的政治中基本上得到了贯彻。

玄宗继位时年28岁，正是壮年时期。他在乱风狂雨中夺到政权，实际上是个创业的君主。他在开元时期任用的宰相，如姚崇、宋璟、张九龄等都是颇具名望的政治家。在吏治方面，实行了裁汰冗官的措施。中宗时韦后和安乐公主安置私人，又大肆卖官，使得无用之人高达数千。玄宗革去了这些冗官，并停废了闲散的司、监、署十余所，又严格控制官员的选拔，强调以才以功授官。注意考核地方官尤其是最基层的县令，让各道按察使对其政绩进行严格考核。对食封贵族，采取了抑制措施。唐初以来，凡"食实封"的贵族由国家照实封户数把课户拨给封主，租调由封主自己征收。开始时封主不过二三十家，封户最多的千余户；到玄宗时封主已达一百四余家，封户最多的达万户以上。加之封主收租调时常超额征收，百般勒索，封户破产逃亡很多。开元三年规定，封王应得的租调由政府统一征收后送往京师，封主再到京师领取，不准自己到封地催征。凡子孙承袭者，封户递减五分之一。

唐玄宗还接受大臣的建议，采取了抑制佛教的政策。山东、河南连年蝗灾，地方民众迷信，有人于田旁焚香膜拜，不敢灭杀。玄宗遣使督促州县大力捕杀蝗虫，以赈灾情。唐玄宗认识到了安定民生的重要性，采取了一些促进生产的措施。社会经济得到了较稳定的发展。水利是农业的根本，公元755年以前，各地修建的水利工程达一百六十三项之多，这些水利工程对于农业生产起着不可低估的作用。手工业和商业也发展起来了。长安、洛阳这些大城市里有各种手工业作坊。官府的作坊里，使用着轮流上班的"短蕃将"和长期上班的"长上匠"。工匠们受着严格的封建束缚，他们被登记在专立的户籍上。但是这些不自由的、贫困的工匠，却以高超的技艺，创造出了精美的产品。手工业的发展，也直接刺激了商业的发展。长安城里有专门的"市"，特供商业贸易在此处进行。在与邻近地区的民族关系上，也达到了唐朝的鼎盛水平。从贞观年间以来，在西北边疆，唐朝建立了许多行政军事机构。除了安西都护府和安西四镇外，还有北庭大都护府。在这片广漠的国土上，汉族和兄弟民族生息其间，关系十分融洽。西南方面，开元时出现了新的政权——南诏。公元738年，玄宗封其首领皮罗阁为云南王。皮罗阁的孙子曾到长安访问，玄宗还把一个宗室的女儿嫁给了他。总而言之，在开元时期，唐对边疆地区，或建立了直接的统治，或册封兄弟民族首领为一方君王，双方关系密切。虽然中间也曾出现一些小小的波折，但都没有破坏总的安定形势，这也为开元盛世提供了一个有利的外部环境。

由于采取了这些措施，扫除了积弊，使得社会安定，政治清明，社会经济空前繁荣，达到了全盛时期。此时踌躇满志的唐玄宗登泰山告成功于天地时，全国户口在开元二十七年达到786万户，比武周末的615万户又增加27%。因此历史上把这种全盛的景象称为"开元盛世"。

七、极盛渐衰的唐王朝

（一）唐玄宗的后期统治

唐玄宗在位的时间很长，到公元742年，他已经做了三十年皇帝。他初期的确有过励精图治的精神，随着他的年纪增长，他有点儿志得意满，只想纵情于声色之中，政治也走上了下坡路。当时的李林甫靠勾结宦官、妃嫔，留意玄宗一举一动，来了解玄宗的心意，深受玄宗的赏识。而张九龄遇事敢于力争，玄宗特别讨厌他，于是把张九龄的宰相之位罢免，而把善于逢迎的李林甫任为宰相。从此唐朝的政治风气开始变得越来越糟。如果有人上书论事，第二天便降级外调，吓得大臣们上朝时都不敢讲话，朝廷官员不附和李林甫的，都遭到阴谋陷害。他人前说话很好听，背地里专门害人。李林甫的权势日炽一日，而朝政的败坏也日甚一日。

公元736年，玄宗因所宠爱的武惠妃死去，十分伤心，整日郁郁寡欢。宫中数千红颜，他一个也不满意。有人讨好玄宗说，寿王妃杨氏体态丰艳，绝世无双。玄宗立即命令太监把她接进宫来侍酒。杨氏天资聪颖，能歌善舞，尤其善于逢迎拍马，玄宗把自己写的《霓裳羽衣曲》给杨氏看，她一看就领会了玄宗的意思，当场且歌且舞，犹如仙女下凡。玄宗喜出望外，如获至宝。唐玄宗把杨氏接入南宫，赐号太真，南宫也改名为太真宫。杨太真入宫以后，恩宠与日俱增，不出一年，已是三千宠爱在一身了。这个曾在兴庆宫盖起了勤政楼借以自勉的风流皇帝，从此再也不去上早朝了。

公元745年，杨太真被册封为贵妃。贵妃的地位仅次于皇后，可这时并没有皇后，她就是实际上的皇后了。杨贵妃生长于南方，喜欢吃鲜荔枝。荔枝很容易坏，离枝四五天就色味俱变。为了能让宠妃吃到新鲜荔枝，玄宗下令专门开辟了从岭南通往长安的数千里贡道，沿途设有驿站，备有快马，荔枝运到长安，色味不变。杨贵妃受宠，她的弟兄姐妹也就飞黄腾达了。其兄杨锜被封为四品的朝中高官，贵妃的堂兄杨国忠更深受玄宗赏识，李林甫死后，杨国忠官至宰相，还兼着四十余职，权倾天下。

杨国忠和李林甫一样，专门顺着玄宗的心思行事。玄宗好战，他就发动一系列的征伐战争，将士死亡人数高达二十万。这些不义之战加深了民族矛盾，各族人民深受其害，更为天宝后期的祸乱埋下了隐患。杨国忠整天发号施令，胡乱处理政事，选任官吏都在家里私自定下，结党营私，贿赂公行，唐朝政治更加昏暗了。

（二）安史之乱

开元二十九年，唐玄宗改元天宝，盛世局面继续发展。但与之同时，社会上的腐朽力量也迅速膨胀，各种矛盾也暴露出来了。然而唐玄宗晚年最大的社会问题是边镇的军事力量不断扩大，而府兵制的废弛使唐朝中央控制的军事力量严重削弱，原来"内重外轻"的军事形势逐渐变成了"内轻外重"，对中央集权统治构成了威胁。这些藩镇驻军加上其他边地的兵力达四十九万，而京师和内地的兵力总共才八万，不到边镇的六分之一。这些边镇节度使不仅兵多马壮，而且还控制了当地行政和财政大权，很容易发展成强大的地方割据势力。

边镇将军安禄山是少数民族，通晓汉话和北方少数民族语言。安禄山初为幽州节度使的部下，他不识字，却多谋善战，后来做了平卢节度使，管辖河北北部地区。安禄山长得肥胖高大，内心奸诈狡猾，可外表上却装出一副憨厚老实的样子，让人看了误以为他缺少心计，对他不加防范。

安禄山一直伪装得很好，欺蒙住了玄宗，于公元751年做了平卢、范阳、河东三镇节度使，统兵达十八万余人，成为第一强藩，把辽阔的北方领土都置于他的管辖之下。他暗中招兵买马，做夺取天下的准备。他拥兵十五万人，还大量招收少数民族青年当兵，用胡人作带兵的将领。当他认为一切准备都够了，便以"讨伐奸相杨国忠"为名，从范阳起兵，公开发动叛乱。安禄山发兵十五万，号称二十万，向南进军，准备大举进攻中原地区，打到长安，推翻唐朝，自己当皇帝。此时，唐朝的统治已经腐败不堪，军队毫无作战的准备，淡漠了备战意识的河北州县望风瓦解，加上这一带本来就是安禄山直接统治的地区，因此当叛军打来的时候，黄河以北二十四郡的文官武将，有的开城迎接叛军，有的弃城逃走，有的被叛军擒杀，叛军没遇到什么抵抗，很快席卷了这一大片地区。

叛军得逞的消息接二连三地传到长安，这时候，昏庸的唐玄宗才相信安禄山是真的反叛了，他匆忙调兵遣将，增募军队，部署平定叛乱。可是这临时拼凑起来的军队，仓促上阵，哪里是叛军的对手。叛军打过黄河以后，继续攻城掠地，一路势如破竹。在野蛮残暴的安禄山的放纵下，叛军每到一个地方，奸淫掳掠，残害百姓，无恶不作，给人民带来了深重的灾难，给社会造成了巨大的破坏。天宝十五年，叛军攻占了东都洛阳，直抵京城长安东边的大门——潼关。朝廷临时指派带兵抵挡叛军的高仙芝扼守潼关，死守长安的最后防线。在洛阳的安禄山攻不下潼关，陷入困境，责怪军师高尚、严庄怂恿他贸然行事，打算放弃洛阳北撤。杨国忠居心叵测地要唐军积极主动地出潼关迎敌，唐玄宗也催征出战。但是，很快就中了埋伏，大军只逃回八千人。潼关失守后，叛军很快占领了长安。接着，安禄山在洛阳自称"大燕皇帝"，建立起反动的割据政权。

唐玄宗在杨国忠建议下丢下在外的妃嫔、公主和皇孙，带着贵妃和皇子仓皇西逃，入蜀避难。出逃时，饥饿不满的将士哗变，杀死杨国忠，并要求处死杨贵妃。玄宗无奈，只得答应哗变士兵的要求，将杨贵妃缢死在佛堂。这场事变的实际策划人是太子李亨。李亨一直对父皇一日杀三子之事不满，又素与杨家人交恶，在长安时没机会动手，便在南逃途中与龙武大将军陈玄礼、宦官李辅国合谋，鼓动因饥饿而不满的将士发动哗变，趁机除掉了杨家兄妹。事变平息后，玄宗继续南行，李亨却带两千将士北上灵武即皇帝位，是为肃宗。事后才派人追报给玄宗。玄宗只好交出传国玉玺，自己退位为太上皇。玄宗又被迫把权力交给太子李亨，于是肃宗在朔方继位。唐肃宗在郭子仪、李光弼的朔方军的护卫下退到灵武后稳定下来，西北其他各镇也纷纷支援，重新组织对叛军的反击。先后进军到河北，在安禄山后方坚持抗战。

就在安禄山得意忘形之际，叛军内讧。至德二年（公元757年）正月，安禄山被其子安庆绪杀死，九月郭子仪率领唐军收复长安，十月收复洛阳，十二月唐迎太上皇回到长安。乾元元年（公元758年），唐肃宗派六十万大军攻安庆绪于邺城，次年三月，史思明杀安庆绪，自立为大燕皇帝。上元元年（公元761年），史思明又被其子史朝义所杀。连续的内讧，叛军互相残杀，使其元气大伤。宝应元年（公元762年）十月，唐军在回纥兵协助下再一次收复洛阳，次年正月史朝义自缢身亡，党羽降唐，持续了八年之久的叛乱终于平定了。大唐盛世自此一蹶不振、逐步衰落下去。

安史之乱平息后，唐王朝对叛军旧部采取妥协安抚政策，原来的节度使兵权依旧，而且势力更大、数量更多了，形成了所谓藩镇。安史之乱中唐玄宗曾下令中原内地豪强组织军队来对抗叛军，叛乱平息后仍未撤去，发展成新的藩镇势力；加之原来代天子巡察州县的各道采访使，在安史之乱中改为观察处置使，实际成了州的上级行政长官，并且多由节度使兼任，军政大权合一，也发展成了藩镇。结果，使原来只设立于边地的节度使发展到内地，在全国形成了藩镇林立的局面。他们拥有重兵，表面上尊奉朝廷，而官职法令另搞一套，连赋税也不上交中央。为了增强其军事力量，这些节度使之职位父死子继，或由部下拥立，中央只能事后追认，不能更改。藩镇与中央之间、藩镇与藩镇之间都存在着巨大的矛盾，使唐朝后期的政局极为动荡。

隋唐——强盛的大一统王朝

八、唐末农民大起义及帝国的崩溃

（一）王仙芝、黄巢起义

唐懿、僖两朝皇帝的奢侈无度，无官不贪、无吏不污的腐败官场，使人民苦不堪言。翰林学士刘允章上书直言当时国有九破，民有八苦，人民群众和统治者都无法照旧生存下去了。在朝廷纸醉金迷的背后，是人民群众不堪忍受的预征、重敛和摊逃，广大农民逃户和兵卒等各个阶层的人都纷纷起来反抗。公元868年庞勋领导的桂林戍卒造反，抗议朝廷违背三年一替代的规定，时过六年仍不许派赴西南的兵士回家。庞勋率兵北还徐泗地区进行武装斗争，开仓赈济淮北水灾饥民，接连攻破十余州，队伍发展到二十万人，切断了朝廷的江淮漕运线。一年后，在唐朝调动的藩镇和沙陀兵的进攻下失败。余部后来参加了黄巢起义。农民的反抗已风起云涌，但官府仍百般欺压民众，使得各地纷纷起来反抗朝廷的残暴统治。

公元874年，王仙芝首先在长垣起兵，自称"天补均平大将军兼海内诸豪都统"，发布檄文，声讨官府的黑暗和赋役的沉重。黄巢响应淄州私盐贩王仙芝起义，变卖全部家产，带领兄弟八人，武装起两千人的队伍。在血与火的洗礼下，他不断经受磨炼，带领起义军打过很多胜仗并成为军中最有声望的人。公元877年，王仙芝牺牲，黄巢被众将一致推举为起义军首领，凭着过人的洞察力和多年的思考摸索，他果断地率十万农民军渡江南征，横扫唐王朝的经济命脉——江南八道。接着攻占广州，稍事休整后挥师北上，向长安进军。到荆门时受阻，又转战到江西。调整部署后，由采石渡长江北上。当时唐将高骈驻守扬州，握兵自保，只向朝廷告急，不敢与黄巢交战，黄巢顺利渡过淮河。

广明元年（公元880年），黄巢占领东都洛阳，当年为民诉"八苦"的刘允章时任东都留守，带百官出降。年底义军攻克潼关，宦官田令孜带僖宗出逃到兴元，后又逃到成都。十二月五日，农民军的先头部队攻入长安，黄巢随后入城，农民军建国号为大齐，建元金统，黄巢即皇帝位于含元殿，以尚让为宰相，皮日休等为翰林学士，原唐三品以上罢官，四品以下降职留任，隐匿不降或伪降者处死。黄巢在长安开始实现他早年立下的"洗濯朝廷"的誓言，对官僚地主进行了无情镇压，一次就公开处死上百名反动的唐朝大臣。黄巢还从经济上清算官僚地主，为天下人打抱不平，一直是黄巢多年的夙愿，也是贫苦农民的强烈要求。黄巢以均平为口号，在关中掀起了一场前所未有的杀富济贫运动。起义军使用暴力勒令官户交出财货，不交者捆绑起来，狠狠抽打，官僚贵族纷纷光着脚板被扫地出门。

长安城被起义军攻占后，以凤翔节度使为首的唐朝藩镇逐渐联合起来，对付黄巢政权。长安附近的富豪密藏粮食，黄巢的主力被围困在长安附近狭小地区，处于被动防守局面。特别是由于粮食供应十分困难，将士们不得不以树皮充饥。不久，黄巢部下将领朱温叛变，加上沙陀军李克用举兵南下，袭击义军，黄巢于公元883年被迫撤出长安。黄巢率部先撤到河南，占领了蔡州。但攻打陈州不克，屯兵城下三十天，丧失了战机，遭到朱温、李克用的夹击，损失惨重。黄巢的队伍退至泰山脚下的狼虎谷，黄巢自刎，起义失败。但是，唐王朝经过这一番打击之后，无可挽回地走向了灭亡。

（二）唐王朝的灭亡

黄巢起义失败后，唐朝在风雨飘摇中又延存了二十多年。在这期间，原来的藩镇问题和宦官专权问题继续存在，并且交织在一起愈演愈烈，最终葬送了唐王朝。

藩镇将帅中有在农民起义中拥兵自保、趁机扩大了自己实力的旧镇，也有在战乱中新起家的，割据的倾向更为明显了。其中势力最大的是背叛黄巢、投降朝廷后发展起来的宣武军节度使朱温，以及在镇压黄巢义军中发展起来的沙陀贵族河东节度使李克用。

这时，唐王朝已是名存实亡，朝廷内部的宦官势力更为猖狂，完全控制了皇帝，并与地方藩帅勾结，争权夺利。僖宗在黄巢撤退后回到长安，不久因惊吓而死。宦官杨复恭立昭宗为帝。昭宗为对付宦官，求助于朱温。朱温趁机要求朝廷发兵讨伐李克用，朝廷准其所请，革去李克用的爵位。昭宗令杨复恭致仕，杨复恭逃出京师试图举兵反唐，被凤翔节度使李茂贞打败。接着，宦官韩全诲掌权，与李茂贞勾结，想把昭宗劫持到凤翔，挟天子以令诸侯；朱温则与宰相崔胤合谋，想把昭宗弄到洛阳。韩全诲先下手，昭宗退驾到凤翔，朱温带兵入关，打败李茂贞；李茂贞为与朱温和解杀了韩全诲，并把昭宗交给朱温。朱温到长安后杀宦官数百人，使宦官势力遭到毁灭性的打击。清除宦官势力后，朝廷完全被朱温控制了。他留下崔胤在长安，自己又回到大梁，继续与李克用争地盘。两年后，李克用兵败，退回到晋阳。天祐六年（公元 904 年）正月，朱温杀宰相崔胤等朝官三十余人，逼唐昭宗迁都洛阳。907 年，哀帝被迫让位给朱温，朱温改国号大梁，史称后梁，唐朝灭亡。

元代——武功第一

　　元朝的统一在中国历史上具有深远的意义，它结束了唐末以来五代十国和宋、辽、西夏几个政权并立的政治局面，奠定了元、明、清六百多年国家长期统一的政治局面；它促进了国内各族人民之间经济文化的交流和边疆地区的开发，进一步促进了我国统一的多民族国家的巩固和发展，为我国科学技术的发展创造了条件，加强了中外文化交流和中西交通的发展。

一、武功赫赫的前四汗

（一）成吉思汗

马克思在《马克思印度史编年稿》中说："成吉思汗戎马倥偬，征战终生，统一了蒙古，为中国统一而战，祖孙三代鏖战六七十年，其后征服民族多至七

百二十部。"马克思还说："他的帝国的疆土从里海一直延伸到北京，南面伸展到印度洋和喜马拉雅山，西面到阿斯特拉汗和嘉桑。他卒后这个帝国分为钦察汗国、伊儿汗国、察合台汗国、窝阔台汗国和元朝；前四部分由汗统治；最后一部为帝国的主要部分，由大汗直接统治。"

拿破仑说："我不如成吉思汗。不要以为蒙古大军入侵欧洲是亚洲散沙在盲目移动，这个游牧民族有严格的军事组织和深思熟虑的指挥，他们要比对手精明得多。"

孙中山说："亚洲早期最强大的民族之中以蒙古人居首位。""元朝时期几乎整个欧洲被元朝所占领，远比中国之前最强盛时期更强大。"

毛泽东将成吉思汗称为"一代天骄"，将他与中国历史上著名的帝王秦皇、汉武、唐宗、宋祖相提并论。

元太祖铁木真是蒙古族孛儿只斤部酋长也速该的儿子，生于金大定二年（1162 年）。铁木真幼年时，金统治者对蒙古民族实行残酷的统治。在浩瀚的蒙古草原上，分布着许许多多蒙古部落。各部落之间为了争夺水草，常常互相攻打。铁木真降生时，恰逢他父亲在作战时俘获了一名勇士叫铁木真。于是，父亲给他命名铁木真，希望勇士铁木真的神勇能传给儿子。

在金朝统治下，蒙古人的生活十分困苦，就像奴隶一样，连生命也没有保障，铁木真的祖先俺巴孩就是被金朝皇帝杀害的。当时，中国北方区域处在金朝统治之下。大漠南北草原各部各自独立，互不统属。金对其实行"分而治之"和屠杀掠夺的"减丁"政策。

铁木真9岁那年，一天，也速该带着他到一个朋友家去为他定亲。事情办得很顺利，也速该便把铁木真留在朋友家里，然后独自回家了。也速该走了很远的路，肚子饿了，想找点东西吃。这时，他发现一群塔塔儿部的牧民正在草原上举行宴会，便下马走进人群，按照当地风俗参加了塔塔儿人的宴会。过去，塔塔儿部和孛儿只斤部曾经打过仗。因为是常事，时间过去很久也速该竟淡忘了。不想在宴会上，塔塔儿部有人认出了也速该，竟偷偷地在也速该吃的食物里放了毒药。也速该吃饱喝足，在回家的路上，忽然肚子剧烈地疼痛起来，到家不久就咽了气。也速该死后，孛儿只斤部失掉了首领，很快就散伙了。原来归附也速该的泰亦赤部也脱离他们，并带走了不少奴隶和牲畜。从此，铁木真和家人陷入了窘境。

泰亦赤部的首领怕铁木真长大后报仇，就带人捉拿铁木真，想杀掉他。铁木真连忙逃到森林里，躲了九天九夜没吃没喝，后来实在忍不住饥饿就走了出来。他刚走出森林，就被泰亦赤人抓住了。泰亦赤人给他戴上木枷，带他到各个营帐去示众。

有一天，泰亦赤部在斡难河之畔举行宴会，只留下一个年轻人监视铁木真。铁木真趁看守不备时，举起木枷将他砸昏，然后逃了出来。铁木真跑回家，带上母亲、弟弟和妹妹躲进深山，捉野鼠当饭吃，渴了就喝山泉和溪水，日子过得极其艰苦，像野人一样。

铁木真在这种生活状况下，养成了艰苦奋斗的精神。他百折不挠，雄心勃勃。为了恢复父亲的事业，他跋山涉水，想尽办法，渐渐地把本部落失散的亲属和百姓重新聚拢在一起。他英勇善战，足智多谋，在跟敌对部落的战斗中屡战屡胜，渐渐强大起来。

铁木真同另一个部落的首领札木合从小在一起长大，好得像亲兄弟一样。铁木真部落强大起来后，札木合的部下有人投奔了铁木真，为此札木合很不高兴。有一天，札木合的弟弟抢夺铁木真的马群，被铁木真部下杀了，双方发生了冲突。札木合集合三万人马攻打铁木真，铁木真也不示弱，率部下三万人马抵抗札木合的进攻。双方在斡难河畔的草原上展开了一场激战，铁木真败退了。札木合获胜后，把抓住的战俘成批杀害，引起札木合部下的不满，纷纷脱离札木合投奔铁木真。这次大战，铁木真虽然打了败仗，实力却更加强大了。

铁木真缅怀父亲，没有忘记杀害他父亲的仇人塔塔儿部首领蔑古真。不久，

元代——武功第一

金朝派丞相完颜襄约铁木真进攻塔塔儿部。铁木真见报仇的机会到了，立即率军和金兵夹击塔塔儿部。塔塔儿部全军覆没，铁木真俘获了大批塔塔儿人和牲畜，实力进一步壮大了。

金朝统治者见铁木真立了大功，封铁木真为前锋官。

金泰和三年（1203年），克烈部首领王罕见铁木真智勇双全，十分喜爱他，将他收为长子。不料这一举动引起王罕之子桑昆的妒忌，与铁木真结下了深仇。札木合鼓动桑昆联合王罕夹击铁木真，铁木真大败，他的军队只剩下四千多人了。铁木真逃到贝尔湖以东，总算避过了一劫。

这年秋天，铁木真突发奇兵，袭击王罕驻地，以少胜多，仅用三天就彻底消灭了克烈部。

金泰和六年（1206年），札木合被他的叛将送到铁木真手里，札木合请死，铁木真成全了他。

接着，铁木真征服了蒙古草原各部，在斡难河源头召开大会，被各部尊为成吉思汗，意为宇宙的大汗。从此，蒙古帝国走上了历史的舞台。

成吉思汗即位后，建立了军事和政治制度，使蒙古国成了一个强大的国家。

成吉思汗把蒙古牧民划分和固定在95个千户中。千户下设百户、十户。千户长（蒙语称那颜）都是成吉思汗的封臣，各千户内的牧民不能任意离开千户组织，对那颜有人身隶属关系。成吉思汗把一部分千户作为领民分给诸弟和诸子，形成左右手诸王。他又以木华黎、博尔术为左右万户那颜，即两个最大的军事长官。他把怯薛（禁卫军）扩充到一万人，征调千户那颜、百户长、十户长的子弟充当怯薛，形同人质，以此控制全国。蒙古国建立后，大批原来的部落人口被分编在不同的千户中，部落的界限从而消失，开始形成共同的蒙古民族。成吉思汗此举对历史进程起了积极的作用。

这时，金朝还把蒙古当做它的附属国，要成吉思汗继续进贡。成吉思汗立志要改变这种屈辱的地位。

成吉思汗六年（1211年），成吉思汗登上高山向上天祈祷："金朝皇帝杀害了我的祖先俺巴孩，请允许我报这个仇吧！"祈祷完毕，他选了三千名精锐骑兵南下进攻金国的西京（今山西省大同市）。金将胡沙虎畏敌如虎，不战而逃。

两年后，蒙古军打进居庸关，围攻中京（今北京）。成吉思汗同他的四个儿子分兵五路，在河北广大平原上横冲直闯，所向披靡，如入无人之境。这时，金朝发生内乱，金主完颜永济被杀，新即位的金宣宗不得不向成吉思汗求和，献出大批金帛，还把公主嫁给了成吉思汗，成吉思汗这才撤兵回去。

成吉思汗十四年（1219 年），成吉思汗派遣一支商队到西方去进行贸易。当这支商队途经花剌子模（在今里海东，咸海西）时，499 名和平商人都被当地一个督统杀害了。接着，花剌子模国王又武断地杀死了成吉思汗派去交涉的正使。成吉思汗闻讯大怒，亲自率领二十万蒙古大军攻打花剌子模。接着，又向西进军，占领了现在的中亚细亚各国，前锋一直打到现在的欧洲东部和伊朗北部。

关于远征花剌子模之役，印度前总理尼赫鲁说，成吉思汗本想停止扩张，并不打算攻占西方诸国，而是想同花剌子模沙阿汗和平相处，但沙阿汗的一个督统杀了蒙古商人。在这种情况下，成吉思汗仍然希望和平相处，派使团要求处理杀死蒙古商人的督统。沙阿汗不但没同意成吉思汗的要求，反而杀了使团团长，其余的使团成员被剃光胡须押出国境。成吉思汗当然不能忍受这种侮辱，做好准备后大举进攻并且摧毁了花剌子模，成吉思汗马蹄所至之处几无人烟。人们把成吉思汗描写得非常残忍，可是同时代的其他征服者也没有什么两样。当时，侵入印度的阿富汗人也很残忍，凡是男人一个不留，女人都成了俘虏。沙阿汗杀了成吉思汗的使者，这是血仇，因此成吉思汗攻打花剌子模，为死者报了仇。成吉思汗在其他地方也进行过大规模的破坏，但是破坏程度比花剌子模要轻一些。

成吉思汗这次西征前，曾要西夏发兵助战，西夏拒绝出兵，还和金国结成了同盟。成吉思汗从欧洲回来后，决心灭掉西夏。成吉思汗二十二年（1227年），在围攻西夏都城的最关键时刻，成吉思汗去世了。西夏投降后，其子才为成吉思汗发丧。

成吉思汗死后七年，他的儿子窝阔台终于灭了金国。

为适应攻城需要，成吉思汗建立了炮军，攻城以炮石为先，一次用炮达数百座，顷刻之间便能破城。为吸取各民族的先进技术，攻城后不杀工匠，将他们组

元代——武功第一

成工匠军，设厂冶铁，制造兵器。成吉思汗在通信联络上创建了"箭速传骑"，一日能行数百里，使军令传递和军队调遣速度大为提高。成吉思汗善于发挥骑兵的特长，蒙古铁骑有如暴风骤雨，人称"蒙古旋风"。

蒙古族原来没有文字，只靠结草刻木记事。成吉思汗攻灭乃蛮部时，俘获了一个名叫塔塔统阿的畏兀儿人。他是乃蛮部太阳汗的掌印官，太阳汗尊他为国傅。成吉思汗让塔塔统阿留在自己的身边，命其掌印。不久，成吉思汗又让塔塔统阿用畏兀儿文的字母拼写蒙古语，教太子诸王学习，这就是"畏兀字书"，一直沿用到今天。在成吉思汗死后成书的记载成吉思汗武功的《蒙古秘史》，就是用这种畏兀字书写成的。

为了守住武功的成果，成吉思汗提倡宗教信仰自由。成吉思汗及其子孙建立的蒙古汗国横跨欧亚两洲，当时世界上的各种宗教在其统治范围内应有尽有，如蒙古人原来信奉的萨满教，西藏、西夏和汉人信奉的佛教，金国和南宋的道教、摩尼教，畏兀儿和中亚各国信奉的伊斯兰教，蒙古高原一些部落乃至钦察、斡罗思（俄罗斯）各国信奉的基督教等等。成吉思汗征服这些地区后，并不强迫被征服者改信蒙古人的宗教，而是宣扬信教自由，允许各教派同时存在，而且允许蒙古人自由参加各种教派，对教徒基本上免除赋税和徭役。这一政策在一定程度上减少了被征服者的反抗，对蒙古统治发挥了积极的作用。

（二）窝阔台汗

成吉思汗的正妻孛儿帖生有四个儿子：长子术赤、次子察合台、三子窝阔台、四子拖雷。他们少年时代就随父出征，能征惯战，为蒙古帝国立下了汗马功劳。他们好比帝国的四根台柱，成吉思汗按照四个儿子的特长与才能，让术赤管狩猎，察合台掌法令，窝阔台主朝政，拖雷统军队。

西征时，忽兰夫人对成吉思汗说："诸皇子中，嫡子有四人，主上万岁后应由何人继承？"成吉思汗认为此言有理，当下召见诸弟和诸子，议定将来由窝

中国历代统一王朝

阔台为汗位继承人。

后来，成吉思汗临死前，再次把诸子召到身边，要他们服从窝阔台的领导，兄弟间要精诚团结。

不久，成吉思汗病死。由于蒙古的诸王大会制仍然在起作用，必须等待大会的最后决定，所以窝阔台不能因父亲的遗命即位。

在汗位空悬的两年里，蒙古汗国的军政由成吉思汗的四子拖雷、女儿阿剌海别处理，两人因此被称为"监国皇子"和"监国公主"。

窝阔台是成吉思汗第三子，早年随父亲征服漠北诸部，参与西征、攻金、灭西夏等战争。

经诸王大会选举，窝阔台即大汗位，史称元太宗。其时，有人反对成吉思汗的遗命，主张立幼子拖雷。大会争议了40天，因长子术赤已死，次子察合台全力支持窝阔台，拖雷势力孤单，只得拥立其兄窝阔台即位。

阿剌海别虽是监国公主，但由于她是女子，她及她的儿孙不可能继承汗位；而同样曾为监国的拖雷就大不一样了。拖雷在成吉思汗诸子中身份特殊。因为他是成吉思汗嫡妻孛儿帖为成吉思汗所生的最小的儿子，而蒙古人有"幼子守产"的习俗，拖雷虽未能得到父亲的汗位，却得到了父亲绝大部分的财产，其中包括营地、家室、财库、军队。其中光是军户一项，四子拖雷名下就有十万一千户，而新任大汗三子窝阔台却只有四千户。

窝阔台称汗五年后，蒙古人联宋灭金。就在南征北返的路上，蒙古诸王中实力最为雄厚的拖雷神秘地死去，其实就是被窝阔台用慢性毒药毒死了。

窝阔台称汗后，采纳耶律楚材的建议，进行了一系列改革。

耶律楚材是辽太祖耶律阿保机的九世孙，自幼学习汉籍，精通汉文，博览群书，旁通天文、地理、律历、术数及释老医卜之说，下笔为文，浑然天成，曾做过金国开州同知、左右司员外郎。成吉思汗十年（1215年），蒙古军攻占燕京，成吉思汗听说耶律楚材才华横

溢，满腹经纶，便派人向他咨询治国大计。耶律楚材早已对腐朽的金王朝失去信心，便决定辅佐成吉思汗，拯救水深火热中的中原百姓。成吉思汗十四年（1219年），耶律楚材随成吉思汗西征，向成吉思汗讲授征伐、治国、安民之道，屡立奇功，备受器重。

成吉思汗二十一年（1226年），耶律楚材随成吉思汗征西夏，建议禁止州郡官吏擅自征税，杀戮百姓，使贪暴之风有所收敛。

窝阔台即位后，耶律楚材倡立朝仪，劝亲王察合台等人行君臣之礼，以尊汗权。从此，耶律楚材日益受到重用，被誉为社稷之臣。窝阔台令其执掌中原地区赋税事宜，于是耶律楚材建议颁行《便宜一十八事》，设立州郡长官，使军民分治；制定初步法令，反对改汉地为牧场；建立赋税制度，设置燕京等十路课税所。元太宗三年（1231年），耶律楚材出任中书令，即丞相。此后，他积极恢复文治，逐步实施以儒治国的方案，定制度、议礼乐、立宗庙、建宫室、创学校、设科举、拔隐逸、访遗老、举贤良、求方正、劝农桑、抑游惰、省刑罚、薄赋敛、尚名节、斥纵横、去冗员、黜酷吏、崇孝悌、赈困穷。

耶律楚材在政治、经济、文化各方面殚精竭虑，创建颇多。主要有保护农业，实行封建赋税制度；改革政治体制，提拔重用儒臣；反对屠杀，保护百姓生命；禁止掠民侵民，实行编户制度；反对滥行课税，禁止以权谋私；主张尊孔重教，整理儒家经典。

在耶律楚材的努力下，新兴的蒙古贵族逐渐放弃了落后的游牧生活方式，采用汉族以儒教为中心的传统思想和制度来治理中原，中原封建农业文明得以保存和发展。

耶律楚材在成吉思汗、窝阔台汗两朝辅政近三十年，病逝时，许多蒙古人都哭了，如同丧失亲人一样。汉族的士大夫更是挥泪凭吊这位仁及汉人的功勋卓著的契丹政治家。蒙古国内数日不闻乐声，人们都为这位长者致哀。

窝阔台在位期间，制定蒙古地区值百抽一的赋税制；无水处挖井，迁牧民居住；设驿站，制定驿站服役制度，加强了蒙古本土与占领地区之间的联系。

元太宗七年（1235年），窝阔台下令大建蒙古首都哈拉和林城（位于今蒙古国首都乌兰巴托以西384公里）。从匈奴开始到突厥、回纥，都把这里作为政治中心，其地理位置也正好在蒙古高原的中部。元太祖十五年（1220年），成吉思汗选择这里作为都城，哈拉和林从此成了四方朝圣、八方进贡之地。但是，兴建宫殿却是从窝阔台当政时期开始的。直到忽必烈迁都燕京，这里一直是蒙古帝国的中心。

窝阔台成立燕京编修所和平阳经籍所，封孔子五十一世孙孔元措为衍圣公，修建孔庙，召试诸路儒士，中选者除任本地议事官外，还有四千零三十人被免除赋税。

元太宗三年（1231年），窝阔台与成吉思汗第四子拖雷等率军大举进攻金国。

元太宗四年（1232年），蒙军歼灭金军主力于钧州（今河南禹县）三峰山，进围汴京（今河南开封）。

元太宗六年（1234年），蒙军灭了金国。

金国灭亡后，蒙古与南宋接壤，双方的冲突日渐加剧，拉开了长达45年灭宋之战的序幕。在南方战线僵持不下之时，蒙古大军的铁蹄转往东方的高丽，并使他们臣服。

元太宗七年（1235年），窝阔台召集诸王大会，决定西征。

元太宗八年（1236年）春，窝阔台命令术赤的长子拔都、察合台的长子拜答儿、自己的长子贵由、拖雷的长子蒙哥率军西征，以拔都为统帅，共15万大军，自各地出发，秋季抵伏尔加河东岸集中。这次远征因诸王那颜均派长子从征，史称"长子出征"。

这次西征历时七年，相继攻灭不里阿耳（在今伏尔加河上游）、钦察（里海、黑海以北之突厥语部族）、斡罗思（俄罗斯）诸国。元太宗十二年（1240年），攻破乞瓦（今基辅），随后分路侵入孛烈儿（今波兰）、马札儿（今匈牙利）。次年连破布达佩斯，进军至维也纳附近。

元太宗十三年（1241年）十一月初八，窝阔台因酗酒暴毙。窝阔台死讯传至，西征戛然而止。

蒙古回军后，拔都在征服地建

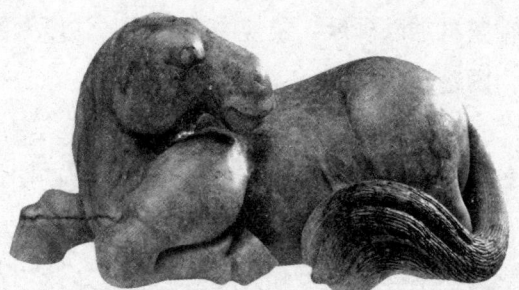

立金帐汗国，定都萨莱城（今俄罗斯伏尔加河下游之萨拉托夫），统治斡罗斯达二百余年。

（三）贵由汗

窝阔台去世后，五年间一直都由其皇后乃马真氏主政，直到窝阔台长子贵由继任为止。贵由汗在位三年（1246—1248 年），史称元定宗，享年 43 岁。

贵由曾随诸王伐金，在西征中也立有战功。

窝阔台生前最宠爱的是贵由的三弟阔出，并决定令其即位。可是阔出却在元太宗八年（1236 年）侵宋时战死，窝阔台悲痛万分，又想让阔出的长子失烈门作继承人。

窝阔台临死前，立皇孙失烈门为嗣，但皇后乃马真氏决定等贵由回来后继承汗位。

窝阔台死后，成吉思汗的幼弟斡赤斤欲夺汗位，率兵来到都城。乃马真氏遣使诘问他，他只得引兵退回驻地。

按照蒙古习俗，汗位的继承人要经过诸王大会选举决定，乃马真氏便召集各宗王和将领到都城推选新汗。当时在诸王中，西征军统帅拔都威望最高，可是他与贵由不和，因而反对贵由出任大汗，以患病为由拒不赴会，致使诸王大会不能如期举行，因此只得由乃马真氏摄政，长达五年。

直到元定宗元年（1246 年）秋，拔都才派其弟别儿哥代表他出席诸王大会。由于乃马真氏力争，大会达成协议，推举贵由为新的大汗。

乃马真氏称制时，商人奥都剌合蛮和波斯女巫法提玛等人获宠，自拟法令，对推行汉法的耶律楚材加以排斥，致使内政败坏，法度紊乱，民力困乏。

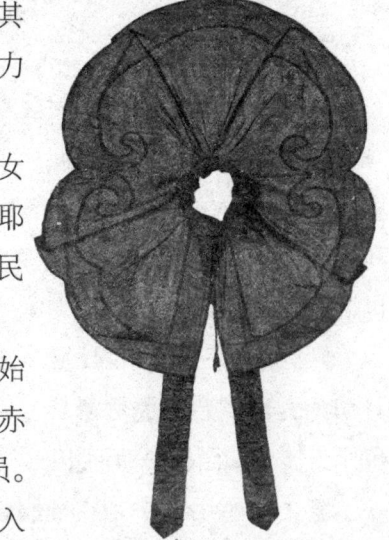

贵由即位后不久，乃马真氏病逝，贵由开始着手整饬朝政。首先，他授命皇弟蒙哥调查斡赤斤图谋汗位之事，并处死了斡赤斤及其一些官员。接着，又杀死了奥都剌合蛮，将女巫法提玛沉入

（侧边竖排）中国历代统一王朝

水中溺死，起用被其母亲罢免的官员。

贵由在位时间虽短，但他为人刚毅，做事果断，神情严肃，不苟言笑。他重用前朝重臣整肃吏治，对陷害忠良，搜刮民财，胡作非为的人绝不手软。

接着，贵由继续向外用兵，征服西藏，并占领了河套地区。

贵由与堂弟拔都早在西征中就不和，后来拔都又反对贵由即位，因而双方结怨很深。

元定宗二年（1247年）秋，贵由任命野里知带为征西军统帅，率兵西进，统辖波斯地区，与拔都抗衡。第二年春，贵由亲率大军西进。这时，拖雷之妻唆鲁和帖尼察觉贵由动机后，秘密通报拔都。拔都获信后，立即整军备战。元定宗三年（1248年）三月，贵由在西进途中突然病死，从而避免了一场皇室内部的争战。对于贵由大汗的死因有多种说法，大多数人认为贵由汗是被拔都派人刺杀或毒死的。

当时，诸王各自盘据一方，鱼肉百姓，民怨四起，蒙古帝国初期开创的稳定局面尽遭破坏。

元定宗死后，皇后海迷失抱失烈门听政，诸王大多表示反对，朝内争论不已，乃至三年无君，国内混乱不堪。后来，在拔都提议下，拖雷的儿子蒙哥登上了汗位。

（四）蒙哥汗

蒙哥是蒙古帝国第四位大汗，史称元宪宗。

拖雷是成吉思汗第四子，拖雷正妻唆鲁禾帖尼生了蒙哥、忽必烈、旭烈兀、阿里不哥等四个儿子。

蒙哥沉默寡言，不好侈靡，喜欢打猎。

元太宗七年（1235年），蒙哥与拔都、贵由西征，屡立战功。

元宪宗元年（1251年），蒙哥被拔都等拥立，做了蒙古大汗。

元代——武功第一

蒙哥即位时 43 岁，是继成吉思汗之后最杰出的蒙古大汗。他加强了行政管理机构，把蒙古帝国建设成一个正规的大国。

元宪宗二年（1252 年），命忽必烈南征大理，也古东征高丽。次年，又遣三弟旭烈兀西征，塔塔儿带撒里等远征欣都思（印度）、怯失迷儿（克什米尔）等国。

元宪宗三年（1253 年），忽必烈率领十万大军分兵三路进攻大理国。忽必烈亲率中路军于十月渡过大渡河，进抵金沙江，用皮筏渡江，向大理国都城进军。忽必烈采纳姚枢等人的建议，改变了过去蒙古军的屠城恶习，下达了"止杀之令"，并派使者到大理国都城羊苴咩城劝降。

大理相国高太祥主战，杀了使者。忽必烈于 12 月进军龙首关，直逼羊苴咩城，大理王段智兴、高太祥出战，遭到惨败。

12 月 12 日，羊苴咩城被攻破，高太祥被杀，段智兴出逃，次年春天在宜良被俘。至此，存续三百余年的段氏大理国宣告灭亡。此后，云南以一个行省的形式被纳入元朝版图，云南的政治中心由大理迁至昆明。

成吉思汗封地上的诸王认为他们有权享受免税权，或与中央一起分享国家的税收，蒙哥禁止了这些做法。如果他活得更久些，或者他的继承者继续执行他的政策，那么蒙古帝国就不会分裂为中国、突厥斯坦（察合台汗国）、波斯（伊儿汗国）、俄罗斯（钦察汗国）这四个国家，而将继续是一个统一的国家。

蒙古统治者利用各种宗教为其政治目的服务，蒙哥倾向于佛教，在哈拉和林宫中举行的一次佛教会议上，他说其他宗教犹如手的五指，而佛教如掌。

蒙哥认为蒙古人想要巩固对中国北方的控制，防止中国北方的民族主义者聚集在南方的旗帜下，就必须迫使南宋王朝投降。南宋的存在会使汉人觉得他们的民族还有救，因而对蒙古的统治造成了威胁。蒙哥的伐宋计划引起了一些将领的反对，他们说南方气候炎热，疾疫流行，蒙古军队在这样的环境中作战会遭受损失，会因不适应陌生的环境而陷入战争泥潭。蒙哥回应道："我们必须完成先辈未竟的事业。"

蒙哥决定让他的军队同时开辟四个战场，使南宋军队不能专注于防卫任何一个区域。为了阻止蒙古人的进攻，南宋不得不把军队分散在一片广阔的疆土上。

蒙哥为四支部队分配了具体任务：蒙哥亲自指挥的军队将从他的西北基地出发，向南挺进，占领四川省，然后向东进攻。忽必烈的军队将从他新建的开平向南方进军，渡过长江进攻鄂州（今湖北省武昌），在那里与兀良哈台率领的从云南开来的第三支军队会合。第四支军队由成吉思汗兄弟的孙子率领，从六盘山的基地向位于鄂州西北部的襄阳进攻，这支军队最终也要与忽必烈和兀良哈台的军队会合。这个计划是要把南宋的东部和西部分割成段，使之首尾难顾。蒙古人先集中优势兵力平定西南和中原，再进攻偏安东南的南宋小朝廷。出发后，蒙哥的军队遇到了巨大的困难，进军十分艰辛，道路尚未开辟，人迹罕至。西南地区的酷热令人窒息，山峦起伏地带易守难攻，他们不得不在西南耽搁了较长的时间。

元宪宗八年（1258 年）三月，蒙哥大军攻陷了四川重镇成都。当他们奔向下一个目标重庆时，在合州遇到了阻击。南宋将领王坚誓死抗敌，决心击退蒙古侵略者。元宪宗九年（1259 年）三月，蒙哥召集高级军事将领讨论进军策略，蒙哥最信赖的幕僚再次强调了疾病和酷热的威胁。蒙哥力排众议，表示要不惜一切代价占领合州。蒙哥在合州打了五个月，双方的伤亡都很惨重，但蒙哥并未灰心，而王坚的军队岿然不动。天气炎热潮湿，蒙哥军中时疫流行，兵士大多病死，蒙哥也染疾而死。

蒙哥之死震撼了整个蒙古帝国，他的儿子忽必烈挺身而出，完成了他的未竟事业。

元代——武功第一

85

二、帝业辉煌的盛元二君

（一）元世祖

元世祖忽必烈是成吉思汗之孙，拖雷正妻唆鲁禾帖尼的第二子，蒙哥的弟弟。忽必烈胸怀大志，一心想安定天下，并热心学习汉文化。他曾先后向刘秉忠、王鹗、元好问、张德辉、张文谦、窦默等请教治国之道。

元宪宗九年（1259 年），忽必烈正在攻打南宋鄂州（今湖北武昌）时，得知蒙哥汗死讯，但不能够确定四弟阿里不哥的动向。忽必烈的妻子察必精明能干，一面拖住阿里不哥的将领，一面及时给远方的丈夫送去了正确的情报："大鱼的头断了，在小鱼里，只有你和阿里不哥了。"忽必烈见信后，立即定下了方案：先与南宋暂时停战议和，然后兼程赶回北方争夺汗位。

次年三月，忽必烈在成吉思汗弟弟支系宗王的支持下，于开平（今内蒙古正蓝旗东）称汗。四月，阿里不哥在蒙哥系与察合台系宗王的支持下也称汗了。于是，蒙古汗国同时出现了两个大汗，而且又是同胞兄弟。

兄弟间的争战持续了四年多，至元元年（1264 年），众叛亲离的四弟阿里不哥只得披着罪人的衣服向二哥忽必烈投降。

忽必烈打败阿里不哥后，将其谋臣全部诛杀，然后迁都燕京（今北京），改称大都，建元至元。

至元八年（1271 年），忽必烈取《易经》"大哉乾元"之义，建国号为大元。

到大都后，忽必烈积极着手消灭南宋的战争。攻克襄阳几个月后，已经病入膏肓的南征统帅史天泽写信给忽必烈，向他推荐伯颜担任南征军统帅。伯颜是突厥人，家族世世代代都是军事将领。每当伯颜参与军国大事时，他总是高出其他朝臣一等。

中国历代统一王朝

伯颜受命后，坚定不移地向南宋挺进。他每到一个尚未平定的城镇时，总是先要求对方投降，如果当地驻军抗拒他的命令，他再进攻。宋将吕文焕和范文虎等将领认识到蒙古大军的绝对军事优势，干脆加入蒙古军。其他南宋官员因对奸臣贾似道愤愤不平，自愿投降的人与日俱增。

至元十六年（1279 年），元军灭了南宋，统一了全国。

征服南宋王朝是忽必烈最辉煌的胜利，从而把拥有五千万人口和丰富资源的领土纳入自己的统治之下，这是他执政头二十年最伟大的军事成就。

忽必烈对人民的赋役剥削限制在一定的数额之内，并采取了一些有利于农业和手工业生产的措施，如垦荒屯田，兴修水利，限制逼良为奴等。

忽必烈试图迎合汉人，建立了一个类似传统中国王朝的朝廷，采用儒家礼仪，赢得了许多汉人的拥戴。虽然他没有采用汉人传统的科举制度，但他聘用了许多汉人担任要职。

忽必烈在用人上能慧眼识才，唯才是用，把 18 岁的安童任命为丞相。直到 49 岁因病去世，安童共为忽必烈效力 31 年，为元初国家的稳定和繁荣做出了巨大的贡献。

为了备荒，忽必烈恢复了国家控粮的政策。这一政策在中国很早就制定了，北宋著名丞相王安石使之更加完善。每当丰年时，国家收购余粮贮藏在国家粮仓中。当荒年粮价上涨时，便开仓免费放粮。

忽必烈通过一系列政治和经济政策，把亚洲大部分版图统一在蒙古的霸权之下。

忽必烈努力保护帝国境内各种不同民族臣民的幸福和安宁，这在那个时代

是罕见的。经学者多年研究，一致认为忽必烈不仅是一位好皇帝，还是一位虔诚的佛教徒。身为皇帝做好事，较之一般平民，其作用是不可估量的。

忽必烈统一中国后，继承祖父和父辈的传统，在开疆扩土方面也不示弱，屡败屡战。

至元八年（1271年），缅甸接受元朝诏谕，成为忽必烈的属国。至元十四年（1277年），缅甸和金齿（今云南保山）部族发生摩擦，忽必烈派兵征伐缅甸，但当大军走到八莫（缅甸北部城镇）时，因天气炎热，士兵水土不服，只得无功而返。次年，缅甸发生政变，缅甸王被其庶子囚禁，元朝云南王派兵征讨，到达蒲甘（位于缅甸中部）时，由于粮草供应不上，只得退兵。

安南即现在的越南，最早曾是中国的郡县，五代时期自立为国。蒙古老帅速不台之子兀良哈台平定云南后，派使者到安南让他们纳贡，安南国王陈㷸将蒙古使者投入狱中。兀良哈台闻讯大怒，发兵攻破安南都城。由于那里气候潮湿炎热，来自北方的蒙古军不能适应，只好收兵而归。至元二十一年（1284年），忽必烈运用假虞灭虢之计，派兵攻打占城国（在今越南南部），向安南征兵征粮，并假道安南国，想一并把安南也灭了，将其重新收入中国版图。但是，当蒙古大军再次攻入安南都城时，由于粮草不继，军中疾疫泛滥，只好退兵。大军走到半路时，遭到安南军的伏击，损失惨重。第二年，忽必烈又发兵十万征讨安南，从海道押运粮草的部队遭到安南伏击，粮草全部沉入海中，只得撤军。撤军途中，再次遭到安南军的伏击，死伤无数。

蒙哥大汗在位时，曾远征高丽，高丽国王撤到与汉城遥遥相望的江华小岛上指挥抵抗。元宪宗八年（1258年），高丽国王遣世子王典到蒙哥宫廷做人质，表示愿意成为蒙古的属国。忽必烈即位后，把女儿嫁给这位年轻的王子，送他回高丽继承王位。

接着，忽必烈派使者要求日本效忠元朝，日本摄政王北条时宗断然拒绝。忽必烈于至元十一年（1274年）和至元十八年（1281年）两次出兵攻打日本，由于蒙古大军不习海战，两次遇到暴风，都惨败而归。忽必烈还想第三次远征日本，因制造大量的海船有实际困难，忽必烈听从大臣进谏而罢兵。

忽必烈在晚年遭遇了一连串的打击，先是他最钟爱的皇后察必于至元十八年（1281年）去世。五年之后，他最喜爱的儿子真金英年早逝。真金是他亲自选定的皇位继承人。

从此，忽必烈开始酗酒，并且毫无节制地暴饮暴食。他的体重迅速增加，身体越来越胖，以至胖得不成样子，被疾病折磨得痛苦不堪。

真金病逝八年后，忽必烈也病逝了。

（二）元成宗

至元二十二年（1285年），忽必烈的太子真金去世。按照嫡长子即位的传统观念，忽必烈把希望寄托在真金之子铁穆耳身上。

为培养储君的各方面才能，忽必烈派铁穆耳统兵讨伐叛王哈丹，接着又派他镇守蒙古汗国故都哈拉和林，掌管北方防务，同时派开国四杰之一博尔术之孙、御史大夫玉昔帖木儿做他的助手。铁穆耳与精锐的北方驻军结下了特殊的关系，这一关系成为他登上帝位的重要保障。

至元三十一年（1294年）农历正月二十二日，忽必烈病逝。同年农历四月十四日，铁穆耳从哈拉和林回到上都（今内蒙古多伦东北），在重臣伯颜、玉昔帖木儿的支持下由诸王会议推立为帝，史称元成宗。

元成宗即位后，中书右司员外郎王约上书，建议在经济上轻徭薄赋，停止所有非急需和必需的土木工程，免除历年积欠的赋税，核实纳税的民户以减轻百姓负担，与民休息；设立义仓，赈济贫苦之人，开放打猎等禁令，实行有利于农业的措施以发展生产。

在政治上，王约建议整顿吏治，打击贪污受贿，革除官场积弊；慎重地选择官吏，尤其要慎重地选择直接治理地方的府、州、县长官；重新修订律令，严肃赏罚；裁减冗吏，精简机构；减省烦琐的条文，改革不合理的制度以提高办事效率。

在对待周围邻国关系上，王约建议不要斤斤计较于要求别国朝贡，甚至为此动武，应该以恩德感召远方之人。

此外，王约还主张办好学校以培养人才，并要求朝廷上下认真了解民情等等。

王约的建议成了元成宗一朝的施政大纲。

元成宗完全接受了这些建议，继续实行忽必烈时减免赋役、赈济灾民等政策。

在减轻百姓负担的同时，元成宗三令五申要求地方官员鼓励农桑，发展生产。

元成宗重视儒学，不歧视汉人，还把公主嫁给了儒生。

元成宗拒绝大臣对日本用兵的请求，于大德三年（1299年）派僧人出使日本，恢复了两国间的正常贸易和文化往来。

元朝海外贸易发达，和当时世界上许多国家都有密切的交往，如罗马、英国、法国、西北非的摩洛哥和苏丹、北非的埃及、东非的坦桑尼亚、南亚的印度等等，元朝的岁入高达二至四亿两白银，为中国历史最高值。

大德九年（1305年）六月，元成宗立唯一的儿子德寿为皇太子。十二月，皇太子病逝。

大德十一年（1307年）农历正月初八，元成宗病逝。

因元成宗与其独生子相继病逝，未及安排皇位承继事宜，因而引起了政局的动荡。

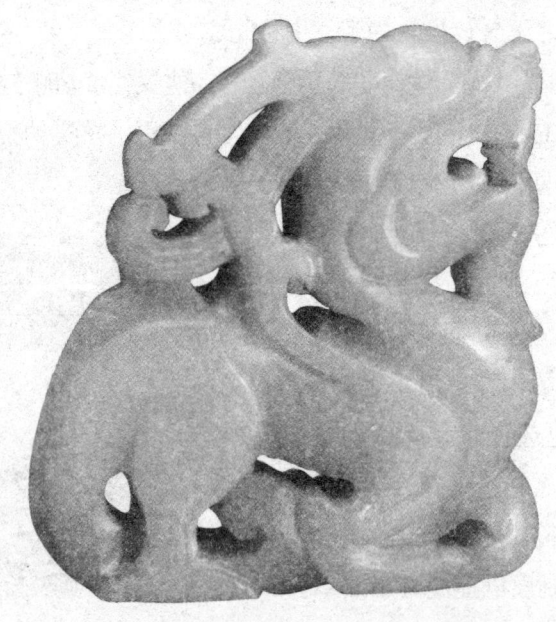

三、纷争不已的后九帝

忽必烈曾经采用汉法立太子以确定皇位的继承，但由于蒙古传统势力太大，选汗会议制继续存在。选汗制与立太子制交错而行，使元朝皇位的继承长期以来不能形成确定的制度。蒙古宗王常利用推选皇帝来争夺权力，元朝的统治越来越不稳了。

元朝自元武宗即位到元惠宗退出大都的六十年间，长期陷入皇位的纷争之中，先后出现了九个皇帝，对皇权的争夺总是和实行汉法的贵族与蒙古贵族保守势力的斗争结合在一起。

（一）一家三帝

元成宗铁穆耳有两个皇后，一个是伯岳吾氏卜鲁罕皇后，一个是弘吉剌氏失怜答里皇后。

卜鲁罕皇后没有生育，元成宗唯一的儿子德寿是失怜答里所生。大德九年（1305 年）五月，德寿被立为皇太子后，于当年十二月病死。失怜答里受此打击后精神失常，很快也离开了人世。

元成宗失去了唯一的儿子，自己又因长年酗酒身体很差，难以再有儿女，便想到了自己的侄儿。

忽必烈生前曾立次子真金为太子，真金病死后留下三个儿子，即甘麻剌、答剌麻八剌和铁穆耳。忽必烈立铁穆耳为皇太孙；甘麻剌先后被封为梁王、晋王，率军镇守北疆；答剌麻八剌一直留在忽必烈身边。

至元二十八年（1291 年），答剌麻八剌受命出镇怀州（今河南沁阳），尚未到任就生病回京，于次年春天去世。答剌麻八剌也有三个儿子：阿木哥、海山、爱育黎拔力八达。其中阿

木哥是汉族侍女郭氏所生，海山与爱育黎拔力八达是正妃弘吉剌氏答己所生。

元成宗大德三年（1299年），由于原来镇守漠北的宁元王阔阔出在镇守边疆时过于松懈，元成宗命侄子海山代其职。大德八年（1304年），海山被册封为怀宁王。元成宗病死时，他远在青海驻防。海山曾挥军打败反对忽必烈的西北宗王海都，军功显赫，部队精良。

大德十年（1306年），元成宗病情渐重，卜鲁罕皇后与左丞相阿忽台设下计谋，将答己和幼子爱育黎拔力八达母子贬放怀州。

元成宗病逝后，卜鲁罕皇后与左丞相阿忽台等人决定先由皇后摄政，让忽必烈的孙子安西王阿难答辅政，最终将帝位传给阿难答。

阿难答是忽必烈孙子中年纪最长的，倾向于伊斯兰教，熟读《古兰经》，并擅长阿拉伯文，是宁夏的长官，即达鲁花赤。在其势力范围内，他是伊斯兰教的热情宣传者。

卜鲁罕皇后的政敌右丞相哈剌哈孙暗地里派人通知身在西北带兵的海山及身在怀州的答己与爱育黎拔力八达，让他们立即以奔丧为名赶回上都夺位。

答己与幼子先期抵达上都后，卜鲁罕皇后眼见政敌来到，便和阿难答等人商议，决定趁三月初三为爱育黎拔力八达庆贺生日之机除掉这对母子。

爱育黎拔力八达知道他们的阴谋后，在三月初二这天抢先动手，将卜鲁罕皇后和阿难答等人一网打尽。

这时，诸王都劝爱育黎拔力八达即皇帝位，但他因哥哥海山握有重兵，便先以监国之名掌握政权，并派使者奉玉玺北迎海山。

大德十一年（1307年）五月，海山到达上都，在赐死安西王阿难答等人之后，空缺四个多月的皇位终于有了新主人。海山即位，史称元武宗。

元武宗是答剌麻八剌家的第一帝。

元武宗称帝后的第一件事就是处置政敌卜鲁罕皇后。这时，她已被爱育黎拔力八达以"私通安西王阿难答"的罪名贬居东安州（今河北廊坊）。元武宗废掉卜鲁罕的皇后头衔后，将她就地赐死。

元武宗将母亲答己尊为皇太后，又将弟弟爱育黎拔力八达封为皇太弟，规定死后帝位由皇太弟继承。爱育黎拔力八达许诺自己身后将皇位传回给哥哥的儿子，彼此约定"兄终弟及，叔侄相继"，帝位由兄弟二人的家族轮流继承。

元武宗即位后，下令体恤征戍之士及供役繁重的役卒，免除大都、上都和隆兴（张北）的三年差税；对云南、八番等地免除一年的差役；对外逃复业者免差役三年。

元武宗允许民间冶铁，以此恢复和发展生产。对受灾地区停收山林湖泊税，听任贫民渔牧。鼓励兴办学校，免除儒者的差役。

为了巩固统治，元武宗大量任用亲信执掌枢要，将前朝文武大臣全部更换。

元武宗遵循汉制，尊儒重道，遣大臣用太牢祭祀孔子，加号为"大成至圣文宣王"，对全国遵行儒教者予以优敕。由于元武宗尊崇儒教，宫廷内外习经成风。

元武宗喜怒无常，有时能宽大为怀，有时却十分残暴。

元武宗耽于享乐，生活奢侈，挥金如土，大赏诸王、宗族。又大兴土木，建筑中都城，致使财政困难重重。为摆脱财政危机，开始发行至大银钞，使财政赤字更为严重，物价上涨，百姓深受其害。

元武宗有很多妃子，亦乞烈氏生了和世㻋，唐兀氏生了图帖睦尔。有人曾劝元武宗立自己的儿子为太子，因右丞相康里脱脱反对而作罢。

元武宗尊奉西僧，特建兴圣宫，常请僧人礼佛祈福。他派兵一千五百人及大量民工修建五台山佛寺，还让其弟爱育黎拔力八达主持在大都城南建寺，令喇嘛翻译佛经。他下诏凡百姓殴打西僧者截手，骂西僧者断舌，致使西僧胡作非为，成为国中一害。

元武宗重用小人，南宋小太监李邦宁入宫后因善于阿谀奉承，竟被封为大司徒兼左丞相。

元武宗沉湎酒色，身染重病。至大四年（1311年）元旦，元武宗病倒，七天后病逝，终年31岁。

依据元武宗即位时的定议，同年三月，爱育黎拔力八达在大都即位，史称元仁宗。

元仁宗是答剌麻八剌家的第二帝。

元仁宗即位后，大张旗鼓地进行改革，取消尚书省，停用至大银钞，减裁冗员，整顿朝政。

延祐元年（1314 年），在王约等汉臣"兴科举"的倡议下开科取士，史称"延祐复科"。元灭金国和南宋后，科举被废弃。"延祐复科"使汉族士人获得了晋升途径，民族矛盾有所缓和。

元仁宗自幼熟读儒家经典，曾命王约等将《大学衍义》节译成蒙文赐给臣下，并说："治天下，有此一书足矣。"

元仁宗还命人将《贞观政要》和《资治通鉴》等书摘译成蒙文，令蒙古人和色目人诵习。

元成宗即位时，曾令中外崇奉孔子，命国子祭酒刘康到曲阜用太牢祭孔子。

元仁宗皇庆二年（1313 年）六月，又以宋儒周敦颐、程颢、程颐、张载、邵雍、司马光、朱熹、张栻、吕祖谦及元儒许衡从祀孔子。次年，令孔子五十三世孙袭封衍圣公。

延祐三年（1316 年）六月，元仁宗封孟轲之父为邾国公，封其母为邾国夫人。

元仁宗通过对孔孟程朱以至元儒许衡等的崇奉表明对儒学的尊崇，他曾握紧拳头对大臣说："所重乎儒者，为其握持纲常如此其固也。"又说："儒者可尚，以能维持三纲五常之道也。"

二程、朱熹所倡导的道学（理学）发展儒学为三纲五常，提倡臣下为君主、妇女为夫君守节。元仁宗以程、朱学说为科举考试的官学，每年还要访求烈女节妇，特别是夫死自尽殉葬的烈妇，由朝廷予以旌表，并多次旌表各地的孝子。元仁宗大力提倡道学的纲常节孝，用以维护元朝的封建统治。

元仁宗巡幸漳河的时候，正好赶上暴风雪。一个老农捧上了一碗粥，近侍都不想让皇帝喝。元仁宗说："当年汉光武帝落魄时也喝过粥啊。大丈夫不经受艰难，怎知稼穑之苦呢？"于是，他命人把粥端来喝了。喝罢粥，元仁宗赏赐老农一匹绫，感谢他通过献粥让自己受到启发和教益。元仁宗到邯郸后，下旨给全国的县令说："百姓生活很苦，而地方上的士兵竟多行不法，地方官吏也常常欺凌百姓，巧立名目滥收杂税，一定要纠察。"他还命令王傅到全国各地巡查，了解政策的贯彻情况，让百姓得到了实惠。

元朝历代皇帝中，元仁宗是较有作为的。

元仁宗即位后，答己仍然是皇太后。

早在元武宗在世时，答己就已经开始收纳男宠并插手朝政了。元武宗死后，她抓紧元仁宗尚未即位的间隙，下令提拔男宠铁木迭儿为右丞相，并且要求元仁宗对铁木迭儿言听计从。第二年，答己又降下懿旨，准备提升铁木迭儿为太师，名将张弘范之子张珪坚决抵制这个荒唐的任命。元仁宗对铁木迭儿非常不满，接纳了张珪的意见。答己得知后勃然大怒，竟趁元仁宗出巡之机传旨让张珪入宫，让亲信将张珪打得奄奄一息。元仁宗回京后，要捉拿铁木迭儿问罪，铁木迭儿竟逃入答己的寝宫，元仁宗不敢搜母亲的寝宫，只得作罢。

延祐二年（1315年）十一月，元仁宗册封元武宗长子和世㻋为周王，令其出镇云南。

老奸巨猾的铁木迭儿秉承答己之意，立即主动向元仁宗上奏折，请元仁宗不要顾忌与元武宗"兄终弟及，叔侄相继"的约定，尽快册立自己的儿子硕德八剌为皇太子。元仁宗接到这份奏折后，心中大喜。延祐三年（1316年）十二月，硕德八剌被册立为皇太子。为防日后有人重提元武宗的旧话，元仁宗还特意从羽林军中调出一万人给皇太子，并让皇太子参与军政大事。

皇太子人选确定四年后，元仁宗病逝，享年36岁。

按规定，要等到三月皇太子才能正式称帝。在这段间隙里，朝政由太皇太后答己执掌。答己利用这个机会，大规模铲除异己，提拔宠臣。元仁宗死了才几天，她便将自己宠爱的奸夫铁木迭儿任命为中书右丞相，又将曾经弹劾铁木迭儿的中书右丞相萧拜住、御史中丞杨朵儿只、上都留守贺胜强行处死。

硕德八剌随后登基，史称元英宗。元英宗是答剌麻八剌家的第三帝。元英宗即位后，他任命自己的亲信拜住为中书左丞相，与铁木迭儿分庭抗礼，不肯受祖母答己的控制。不久，有人告发说："太皇太后重要党羽岭北行省平章政事阿散、中书平章政事黑驴、御史大夫脱忒哈、徽政使失列门等搞阴谋，要废掉皇帝，另立新君。"元英宗立即下令将这些人抓了起来。审案前，拜住就案情向元英宗讨主意时，元英宗问："若是审到最后，他们把太皇

太后扯进案子里来，那该怎么办？"于是，为了保护太皇太后，元英宗不由分说就把这些人斩首了。

答己没料到自己一手扶立的皇帝竟如此强硬，后悔道："我怎么会有这样一个孙子！"眼看着自己的亲信一个个死在自己一力保举的孙子手里，尤其是被杀的还有自己的新宠徽政使失列门，答己终于不堪打击，病倒在床，老奸夫铁木迭儿也吓出病来。

至治二年（1322年）八月，铁木迭儿死了。没过多久，郁郁寡欢的答己也在这年九月去世。

这时，元英宗立即开始大刀阔斧地推行新政，严重地触犯了蒙古、色目人的特权。

元英宗有三位皇后，长后速哥八剌最为聪慧，元英宗的得力助手拜住就是因为得到她的大力推荐才担任丞相的。见元英宗年轻气盛，急于推行新政，速哥八剌非常担忧。她常常穿戴整齐地去迎接元英宗下朝，利用一切机会向元英宗进谏，希望他不要操之过急，要多栽培一些亲信之后再稳重行事。

元英宗崇佛，下诏令各郡建八思巴殿，规模超过了孔庙。他在上都建了一座金塔贮藏佛的舍利子，还下诏在各地修建佛寺。一天，元英宗问拜住："可否用佛教治天下？"拜住回答说："清净寂灭只可自治，若治天下而不讲仁义，则纲常必然混乱。"于是，元英宗不仅崇佛，还重用儒生，起用名将张弘范之子张珪为中书平章政事辅政。

铁木迭儿病死后，拜住于十月升任右丞相，朝中不再设左丞相，由拜住独理朝政。

铁木迭儿死后，拜住处置铁木迭儿父子及其义子铁失等贪赃不法之事，将铁木迭儿之子八思吉思处死，而特赦了铁失。

次年五月，监察御史盖继元等又检举铁木迭儿"奸险贪污"，元英宗下令毁了铁木迭儿及其父、祖之碑，追夺官爵及封赠制书。

元英宗一面推行新政，一面大规模诛杀答己与铁木迭儿的余党，引起了他们的恐慌。不久，反对新政的人和不甘心坐以待毙的铁木迭儿余党串通起来。

铁木迭儿的义子铁失、知枢密院事也先帖木儿、大司农失秃儿、前平章政事赤斤铁木儿、前云南行省平章政事完泽、治书侍御史镇南、宣徽使所南等联合几位蒙古宗王密谋拥立新帝，他们选中的新帝是晋王也孙铁木儿，即元成宗铁穆耳长兄甘麻剌的长子。

至治三年（1323年）夏天，元英宗决定离开上都返回大都。乱党见有机可乘，决定在途中下手，并在元英宗起程前派人向晋王也孙铁木儿报信，通知他准备称帝。

八月五日这天，元英宗由上都起程南下。当天晚上，浩浩荡荡的队伍在南坡店（在今内蒙古正蓝旗东北，距元上都二十里）驻扎。

当天夜里，叛党迫不及待地动手了。元英宗和拜住双双毙命，这场宫廷政变被称为"南坡之变"。

上面这三位皇帝都出于忽必烈太子真金的次子家，前两个是兄弟，是答剌麻八剌的儿子，最后一个是答剌麻八剌的孙子。

（二）一家二帝

忽必烈太子真金的长子甘麻剌被封为晋王，镇守北方边疆。甘麻剌死后，长子也孙铁木儿袭封晋王，仍镇守漠北。铁失发动政变后，立他为帝，史称泰定帝。

泰定帝是甘麻剌家的第一帝。

为了洗脱自己暗中参与政变的嫌疑，泰定帝即位一个月后就开始大清洗，不到三个月就将曾经拥立他并参与政变的大臣全部杀掉，几名参与政变的宗王也被流放边陲。

泰定帝命平章政事张珪、翰林学士忽都鲁都儿迷失、学士吴澄、集贤直学士邓文原等讲《帝范》、《资治通鉴》、《大学衍义》、《贞观政要》等书，以示学习"汉法"。

泰定元年（1324年）立皇子阿速吉八为太子，并敕中书省臣访求名儒作辅佐太子。

泰定二年（1325年），泰定帝收到陕西中部县（今黄陵）道人状子一案。原来，黄陵县在元朝时称中部县，当地有一个史知府的儿子不务正业，民愤极大，因此人们给他起了个外号叫"死可恶"。一天，死可恶带着恶奴来到桥山打猎，一群梅花鹿逃到桥山顶上的柏树林中躲了起来，死可恶领着恶奴追进桥山柏树林用箭乱射。看守陵园的道人虽已年过六旬，却鹤发童颜，功夫超群。他一见有人骑马闯进陵园，立即大喝一声："哪里狂徒如此无礼，竟敢在黄帝陵园捕鹿！"说着，一个箭步上前抓住马缰绳。死可恶在马上冷笑一声说："老爷我就要在这里射鹿，看谁敢管！"一句话惹恼了道人，一拳就将死可恶打下马来。死可恶从地上爬起来扑向道人，道人将左腿轻轻一扫，死可恶又跌了个狗啃泥，把两颗门牙全碰掉了。史知府听说儿子被打，还碰掉两颗门牙，哪肯罢休，立即写信要求中部县令严办道人。中部县令刚直不阿，没有屈服于史知府的压力，连夜给泰定帝写一份奏章，连同史知府写给他的信件一并上呈。泰定帝看罢奏章后十分生气，立即降旨将史知府革职，并赐给中部县令三种特权：第一，对破坏黄帝陵园的林木、建筑等的一切歹徒，查明事实后不必上报，县令有权就地正法；第二，如有紧急公事，县令可越级直接上书皇帝；第三，凡巡抚以下官员前来祭黄陵，县令不再出城迎送。泰定帝怕他的圣旨执行不力，又亲自颁发了保护黄帝陵的法令，法令中说："不畏公法之人，执把弹弓，吹筒辄入本官，采打飞禽，掏取雀鸟，将飞檐走兽损坏，又有愚徒之辈，泼皮歹人，赍夯斧具，将桥陵内所长柏树林木斫伐等事……禁约无得似前搔扰，如有违犯之人，许诸人捉拿到官，痛行断罪。泰定二年六月八日。"这道法令刻成碑文，保存在黄帝庙碑林里，距今已近七百年，是中华民族在六百多年前颁发的第一道保护黄帝陵的法令。明朝洪武年间，朱元璋沿用元朝泰定帝规定，把中部县令由七品官升至五品官，以便处理一些来不及上报的案件。此外，又在桥山山顶上专门立了"文武官员至此下马"的石碑，提醒前来谒陵拜祖的人在祖先陵前一定要庄重严肃。

泰定帝还是佛教的狂热崇奉者，他曾向帝师接受佛戒。泰定帝还在各地建佛寺，屡修佛事。为了争取色目人的拥戴，泰定帝在上都重建伊斯兰教礼拜寺，还在大同路建了礼拜寺。

泰定帝在位五年，为了防止元英宗的命运重演，他早早就做好预防。泰定元年（1324年）三月，刚刚坐稳皇位的泰定帝便册立（弘吉剌氏）八不罕为皇后，同时册立八不罕所生的儿子阿速吉八（天顺帝）为皇太子。

八不罕是一个非常强悍泼辣的女人，除参与朝政之外，还沉湎于巫术佛法。

致和元年（1328年）七月，36岁的泰定帝在上都病逝，八不罕立即以皇后身份执掌朝政。她过于自信，虽知危机重重，却没有让儿子立即即位，而是先以皇后的名义处理政务，过一把摄政女王的瘾。她命亲信平章政事乌伯剌赶往大都收掌百司印章，颁布皇后敕书，安抚官员。

燕铁木儿是元武宗的亲信，此时已经当上了大都留守，手中掌握着枢密符印，能调动军队。

燕铁木儿一直感激元武宗当年的知遇之恩，早在泰定帝重病期间就已经开始策划迎立元武宗之子即位，现在终于等到了机会。

八月四日这天，趁着满朝文武齐聚兴圣宫听使者宣读八不罕皇后敕书的时候，燕铁木儿指挥亲信武士将不在自己笼络中的朝臣和宗王统统活捉，然后宣布了迎立元武宗之子的决定。大家见性命都掐在他的手里，只得唯命是从。

按照即位顺序，燕铁木儿本该首先拥立元武宗的长子和世㻋，但和世㻋远在边陲封地镇守，一时难以返回大都。燕铁木儿为防时间拖得太久发生意外，便派人前往江陵请元武宗次子图帖睦尔先返京登基。

这年九月，图帖睦尔回到大都，于十三日登基称帝，史称元文宗。

元文宗称帝的同时，颁布了一道诏书，向天下人许诺说自己是迫于形势才称帝的，只待兄长和世㻋返回，便将帝位奉还。

听说图帖睦尔称帝了，上都城内属于泰定帝一派的大臣、宗王和后妃们也不甘示弱，立即拥立皇太子阿速吉八为帝，改元天顺，史称天顺帝。

天顺帝是甘麻剌家的第二帝。

天无二日，国无二君，两都内战立即爆发了。

燕铁木儿身先士卒，率军冲杀，元文宗一派的军队屡屡获胜，终于在十月十三日攻克上都，天顺朝只存在了三个月。

泰定帝的朝臣和宗王多被斩杀，泰定帝的后妃们都被幽禁起来，年仅9岁的天顺帝从此下落不明，有人说死于乱兵，有人说被燕铁木儿杀了。

上面两位皇帝都出于忽必烈太子真金的长子甘麻剌家，一个是甘麻剌的儿子，一个是甘麻剌的孙子。

（三）一家四帝

致和元年（1328年）七月，泰定帝病死，知枢密院事燕铁木儿在大都发动政变，谋立元武宗之子图帖睦尔为帝，遣使至江陵迎其入都。九月，图帖睦尔即帝位于大都，改元天历，史称元文宗。

元文宗是海山家的第一帝。

在燕铁木儿及其所属钦察军团和一部分元武宗旧部的支持下，元文宗攻取上都，废了泰定帝的儿子，接着又调兵平定了四川、云南的反对集团。

元文宗即位一年后，迫于形势，让位于总领漠北军事的哥哥和世㻋。元文宗派遣使臣北迎和世㻋，和世㻋自北方边境起行。

天历二年（1329年）一月，和世㻋在哈拉和林即皇帝位，史称元明宗。

元明宗是海山家的第二帝。

三月，图帖睦尔遣中书右丞相燕铁木儿奉皇帝玉玺前去迎接元明宗，元明宗加号燕铁木儿为太师，仍为中书右丞相。

燕铁木儿本是诚心诚意拥戴元武宗之子为帝的，但当他北迎元明宗并一路随行之后，却发现元明宗身边的宗王和重臣都对他因妒生恨，元明宗本人也因未亲历政变之故，对他没有元文宗那样热情。燕铁木儿大失所望，便对元明宗起了杀机。

元明宗依据元武宗、元仁宗兄终弟及的旧例，于四月间派武宁王彻彻秃去大都立图帖睦尔为皇太弟。五月，图帖睦尔自大都出发，北上迎接元明宗。

这时，元明宗也动身南下，于八月初到了上都附近的旺兀察都。图帖睦尔前来朝见，元明宗在行帐中为皇太弟及诸王大臣设宴。席上，燕铁木儿用毒药害死了元明宗。于是，图帖睦尔再次即皇帝位于上都。

元文宗自幼谪居海南，在汉地长大，热爱汉文化。即位后，他任用通晓汉文化的蒙古和色目官员，一些汉人也受到重用，汉文化受到重视和提倡。

天历二年（1329年）二月，元文宗在大都建立奎章阁学士院，以精通汉文化的翰林学士承旨忽都鲁都儿迷失和赵世延为奎章阁大学士，在奎章阁置学士员，每天将祖宗明训和古今治乱得失史事讲给元文宗听。奎章阁又设授经郎二员，讲授经学，让勋旧、贵戚子孙及年幼的近侍入学肄业。

元朝自建国以来，蒙古皇帝和宗王大都不通汉语。元仁宗实行科举后，研究汉学的蒙古文士逐渐增多。元文宗建奎章阁后，儒学在蒙古人和色目人中得以进一步推广。

元文宗建奎章阁后，又命翰林国史院与奎章阁学士院整理史事，仿《唐宋会要》体例，编纂《经世大典》，凡八百八十卷，目录十二卷，公牍一卷，纂修通议一卷。

《经世大典》保存了大量的元代典制，成为明朝初年纂修《元史》的依据，是元文宗推行汉法崇尚文治的一个重要标志。

元文宗极力尊孔崇儒，以争取汉人的拥戴。元文宗遣儒臣曹元用去曲阜代祀孔子，修葺曲阜孔庙，并在曲阜建颜渊庙。

天历三年（1330 年），元文宗加封孔子父母及诸弟子：孔子父叔梁纥为启圣王，母颜氏为启圣王夫人，颜渊为衮国复圣公，曾子为郕国宗圣公，子思为沂国述圣公，孟子为邹国亚圣公。接着，元文宗又追封宋儒程颢为豫国公，程颐为洛国公。同年，元文宗又以董仲舒从祀孔庙，位在七十子之下。

元文宗遵循儒家礼仪，亲自在京师南郊祭祀昊天上帝，并以元太祖成吉思汗配享。

元文宗也崇奉佛教，用以维护统治。他即位后，从帝师受佛戒，作佛事六十日。元朝自忽必烈封八思巴为帝师后，历代元帝相承。佛教受到尊崇，僧徒也享有多种优厚的待遇。

元文宗不仅是个好皇帝，而且还是个大才子。他的诗做得很好，有帝王气派。他的书画受赵孟頫影响，落笔过人，令人惊服。元文宗御笔《相马图》留传至今，在整体布局构图、陪衬景物安置和绘画思路、人物服饰等方面都继承了唐代传统画法，人物描绘十分传神。这幅画中的马形态生动，有唐人画马的韵味，但又脱离了刻板的平面描绘，具有多维立体的视觉效果。

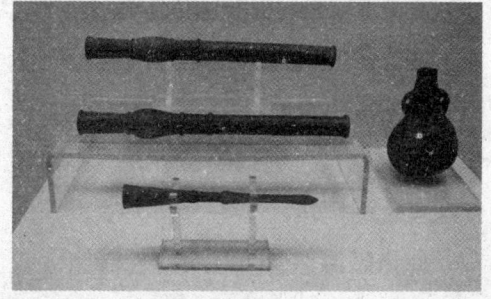

元代——武功第一

元文宗日理万机，一有闲暇就喜欢下围棋，而且下得很好。元文宗棋艺颇得国手传授，造诣非浅。大臣虞集说："自古圣人制器，精义入神，各以致用，非有无益之习也。故孔子以弈为'为之犹贤者乎已'。孟子以弈之为数，如不专心致志，则不得。且夫经营措置之方，攻守审决之道，犹国家政令，出入之机，军师行伍之法，举而习之，亦居安虑危之戒也。"元文宗对此语深表赞同。

天历三年（1330年）三月，元文宗封皇子阿剌忒纳答剌为燕王，意在以燕王作为皇位继承人。

元明宗的妃子迈来迪生子妥懽帖睦尔，元明宗的皇后八不沙生子懿璘质班，依照前朝"兄终弟及，叔侄相继"的惯例，他们都有继承皇位的资格。

四月间，元文宗皇后卜答失里害死了八不沙，扫除了立太子的障碍。

十二月，元文宗立燕王为太子，但不到一个月太子就病死了。这对元文宗来说是个致命的打击，使笃信宗教的他开始反思自己的行为。

元文宗通过弑兄重新登上帝位，临死之际良心发现，为了赎罪，决定在他死后立元明宗之子为帝。

至顺三年（1332年）十月，卜答失里奉元文宗遗诏，拥立年仅7岁的懿璘质班为帝，史称元宁宗，卜答失里成了元朝的实际统治者。

元宁宗是海山家的第三帝。

同年十一月，元宁宗病逝，在位仅43天。

元宁宗病逝后，卜答失里下令立妥懽帖睦尔为帝，史称元惠宗。

元惠宗是海山家的第四帝。

元惠宗于元仁宗延祐七年（1320年）出生，称帝这年才13岁，但他却做了近四十年的皇帝。在后九帝六十年间，他在位期间几乎占了三分之二。因此，有关他的故事也就特别多。

元惠宗是元明宗的长子，八不沙被杀时，他被驱逐，先被驱逐到高丽，后来又被迁到广西。

元惠宗虽然做了皇帝，但国家大权仍在皇太后卜答失里手里。卜答失里在元惠宗登基的同时，就把自己的亲生儿子燕帖古思立为皇太子了。

元惠宗称帝两个月后，听从卜答失里的安排，册立钦察氏答纳失里为皇后。

答纳失里出身显赫，是元文宗的权臣燕铁木儿之女。

答纳失里是在父亲燕铁木儿去世两个月后当上皇后的。尽管燕铁木儿已经去世，但这个家族的势力还在。就在答纳失里被封为皇后的同时，她的叔父撒敦进封荣王、左丞相、开府仪同三司、上柱国；答纳失里的哥哥唐其势则子承父业，做了太平王。

答纳失里入宫后，越来越张狂，动辄打骂元惠宗身边的宫女。元统二年（1334年）五月，她竟派太监博啰特穆尔传下懿旨，把由国家专卖的盐十万引据为自己的私房钱。一引为400—600斤，元惠宗对这位皇后毫无办法，只得隐忍。

当年，元武宗手下共有三位重臣，其中色目人有康里脱脱与燕铁木儿，另一个是蒙古人伯颜。元惠宗即位时，康里脱脱和燕铁木儿都已经死了，论资历论功劳，便轮到伯颜当政了。

元统三年（1335年）初，撒敦病逝。虽然撒敦的左丞相之职由唐其势继承了，但右丞相伯颜已成为事实上控制朝政的人。

唐其势不甘居人下，决定像父亲那样发动一次政变。他联合身在上都的叔父句容郡王答里以及宗王晃火铁木儿等人，要废掉元惠宗，立晃火铁木儿为帝，然后由自己指挥皇帝。

政变计划很快走漏了风声，唐其势却一无所知。至元元年（1335年）六月三十日，唐其势带着兵马由大都城外冲到皇宫时，一下子就陷入了伯颜预先埋伏好的包围圈中。唐其势见势不妙，立即和弟弟塔剌海一起往后宫里跑，指望靠皇后答纳失里保住性命。结果，不但没有保住自己的性命，连答纳失里也被伯颜矫诏毒死了。

在答纳失里死后的第三年，即至元三年（1337年）三月，元惠宗依照伯颜的意志册立伯颜忽都为皇后。

元惠宗并不爱这位皇后，他爱的是高丽贡女奇氏。高丽是元朝的一个属国，每年都要向元朝进贡，在贡品中占相当比重的不是财物，而是贡女。奇氏虽然出身贫贱，但生性黠慧。刚到元惠

宗身边时，她只不过是一名递茶的宫婢，但元惠宗渐渐觉得离不开她了。奇氏在被选为贡女前，在高丽故乡已有恋人。那个少年名叫朴不花，对奇氏情深爱笃。奇氏被选为贡女后，为了能与情人相依相伴，朴不花自愿做了宦官，随奇氏一起被贡入元宫。伯颜忽都出自名门，从不争宠，整日端坐坤德宫，既不参与朝政，也不管后宫是非。她连自己生活的那个宫院都很少走出去，因此也就没有什么是非找上她。二十多年间，她不但不过问财务，就连一些必须的生活开销都尽量节约。以至于她死后身无长物，只留下了一些陈旧过时的衣服。

伯颜忽都皇后死于至正二十五年（1365 年）八月，享年 42 岁。自 15 岁被权臣推上皇后位置，她在皇宫中度过了二十七个年头。因她处处谨慎，奇氏虽然虎视眈眈，她的皇后之位却从没动摇过，她的家族也没有受到任何牵连。

元王朝建立伊始，国人被分为四等：蒙古人、色目人、汉人与南人。汉人与南人地位比蒙古人及色目人低，蒙古人及色目人即便对汉人和南人殴打或杀害，也不必承担相应的罪责。到元仁宗以后，在各种努力下，这些法规开始有些松动了。但伯颜上台后，坚决执行老规矩，蒙古人、色目人若殴打汉人或南人，挨打者连反抗自卫的权利都没有。

伯颜还下令终止科举考试，将官学全部停止，从前各处用于供应儒生费用的庄田赋税收入全部改为禁军军费。

伯颜规定中书省、枢密院、御史台、六部、宣慰司、廉访司及各路、府的官长幕僚全由蒙古人、色目人担任。为了达到这个目的，伯颜下令不准汉人、南人学习蒙古文字。元朝规定地方及中央各级主要官员必须通晓蒙古文字，如今剥夺了汉人、南人学习蒙古文字的权利，也就完全剥夺了他们进入仕途的机会。

伯颜认为汉人、南人太多，因此要杀尽张、王、刘、李、赵五姓人。这个主意太残酷了，不但遭到元惠宗的否决，就连蒙古贵族也一律反对，伯颜只得作罢。伯颜在朝中飞扬跋扈，朝政都由他一手把持，天下人只知伯颜而不知皇帝。伯颜出行时，护卫精兵紧随其后，填街溢衢，元惠宗身边的仪卫和伯颜比起来反倒寥若晨星了。伯颜罢了科举，大力扶植亲信，中书省、枢密院、御史台的官员都出自他的门下。对于伯颜的专横，软弱的元惠宗束手无策。至元四年（1338年），元惠宗甚至下诏在涿州、汴梁为伯颜建生祠，在南口为他立记功碑。在伯颜眼里，小皇帝算不了什么，以至天下的贡赋也得他先享受够了才轮到皇帝。久之，元惠宗对伯颜的不满越来越强烈了。每逢元惠宗外出时，伯颜总是让自己直属的禁卫军队在元惠宗周围巡行，禁止他接触大臣。伯颜还让自己的侄儿脱脱担当元惠宗的宿卫，随时监视皇帝。

脱脱是伯颜哥哥马杞儿台之子，他见伯颜已经招得天怒人怨，便向自己的老师吴直方讨教。在吴直方的启发下，脱脱先与元惠宗为数不多的几个心腹交上了朋友，又趁宿卫之机向元惠宗陈情示忠，取得了元惠宗的信任。至元六年（1340年）二月，伯颜邀元惠宗出猎，脱脱见时机已到，便劝元惠宗装病推辞，谁知伯颜坚请，元惠宗不得不派皇太子燕帖古思随伯颜出猎。

伯颜一行刚走，脱脱便将京城各城门的钥匙收在自己手中，还派亲信把守各城门。当天晚上，脱脱将元惠宗移至玉德殿居住，召各部大臣入宫听命。二鼓时分，脱脱派皇太子的宿卫官月可察儿率三十精骑赶往狩猎驻地柳林，将太子悄悄接回京城。太子平安回京后，脱脱命人写好贬黜伯颜为河南行省左丞相的诏书，连夜派平章政事只儿瓦夕赴伯颜营地宣读。伯颜大吃一惊，想进京问个明白，脱脱坚决不开城门，在城上向下喊话说："有旨贬黜丞相一人，诸从官无罪，可各还本卫。"跟从伯颜出猎的兵将一听这话，一下子都散了。伯颜见大势已去，只得前往河南。上路不到一个月，另一道诏书又到了，令伯颜转往南恩州阳春县（今广东阳春县）安置。不久，伯颜病死于途中。伯颜垮台后，元惠宗在脱脱的辅佐下掌握了朝中大权，将伯颜的党羽全部赶出朝廷。

这年六月，元惠宗降诏废了叔父元文宗的庙主，将婶母卜答失里徙往东安州安置，将堂弟燕帖古思流放高丽。卜答失里到东安州不久就病死了，燕帖古思则在流放途中遇害身亡了。

元惠宗亲政了，而奇氏也等到了提高自己地位的机会。奇氏最盼望得到的是皇后的宝座，但伯颜忽都皇后循规蹈矩，元惠宗和奇氏找不到废后的把柄，于是便暗中示意大臣沙剌班，让他援引元朝数后并立的先例，提议册立奇氏为第二皇后，理由是奇氏在至正

五年（1345年）冬生下了皇子爱猷识理达腊。

奇氏当上第二皇后之后，她的祖宗三代都被元王朝追封为王爵。奇氏家族子弟顿时平步青云，开始目中无人，并横行霸道起来。不久，他们便在高丽闹得天怒人怨了。高丽国王虽然心中不满，但碍于元惠宗的面子，也不得不忍让三分。不久，奇氏家族竟然有人密谋在高丽篡位称王，高丽国王再也不能容忍了，立即赶在奇氏家族动手之前将他们一网打尽，统统杀光。

奇氏得知消息，大哭不止，向元惠宗哭诉，诬称高丽国王图谋不轨。至正二十三年（1363年），元惠宗降旨废高丽王，册封大都城里的高丽皇族塔思特木儿为新高丽王，并立奇氏族人三宝奴为高丽太子，随后派知枢密院事崔帖木儿率军一万送这两人去高丽。高丽国王早有准备，在鸭绿江边埋伏一支精兵，将元军打得溃不成军，仅剩十七人逃回大都。

伯颜倒台后，元惠宗起用脱脱当政，宣布改革，历史上称为"脱脱更化"。

脱脱改革的主要措施有：（1）恢复伯颜废了的科举制度。科举制始于隋朝，元朝建立后直到元仁宗时才实行科举制度。伯颜掌权后，为防止汉人做官，下令废了科举，如今又恢复了。（2）置宣文阁，恢复太庙四时祭祀。（3）平反冤狱。（4）开马禁，放宽政策，为农民减赋。脱脱上台后，下令免除百姓拖欠的杂税，放宽了对汉人、南人的政策。此前民间禁止养马，脱脱上台废除了这一禁令。（5）主持编写宋、辽、金三史。元朝初年，元世祖忽必烈曾降诏编修宋史、辽史和金史，但是，因为这三个国家同时存在，修史时究竟以哪一个国家为正统才好，大家争论不休，所以未能修成。脱脱主张分别撰写这三个国家的历史，不分谁是正统，谁为附庸。元惠宗同意后，由脱脱担任都总裁，开始修史。（6）编写《至正条格》。《至正条格》是元代法规之一。元惠宗至元四年（1338年）三月，命中书平章政事阿吉剌根据《大元通制》编定条格，于至正六年四月颁行。其中包括诏制150条、条格1700条、断例1059条，分祭祀、户令、学令、选举、仓库、捕亡、赋役、狱官等27目。

元惠宗一朝，吏治腐败，百姓受尽盘剥。至正五年（1345年），元惠宗决心整顿吏治，派出各路宣抚使审察各地官吏，有罪者四品以上停职，五品以下就地处决。但是，各路宣抚使到各地后，竟借机勒索，反而给百姓带来了更大的灾难。江西福建道宣抚使走后，当地百姓作歌说："奉使来时惊天动地，奉使去时乌天黑地，官吏都欢天喜地，百姓却啼天哭地。"又说："官吏黑漆皮灯笼，奉使来时添一重。"人们指责宣抚使"赃吏贪婪而不问，良民涂炭而罔知"。元朝官场贪污成风，宣抚使也都是贪官，当然无法过问地方官了。各级官吏利用元朝的人分四等的等级制度，多方盘剥汉人和南人，以贪污为能事，汉人和南人实在没有活路了。

从至正四年（1344 年）五月开始，黄河连年决堤，偏离了故道。原河道两岸大旱无水，决堤处又大发洪水。百姓无粮可食，逼得只好人吃人了。

至正十一年（1351 年）四月，元惠宗命工部尚书贾鲁征发汴梁、大名等地民工为黄河开凿新河道。官吏见有了新的发财机会，无不乘机舞弊，百姓深受其害。

贾鲁自四月开工，七月便凿河完毕，黄河恢复故道。贾鲁治河成功后，元惠宗命翰林学士欧阳玄作《河平碑》记功。

由于水旱成灾，连年饥荒，再加上贪官污吏敲骨吸髓，河南、河北、山东等地百姓已经濒临死亡的边缘了。修黄河征发十五万民工，百姓负担极为沉重，死者枕藉。

元朝虽然成功地修治了黄河水患，却也加速了农民起义风暴的到来。这时，北方白莲教首领韩山童及其教友刘福通决定抓住这一时机发动武装起义，推翻元朝。起义军头裹红巾为标志，人称红巾军。一石激起千层浪，全国各地纷纷起兵响应，战火燃起了。

脱脱是公认的贤相，而奇氏却对脱脱心怀怨恨。因为在册立奇氏之子为皇太子时，脱脱曾经出于公心，表示不宜操之过急，以免尚在育龄的嫡后一旦生子不好处理。这使得奇氏的儿子一直拖到至正十三年（1353 年）六月才正式立为太子。奇氏不顾王朝大局，想方设法要把脱脱搞垮。

至正十四年（1354 年），脱脱奉命统兵出征，讨伐在南方起兵反元的张士诚。临出发前，奇氏竟然联络太子指使朝臣弹劾脱脱。当脱脱成功地围困了张士诚三个多

月，使其政权濒于崩溃之际，奇氏仍然不管不顾地在京城里为排挤脱脱而上下活动。结果，就在两军将要议和的节骨眼上，奇氏活动成功，脱脱被临阵罢官，贬放云南，并被矫诏赐死。奇氏终于报了仇，却给张士诚制造了一个绝佳的重生机会，元军优势不但尽失，反被张士诚打得四散奔逃。

脱脱一死，国家栋梁摧折，元朝开始走上了灭亡之路。

至正十五年（1355年）二月，刘福通将韩山童的儿子韩林儿迎至亳州，建立政权，国号为"宋"，建元龙凤，与元朝对立，成为汉族百姓心目中的正统。

偏偏就在这时，元廷却乱成了一锅粥。奇氏见元惠宗沉湎酒色，对她日益疏远，心中十分担忧。于是，她想提前当上皇太后，保住自己的既得利益。她开始联络朝臣，胁迫元惠宗提前禅位。

奇氏派亲信朴不花找丞相太平游说，太平不愿参与此事。奇氏便亲自出马，宴请太平，太平仍然不愿参与此事。奇氏的行为很快传入元惠宗耳中，元惠宗得知他宠爱的奇氏居然要逼他禅位，极其气愤，很长时间不再搭理她。奇氏不思己过，反恨太平。至正二十三年（1363年），奇氏和皇太子一起设计陷害太平，太平被流放吐蕃，半路上被矫诏赐死。太平死后，围绕着逼禅一事竟发生了一系列的内战。

奇氏在朝中为所欲为，包庇朴不花和搠思监两个宠臣。这两人终于惹恼了朝中官员，他们纷纷上书弹劾。结果，所有上书的人都被奇氏母子贬放，就连元惠宗的母舅老的沙都被流放了。

元惠宗多年怠政，以至奇氏成了与他抗衡的异己势力。元惠宗无力搭救母舅，只得暗中安排他逃往大同镇帅孛罗帖木儿处藏身。

奇氏母子仍然不肯罢手，让朴不花与搠思监诬告孛罗帖木儿谋反，要元惠宗削去他这名亲信的兵权。孛罗帖木儿知道剥夺自己兵权的旨意绝不可能出自皇帝，因而拒不受命。奇氏母子见状，便派太原镇帅扩廓帖木儿出兵大同，与孛罗帖木儿打内战。孛罗帖木儿闻讯大怒，径自派兵直闯大都，将皇太子打得东逃古北口。元惠宗为了平息孛罗帖木儿的怒气，将朴不花和搠思监交给孛罗帖木儿的军队带回去处治，出逃的皇太子才得以回京。听说朴不花和搠思监被孛罗帖木儿杀了,奇氏捶胸顿足,皇太子也不肯罢休。母子二人商量后,又派扩廓帖木儿攻打孛罗帖木儿。孛罗帖木儿这次亲自杀入大都,皇太子急忙逃往太原。

孛罗帖木儿出任左丞相,又把部属安插在各个要害部门,把持了朝政。

皇太子在太原征召各路兵马,连同扩廓帖木儿原有的太原驻军,打算讨伐孛罗帖木儿。孛罗帖木儿迁怒于奇氏,闯入皇宫将她抓了起来,囚禁在宫外总管府。奇氏身陷险境,立即传令亲信到宫里挑选多名美女赠给孛罗帖木儿。美人计立即奏效,奇氏被释,返回皇宫。不久,孛罗帖木儿的骄横渐渐让元惠宗不能忍受,元惠宗便同奇氏合谋,由奇氏设计将孛罗帖木儿骗入宫中杀掉,元惠宗又下令召回皇太子。

奇氏派人给护送皇太子进京的扩廓帖木儿发去密信,要他拥重兵入城,逼元惠宗禅位。扩廓帖木儿也不愿意参与此事,离京三十里就将自己的军队遣返,只带少数侍卫护送皇太子进城。

奇氏的图谋再次失败,又恨上了扩廓帖木儿。扩廓帖木儿对她母子的好处,她统统不顾了。

扩廓帖木儿被封为太尉、左丞相等要职,但他不愿在京城这个是非之地久留,仅过了两个月就自请出京了。

这时,江淮一带的农民起义军已经壮大起来,元惠宗急令皇太子领兵前去征讨。不料,皇太子在母亲的教育下,竟将扩廓帖木儿当成了头号大敌,根本不管起义军,一出京就杀向太原去了。

元朝各路兵马将内战越打越大,朱元璋在他们的眼皮底下将南方的割据势力一一削平,又杀了小明王,准备做皇帝了。

至正二十五年(1365年)八月,皇后伯颜忽都去世了。同年十二月,奇氏终于登上了她梦寐以求的正后宝座。奇氏数度逼宫,威胁皇帝禅位,居然还能正位中宫,元惠宗的肚量可谓大了。但是,奇氏虽然正位中宫,三年后元朝就灭亡了。

至正二十八年(1368年)正月,朱元璋称帝,建立明朝,开始北伐,命大将徐达率军进攻大都。

闰七月初一,徐达率军二十万渡过黄

河，向北挺进，一路摧枯拉朽，如风卷残云，锐不可当。七月二十五日，徐达抵达通州（今北京通县），大都东边的门户被打开了。

七月二十八日，元惠宗在清宁殿召集后妃和太子，宣布要逃回蒙古老家。宦官伯颜不花进谏说："陛下宜固守京都，臣等愿募集兵民，出城拒战。"元惠宗不听，伯颜不花大哭道："天下是世祖的天下，陛下当以死固守，奈何轻去？"元惠宗听了大为不快，拂袖而去。

随后，元惠宗又在端明殿召见群臣，名为商议对策，实际上是安排撤退，为逃跑做准备。左丞相失烈门、知枢密院事黑斯等力劝元惠宗固守京城，元惠宗不肯听从。当晚三鼓时分，元惠宗携后妃和太子出了建德门，由居庸关逃往上都。

八月初二，徐达率军进入大都，结束了元朝在中原的统治。

洪武三年（1370年）四月，元惠宗病死于应昌（今内蒙古克什克腾旗西达来诺尔附近）。由于元惠宗顺应历史大潮，放弃大都不作抵抗，创造了中国历史上前朝政权全身而退的奇迹，所以朱元璋在他死后送给他一个谥号：元顺帝。

元惠宗太子退回漠北后，长期活动在我国北方地区，史称他的政权为"北元"。北元共历六帝，持续了34年。

明惠宗建文四年（1402年），鞑靼领袖鬼力赤杀了北元最后一位皇帝，自称可汗，将国号改为鞑靼。至此，元朝彻底灭亡了。

综上所述，后九帝都是忽必烈太子真金的后代，有的是他的孙子，有的是他的曾孙。虽然同是一个祖父的后代，却因为争抢帝位而纷争不已，甚至互相残杀。在后九帝中，凡是亲政的，无不励精图治，进取不已，但元朝很快便在他们手中灭亡了。究其原因，在于元朝执行了错误的民族政策。在元朝统治下，人分四等。处于三四等的汉人和南人等同奴隶，无时无刻不想推翻元朝。当他们的力量凝聚得如日中天时，蒙古高原上那点残年积雪又算得了什么呢！

明代——最后的汉家王朝

　　明朝（1368-1644）由明太祖朱元璋建立，历经十二世、十六位皇帝、十七朝，是中国历史上最后一个由汉族人建立的封建王朝。明朝初期定都于应天府（今南京），永乐十九年（1421年）明成祖朱棣迁都至顺天府（今北京），而应天府改称南京。明代对外交往活跃，郑和先后七次率大型船队下西洋，行迹遍及非洲东海岸，促进了中国与亚非各国的经济、文化交流，具有重大历史意义。

一、略谈明朝

　　明朝（1368—1644 年）是元朝灭亡后由汉族人在华夏大地上重新建立起来的封建王朝。在元朝处于奴隶地位的汉人在明朝得到了解放，再一次回到平民的位置上来，为中国经济繁荣和社会进步创造了有利的条件。

　　至正二十八年（1368 年）正月，朱元璋在应天府（今江苏省南京市）称帝，年号洪武，建立了明王朝，朱元璋史称明太祖。八月，朱元璋大将徐达率军进入大都（今北京市），宣告了元朝的灭亡。

　　明太祖即位后，进行了一系列的改革，废去中书省和丞相，分政权于吏、户、礼、兵、刑、工六部，六部直属皇帝管辖。六部制成为明清两代的基本政权组织形式。

　　为了选拔官吏，明朝扩大了科举规模，明确规定以程朱理学的四书、五经为考试内容，以八股文为考试形式的科举制度。朱元璋制定了《大明律》，促进了社会的稳定。

　　朱元璋在位三十一年，死后其孙子朱允炆继位，史称明惠帝。朱元璋四子燕王朱棣以入京除奸为名，发动了"靖难之役"。经过四年的战争，燕王打败了明惠帝，夺取了明朝政权，即位称帝，建元永乐，是为明成祖。

　　明成祖为了加强对北方少数民族的防御，于永乐八年（1410 年）到永乐二十二年（1424 年）五次亲征，先后打败鞑靼、瓦剌两部蒙古骑兵，并于永乐十九年（1421 年）迁都北京，以加强对北方的控制。

　　明成祖之后，继位者依次为明仁宗、明宣宗和明英宗。在此期间，明朝一直处于上升阶段，国库充实，百姓安定。

　　正统十四年（1449 年），蒙古瓦剌部进军南犯。明英宗与宦官王振领兵五十万出击，在土木堡被瓦剌军所败，明军全军覆没，明英宗被俘。瓦剌军兵临北京城下，这次事件史称"土木之变"。国不可一日无君，在北京留守的兵部侍郎于谦为了安定国家，果断地拥立明英宗之弟朱祁钰为帝，史称明代宗。于谦组织全城军民登城御敌，经过艰苦的战斗终于打败了瓦剌军，使其不得不放回明英宗，并与明朝议和。明英宗回京后，于1457年趁明代宗病重之机，在亲信大臣和宦官的帮助下夺回政权，再次登基，改年号为天顺。明英宗复位之后，立即捕杀于谦，助其夺权的大臣和宦官一一受爵加官。

继明英宗之后的明宪宗和明孝宗两朝，明朝稳步发展，尤其明孝宗一朝，史称中兴。

明孝宗死后，明武宗继位，武宗荒唐昏聩，沉湎酒色，视帝位如儿戏，艳游无度，最后落水惊病而死。

明武宗死后无子，明宪宗之孙——兴献王朱祐杬之子朱厚熜继位。他是明武宗的堂兄弟，史称明世宗。明世宗继位后不理朝政，整日在皇宫修道，妄图长生不老，置国家于不顾。在位四十五年，贻害无穷。

其子明穆宗继位后，痛加改革，可惜在位时间不长，只有短短的六年，犹如昙花一现。他让贤臣张居正辅佐年方十岁的幼主明神宗继续改革，明朝进入了自明英宗以来最繁荣的阶段。

张居正死后，明神宗开始堕落，成了一名好色好财的昏君。国家经济凋敝，政治混乱，武备松弛。萨尔浒一战，明朝十万大军全军覆没。从此，明朝开始一步步走向灭亡。

明神宗死后，其子明光宗在位仅一个月，虽厉行改革，但仅如电光石火，一闪而灭。

明熹宗继位后，整日只知做木匠活，对国家政事不闻不问。宦官魏忠贤乘机专权，陷害忠良、卖官鬻爵、广植党羽，国家陷于昏天黑地之中。

明熹宗死后，继任者崇祯皇帝虽宵衣旰食，励精图治，但他猜疑心太重，凌迟袁崇焕，自毁长城，再也无人挡得住女真铁骑的凌厉攻势；又重用宦官，任为监军，使其挟皇帝之威，凌驾于督抚之上，在前线瞎指挥，对义军的剿抚多次功败垂成。

崇祯十七年（1644年），李自成率义军攻入北京，崇祯皇帝自缢，明朝灭亡了。

明代——最后的汉家王朝

因为明朝在统治上相对稳定，所以在经济、科技、文化各方面都有所发展。到明朝中期，不论是在生产工具上，还是在产量上，农业的发展都已远远超过前代。农业的发展使更多劳动力解放出来，进一步促进了手工业与商业的发展。明朝的瓷器、宣德炉等手工业产品精美无比，是不可多得的艺术珍品。另外，明朝的科学技术和文化艺术比较发达，李时珍的《本草纲目》、宋应星的《天工开物》、徐光启的《农政全书》以及《徐霞客游记》等著作成为今日我们研究和借鉴古代技术的珍贵资料。中国历史上的四大名著中的三大名著《西游记》《水浒传》《三国演义》即出于明朝。

总之，明朝不仅为中国，也为世界做出了巨大的贡献。

中国历代统一王朝

二、明初三帝的文治武功

（一） 明太祖

明太祖是明朝第一位皇帝，于元文宗天历元年（1328 年）九月十八日生于安徽盱眙县太平乡二郎庙附近，即今安徽嘉山县明东乡赵府村（据淮安市委宣传部 2006 年 7 月 10 日《朱元璋出生考》）。

朱元璋的父母没有地，靠租种别人的地为生。朱元璋是家里的第六个孩子，上面有三个哥哥和两个姐姐。朱元璋小时候曾读过几个月私塾，后因无钱交学费，退学给人家放牛去了。

至正四年（1344 年），淮河流域旱灾、蝗灾、瘟疫接踵而至。朱元璋的父亲、母亲、大哥、大哥的儿子相继去世，大嫂带着孩子回了娘家，家里只剩下他和二哥了。家里一粒米都没有，二哥只好外出逃荒。朱元璋因年纪小，便到村子附近的皇觉寺出家当了和尚。大灾之年，寺中也没有余粮，朱元璋在皇觉寺只住了几十天，便被打发云游四方化缘去了。直到至正八年（1348 年），朱元璋才又回到皇觉寺。

经过三年多的云游生活，朱元璋视野大为开阔，人生阅历大为丰富，已经了解了社会。

元朝统治者歧视汉人，汉人形同奴隶，生活十分艰辛。元朝末年，官逼民反，形成了历史上著名的红巾军起义。起义者头裹红巾，故称红巾军，领导者是韩山童和刘福通。

至正十二年（1352 年）闰三月，皇觉寺被毁，朱元璋无处安身，便到濠州城下投奔了红巾军郭子兴部，成了郭子兴的亲兵。因他作战勇敢，胆大心细，在红巾军中很快崭露头角，被提升为九夫长。郭子

兴很赏识他，将养女马氏嫁给了他。

郭子兴病逝后，朱元璋掌握了这支队伍。短短三年间，朱元璋就从普通一兵变成拥兵十万的大将，成为割据一方的军事统帅，加入了群雄逐鹿的行列。

至正十五年（1355年），刘福通迎接韩山童的儿子韩林儿在安徽亳州建立龙凤政权，尊韩林儿为小明王，与元朝对立，被汉族百姓视为正统。朱元璋接受他的册封，担任了江南等处行中书省平章政事。

朱元璋没读过多少书，但他虚心好学，喜欢儒士。他先后网罗了冯胜、陶安、刘基、朱升等一大批儒士，给他们很高的待遇，经常和他们一起谈古论今，分析形势，请他们出谋划策。在儒士的帮助下，朱元璋决定争夺江山，建立帝业。

定远有个文人叫李善长，是个很有抱负的人，也来投奔朱元璋。朱元璋知道他有学问，就让他在身边当了一名谋士。有一天，朱元璋问李善长说："现在全国到处都在打仗，什么时候才能太平呢？"李善长回答说："秦朝末年，天下也曾这样大乱过。汉高祖虽然是一介平民，但他气量大，能够重用人才，又不乱杀人，因此只花了几年时间就统一了天下。现在元朝政治这样混乱，天下土崩瓦解，将军何不向汉高祖学习统一天下呢？"

朱元璋听了这话，心中大喜，从此便一心一意学习汉高祖。

朱元璋听从谋士的意见，攻下集庆（今南京），改集庆为应天府，作为根据地。

刘福通牺牲后，朱元璋把小明王接到滁州，名义上还接受小明王的领导。后来，朱元璋想做皇帝了，觉得留着小明王对他称帝是个障碍，便于至正二十六年（1366年）派人去接小明王，请他迁都应天府。途中，趁小明王在瓜步（今江苏六合东南）渡江时，派人偷偷将船凿沉，溺死了小明王。

至正二十七年十月，朱元璋命令大将率军北伐，山东、河南随即攻下。

在轰轰烈烈的北伐中，朱元璋于至正二十八年（1368年）正月在应天府称帝，国号为大明，年号为洪武。

这年八月，徐达率领大军直捣大都。元顺帝丢下大都，逃往上都（今内蒙古自治区锡林郭勒盟正蓝旗旗东北），元王朝被推翻了。

洪武二十年（1387年），朱元璋派傅友德、蓝玉击败割据东北的纳哈出，逐步统一了东北。

至此，朱元璋终于削平群雄，基本上完成了统一中国的大业。

朱元璋勤奋好学，在打仗的间隙也不忘读书。称帝后，他特意命人在奉天门建文渊阁，收藏经史子集，设置若干名大学士，自己经常抽空去那里读经史，终日不倦。他特别喜欢读史书，尤其留意历代兴亡的经验教训，时常引以为戒。

通过读书学习，朱元璋从书中学到了很多东西，决定改革政体。明代以前，历朝大体上沿用秦始皇所创立的君主之下设宰相辅政的政治体制。朱元璋对此很不满意，认为君权下移，宰相手里的权太重。于是，他亲自设计、制定了几项重要的政治制度，对以往政治制度进行了大胆的变革和创新。

洪武九年（1376年），朱元璋下令撤销行中书省，设立承宣布政使司、提刑按察使司和都指挥使司，分掌行政、司法、军事权力，三者地位平等，互不统摄，向中央负责。全国分为浙江、江西、福建、北京、广西、四川、山东、广东、河南、陕西、湖广、山西十二个布政使司，洪武十五年（1382年），又增设云南布政使司。

朱元璋更为关心的是中央机构的改革。洪武十三年（1380年），撤销中书省，不设丞相，提高吏、户、礼、兵、刑、工六部职权，分掌天下事务，直接向皇帝汇报。同时，将掌管全国军事的大都督府一分为五，改为前、后、左、右、中五军都督府，分领所属都司卫所部队，但无权调兵。

朱元璋进行上述变革和调整的根本目的是进一步强化君权，分化、弱化大臣之权。朱元璋罢丞相一职是对一千多年中央政治制度的一次重大变革。不设丞相，六部直接将全国政务奏请皇帝裁决，实际上是皇帝兼行相权。这样，皇帝不得不处理更多的政务，据说朱元璋每天要看二百多份奏章，处理四百多件政事，相当辛苦。由此，专制主义皇权到了朱元璋手中得到了空前的加强，他也成为历史上最有权势的皇帝之一。清朝肯定了他设计的政体，维持不变。

明朝是朱元璋在华夏大地上重新建立起来的封建王朝，改善了汉人的地位，使得占人口大多数的汉族人民再一次回到平民的位置上来，为今后中国的进一步发展创造了有利条件。

（二）明惠帝

洪武二十五年（1392年）四月，年仅38岁的皇太子朱标英年早逝，史称懿文太子。

洪武三十一年（1398年），朱元璋病逝，遗诏命皇太孙朱允炆继位，史称明惠帝。

明惠帝是明朝第二位皇帝。

朱允炆14岁时，他的父亲朱标身上长个大肉瘤，苦不堪言，朱允炆日夜守在身边伺候。

朱标去世后，朱允炆将三个年幼的弟弟接到一起，对他们的饮食起居照顾得十分周到，并没有让他们感到孤独。

朱元璋病逝前，脾气异常暴躁。朱允炆亲自服侍他，常常整夜不能入睡，而且没有一句怨言。

明惠帝继位时21岁，改年号为建文。

明惠帝从小接受儒家教育，继位后把三位儒家师傅引为心腹。他们是黄子澄、齐泰和方孝孺。黄子澄是受人尊敬的儒家学者，于洪武十八年（1385年）考中进士。齐泰是洪武十八年的进士，精通儒学，尤其精通兵法。方孝孺是明初大学者，六岁能诗，从元末明初大儒宋濂学习，极受器重，以文章和政见闻名。

明惠帝在这三位大儒的辅佐下，开始了一系列的改革，史称"建文新政"。

朱元璋用武力夺得天下，大都督府的左右都督都是正一品，而六部尚书却是正二品。《大明律》中明文规定文官不许封公封侯，而武将封公封侯者甚多，称王的也不少。这种局面下，文官在议论朝政中的地位可想而知。明惠帝有意结束其祖父尚武的政风，将六部尚书升为正一品；大开科举，并下诏要求地方官举荐文学之士。文人获得了比以前更高的政治地位，对朝政敢于表达自己的意见了，这就加强了文官在国家政事中的作用。

明太祖以猛治国，认为乱世宜用重典，法外用刑情况十分严重。他还使用了许多恐怖的刑罚，如抽筋、剥皮、阉割、凌迟等。明惠帝认为《大明律》用刑过重，改正了其中量刑较重的部分律法，取消了恐怖的刑罚。

明惠帝一上台，就在文治方面作出了重大的贡献。

建文元年（1399 年）正月，明惠帝下令减轻江浙地区的田赋。明初以来，江浙地区的田赋重于其他地方，这是因为朱元璋憎恨江浙地区的缙绅当年依附张士诚而采取的惩治措施。明惠帝认为江浙重赋只可用惩一时，不可形成定制。

明太祖时，僧道夺占了大量肥田沃土，从而变成了有权有势的地主，不仅享有免除土地赋税和徭役的权利，甚至占用当地居民的土地，强迫他们给自己服劳役。建文三年（1401 年）八月，明惠帝下令僧道每人占田不得超过 5 亩，多余的要退官，分给农民耕种。

明太祖时，藩王权势很重，拥有自己的军队，少则三千，多则数万。特别是北方边防线的几名藩王，拥有指挥军队的权力。明太祖本意是要藩王确保朱家江山，却没想到留下了拥兵自重、尾大不掉的后患。

明惠帝即位之初的几个月中，开始增强自己的权力，削弱藩王的权力，史称"削藩"。周王朱橚是第一个倒台的，接着是代王朱桂、湘王朱柏、齐王朱榑以及岷王朱楩。在五个藩封被废之后，燕王便成了下一个目标。朝廷认为他最棘手，因此在行动上很谨慎，这样一来反而给燕王提供了集结部队和准备造反的时间。

以齐泰、黄子澄为首的大臣坚决主张削藩，但在具体削藩策略上有所不同。黄子澄认为燕王实力强大，应该先削弱小的周、齐、代诸王，去掉燕王的羽翼，待时机成熟时再削燕王。齐泰则主张擒贼先擒王，只要先铲除燕王，其他诸王自然无力反抗了。明惠帝听取了黄子澄的建议，以致打草惊蛇，燕王急忙起兵了。燕王名朱棣，是明太祖的第四个儿子，明惠帝的叔叔，精通兵法，善于统军作战。

建文元年（1399 年）七月，燕王在姚广孝等人游

明代——最后的汉家王朝

说下以"清君侧"为名起兵，从而拉开了长达四年的叔侄战争，史称"靖难之役"。

明惠帝命耿炳文率军十三万伐燕，兵败后退守真定。九月，又命李景隆率军五十万出征。李景隆只会纸上谈兵，没有实战经验，也打了败仗。明惠帝起用保卫济南的盛庸为大将，取得了东昌之役的胜利，但这已无法改变燕王势力逐渐增强的事实。建文三年十二月，燕王反守为攻，率军直趋南京。六月十三日，李景隆和谷王打开金川门迎降，朱棣取得了靖难之役的最终胜利。

明惠帝在位四年，积极进行改革，深得民心。但在削藩策略上产生了失误，不幸丢掉了帝位。

燕王朱棣攻下南京后，明惠帝下落不明。有人说当场烧死了，有人说从密道出走削发为僧了。众说纷纭，莫衷一是，成为明史第一谜案。但这已经不重要了，重要的是明朝进入了明成祖统治时期。

（三）明成祖

明成祖朱棣是明朝第三位皇帝，11岁被封为燕王，17岁迎娶徐达长女，21岁就藩北京，即到封地北京。

明成祖之所以能成为明代第三位皇帝，与姚广孝是分不开的。

姚广孝是苏州长洲人，父亲是个医生。父亲本想让他子承父业，可他偏偏不愿意学医，而想读书做官或学佛。因为元末入仕的途径较少，他便在14岁那年出家做了和尚，法名道衍。虽然做了和尚，可他还想做官，平时不学佛理，一味研习兵法韬略。后来，他还违反佛规，拜道士席应真为师，学习阴阳术数之学。

姚广孝对儒、释、道三家之学都有涉猎，学问高深，因而"浙东四学士"宋濂、高启等人都爱与他交游。

洪武十五年（1382年），明太祖的结发之妻马皇后去世，明太祖选拔高僧侍奉诸子诵经祈福。姚广孝的朋友——任职僧录司的宗泐推荐了姚广孝。姚广

中国历代统一王朝

孝到南京后，见到燕王朱棣，两人谈得颇为投机。姚广孝对朱棣说："殿下若能用臣，臣当奉一顶白帽子与大王戴。"朱棣一听，心领神会，明白"王"字上面加个"白"字就是皇帝的"皇"字，不由得心中大喜。原来，这时明太祖的太子早已经病逝，明太祖选中的接班人朱允炆过于仁柔，正是朱棣争夺帝位的好时机。于是，朱棣乘机请姚广孝和他回到北京。

到了北京，姚广孝以住持身份住进庆寿寺，经常出入燕王府，密谈军国大事，成为朱棣的军师。

建文元年（1399年），朱棣起兵。姚广孝留在北京，辅助朱棣的长子朱高炽留守北京。朱棣的燕军虽然勇猛，但数量有限，和号称百万的南军相比，处于明显的劣势，在叛乱初期虽然互有胜负，总体上却一直处于劣势。在仔细分析了形势后，姚广孝提出避免和南军进行硬碰硬的对抗，放弃夺取城市，直接从南军缝隙穿过，南下直取南京的建议。朱棣接受这一建议，燕军很快杀进南京，夺得了天下。

朱棣做了皇帝，极其感激姚广孝，认为他的功劳最大，超过了所有的武将。

朱棣在登上帝位的第二年，不顾姚广孝的和尚身份，封他为资善大夫、太子少师，恢复姚姓，同时要他蓄发还俗，赐给他府第和两名宫女。这一切姚广孝均未接受，平时穿朝服上朝议政，退朝后随即换上僧服，而且依旧住在寺院里。朱棣以为他佛缘太深，只得作罢，也不怪他。其实并非如此，而是朱棣即位之后大肆诛杀异己，让姚广孝心有余悸。

朱棣攻取南京后，主张削藩的主要谋士黄子澄被砍去双手和双腿，然后被杀。齐泰也被灭族。朱棣对在战场上抵抗最为坚决的铁铉极其愤恨，命人割下他的耳鼻后才将其杀死，妻女沦为官妓。礼部尚书陈迪不肯投降，和儿子等六人同日就刑。朱棣在行刑前将陈迪儿子的耳鼻割下煮熟让陈迪吃掉，并问味道如何。陈迪毫无惧色，回答道："忠臣孝子的肉鲜美无比。"说罢坦然就刑。

朱棣从北京出发时，姚广孝曾劝他不要杀方孝孺："城下之日，彼必不降，幸勿杀之。杀孝孺，天下读书种子绝矣。"说如果杀了方孝孺，读书人就绝种了。

朱棣进南京后，召方孝孺为其写即位诏书，方孝孺坚决不肯。朱棣以死相逼说："你自己的性命不要了，难道不顾及九族吗？"方孝孺大义凛然，朗声回答说："便杀十族又奈我何？"朱棣盛怒之下，灭了他的十族。所谓十族，就是在九族之外将朋友门生也算在内。

姚广孝拒绝还俗后，奉命赈济苏州、湖州等地。他特意顺路到家乡长洲探亲，把明成祖赏给他的金银布匹全部散发给宗族和乡亲了。

不料，姚广孝帮助朱棣夺位，被视为叛乱，颇为人所不齿。他的朋友王宾拒绝与他见面，唯一的亲人姐姐不理他，他要叙叙亲情，结果被姐姐厉声骂了出来。

这一切让姚广孝大为失望，不得不对自己的所作所为进行反省，并采取了一定的补救措施。此后，他把心血全部倾注在纂修《永乐大典》上了。

明朝不设丞相一职，明成祖在永乐元年组建文渊阁，代替丞相参预国家决策，类似内阁，直接听命于皇上，有利于皇帝掌控朝政。文渊阁极为重要，进文渊阁的人都是大才子，而且年龄都很轻，解缙是其中年龄较大的，也只有34岁。

永乐元年，一天明成祖到文渊阁视察工作，问起文渊阁藏书的情况，解缙回答说："藏书太少了。"明成祖说："百姓家如有余资，尚欲购书，何况朝廷了？"说罢让解缙开出书单，送交礼部购买。解缙乘机说："有些典籍在战乱中散失，已经难以寻觅，不如编纂一部文献大成流传百世。"明成祖一听此言，大喜道："好啊！正合朕意，此事就交给你来完成吧。"于是，一部涵盖古今，包罗万象，蕴含一切知识财富的百科全书《永乐大典》在解缙主持下开始编纂了。

解缙于洪武二年（1369年）十一月初七日出生在吉水鉴湖（今江西省吉

水县文峰镇）的一个书香门第。洪武三十一年（1398 年）考中进士，官至翰林学士。

永乐二年（1404 年）十一月，解缙将编纂好的类书进呈明成祖。明成祖很高兴，赐名《文献大成》，还赏赐了解缙等 147 位有功人员。

不久，明成祖发现这部类书与他的要求相距甚远，还有许多佛道典籍未收录，只收录了儒学等方面的典籍。于是明成祖决定重新编修，任命姚广孝、刑部侍郎刘季篪和解缙负总责，前后参与编纂的近三千人。

永乐五年（1407 年）十一月，姚广孝等人将编好的《永乐大典》进呈明成祖，明成祖终于满意了。

《永乐大典》共 22 877 卷，外加凡例、目录 60 卷，全书分装 11 095 册，引书达七八千种，字数约有三亿七千多万，是我国历史上最大的类书，内容包括经、史、子、集、百家、天文、地志、阴阳、医、卜、僧、道、戏剧、小说、技艺诸项。此前的类书，如唐代的《艺文类聚》只有 100 卷，北宋的《太平御览》和《册府元龟》都各有 1 000 卷。《永乐大典》的规模之大，确实是前无古人的。《永乐大典》的显著特点是照录原文，未作删改，保持了书籍的原貌，具有很高的学术价值。

令人遗憾的是，在《永乐大典》的庆功会上没有解缙的身影，原来九个月前解缙被贬到广西做布政司参议去了。

明成祖长子朱高炽立为太子后，次子朱高煦不服，赖在京城不肯到封地去，还不把太子放在眼里。因他受到父皇的宠爱，竟得寸进尺，进出宫殿都与太子并肩而行，有时竟拍太子的脑袋，显得很随便。解缙熟读圣贤之书，是个重礼之人，看到朱高煦这样骄横，就跟明成祖说："陛下这样纵容朱高煦是错误的，他不去云南，陛下就同意让他留在身边，给他的待遇类似太子。他和太子平起平坐，甚至戏弄太子，陛下却装着没看见。如果陛下不立刻制止朱高煦这种越礼行为，会对国家不利的。"

解缙这种善意的提醒竟被明成祖视为离间骨肉，明成祖当场将解缙大骂一通。

安南即现在的越南，汉唐时属于中国的一部

分，设有郡县。五代十国时期，国内大乱，安南乘机独立，从此成为中国的属国，与朝鲜、日本等国一样，他们的国王由中国皇帝册封，每年要向中国皇帝进献贡品。

明惠帝时期，安南发生政变，安南国王陈氏被胡氏取代。后经调解，胡氏表示愿意让出王位，迎接陈氏回国。没想到胡氏撒了个弥天大谎，陈氏回安南后立即被杀，胡氏还杀了送陈氏回国的明朝使臣。

永乐五年（1407年）二月，明成祖决定在安南国设置郡县，改安南为交趾。解缙独持异议，不同意在安南设郡县，主张继续保留安南作为属国的历史现状。于是，解缙被明成祖赶出朝廷，到广西去当布政司参议。后来的历史证明，解缙是有远见的。

后来，解缙又被贬到交趾。

永乐八年（1410年）一月，明成祖要解缙进京汇报交趾的情况。这年二月，解缙回到南京，偏巧明成祖在前几天亲率五十万大军北伐蒙古去了。明成祖这一去将近一年，解缙等到十个多月时，有些急了，心想皇帝不在，向监国的太子汇报不是一样吗？不料，这给恨死解缙的朱高煦落下了口实。明成祖回来后，朱高煦立刻向明成祖报告，说解缙"私见东宫"。

明成祖是个皇帝迷，这也是他起兵夺位的主要原因。听说解缙私见太子，明成祖气不打一处来。暗想：我还没死，就有人想抢班夺权，这还了得。于是，立即下令逮捕解缙。

解缙被捕入狱，在天牢里一关就是五年多。永乐十三年（1415年）冬，锦衣卫头子纪纲照例向明成祖呈上天牢罪犯花名册，明成祖看后说："解缙还在吗？"只问了这一句，别的什么也没说。

纪纲见解缙在明成祖心目中已经无关紧要，回到天牢后，竟用酒将解缙灌醉，然后放在雪地上活活冻死了。忠心耿耿、功在千秋的大才子解缙就这样冤死了。

永乐三年（1405年），郑和受明成祖派遣，率领船队浩浩荡荡地出海远航，

中国历代统一王朝

最远时到过非洲东海岸，同南洋、印度洋的三十多个国家和地区进行了友好交流，史称"郑和下西洋"。

郑和曾七次下西洋，规模之大、范围之广都是空前的。它在航海活动上达到了当时世界航海事业的顶峰，比哥伦布远航要早一百多年。郑和对发展中国与亚洲各国在政治、经济和文化上的友好交流作出了巨大的贡献。

郑和出生于明洪武四年（1371年），原名马三保。1381年冬，明朝军队进攻云南，马三保被掳入明营，被阉割当了太监，进入燕王府。在靖难之变中，马三保为燕王立了战功。永乐二年（1404年）明成祖认为马姓不能登三宝殿，因此在南京亲笔写了个"郑"字赐给马三保。马三保从此改姓郑，改名为和，升任内官监太监，四品，地位仅次于司礼监太监。郑和是中国历史上最杰出的航海家，在航海、外交、军事、建筑等诸多方面都表现出卓越的才能。他精通航海图、牵星过洋航海术，熟知各式东西洋针路簿、天文地理、海洋科学、船舶驾驶技能与修理知识。

郑和下西洋前，南洋和西洋一带国际环境动荡，东南亚地区各国相互猜疑，互相争夺。当时东南亚两个最大的国家爪哇（印度尼西亚爪哇岛）、暹罗（泰国）对外扩张，欺压周边国家，威胁满剌加（马来西亚）、苏门答腊、占城（在今越南南部）、真腊（在今柬埔寨），甚至在三佛齐（大巽他群岛上的一个古代王国）杀害了明朝使臣，拦截向中国朝贡的使团。同时，海盗猖獗，横行东南亚、南亚海上，海上交通得不到安全保障。于是，明成祖派遣郑和率领船队下西洋，调解了各国之间的矛盾，维护了海上的安全，建立了一个稳定的国际环境，从而提高了明王朝的国际威望。

明成祖称帝后，曾五次御驾亲征，打败了蒙古入侵军，让北方百姓过上了安定的日子。

永乐二十二年（1424年），明成祖在最后一次亲征归途中病逝。

三、从"仁宣之治"到孝宗中兴

(一) 明仁宗

明仁宗朱高炽是明朝第四位皇帝,是明成祖的长子。永乐二十二年(1424年)八月登基,次年改元洪熙,在位仅十个月。

朱高炽于洪武二十八年(1395年)立为燕王世子。他为人稳重,爱好读书,深得祖父明太祖的喜爱。

朱高炽长得过于肥胖,行动不便,总要由两个内侍搀扶着才能行动,走起路来跌跌撞撞。为此,一生嗜武的明成祖不喜欢这个儿子。明成祖起兵争夺帝位时,让朱高炽留守北京。朱高炽团结部下,以万人之众成功地阻挡了明惠帝大将李景隆的五十万大军,保住了北京城,这才使明成祖另眼相看。在此期间,明惠帝曾写信给朱高炽,许以封王,争取他归顺朝廷。朱高炽接信之后连看都没看,就原封不动地派人送到明成祖面前,使明惠帝的反间计彻底失败了。

由于朱高炽身体肥胖,不便随军作战,二弟朱高煦就走上了前台。朱高煦作战勇猛,在武将中威信很高,在战斗中曾多次救过明成祖,明成祖曾许愿说:"你大哥多病,将来帝位必将是你的了。"听了这话,朱高煦热血沸腾,冲锋陷阵,英勇杀敌,在整个"靖难之役"中立下了赫赫战功。

明成祖登上帝位后,在立皇太子的问题上又出现了犹豫。朱高炽仁厚儒雅,深得文臣拥戴,而且他是明太祖亲自为明成祖选择的继承人。更重要的一点是朱高炽的长子朱瞻基聪明过人,深得明成祖的喜爱,人称"好圣孙"。于是,明成祖终于下了决心,于永乐二年(1404年)立朱高炽为太子。

朱高煦落选后并未屈服,迟迟不肯到封地去,留在京城准备伺机而动,私养了许多武士图谋不轨。后来,大臣杨士奇和徐皇后出面说服明成祖,削夺了朱高煦的部分护卫，强令他到乐安（山东省惠民县）就藩。

永乐二十二年（1424 年）七月十八日，明成祖在北征返京途中病逝于榆木川，随从宦官不知所措，与大臣杨荣密商如何处置。杨荣指挥若定，认为离京尚远，为防止军心涣散，为了避免二皇子朱高煦、三皇子朱高燧趁机作乱，应暂秘不发丧。于是，他们用锡铸棺将明成祖尸体收殓起来放在车中，每到一地和平时一样进膳，只是皇帝的车帘再也没有掀开，军中浑然不觉。杨荣先回北京向太子报告情况，决定了处理方法。结果，朱高炽顺利地即位了。由于大臣们的精心安排，国家政局未发生丝毫骚动，也未爆发什么叛乱，政权得以平稳过渡。

明仁宗继位后，开始了一系列的改革。

明仁宗赦免了明惠帝旧臣和永乐年间因连坐流放到边疆的官员家属，允许他们返回原籍。

明仁宗平反冤狱，如建文朝忠臣方孝孺一案，永乐朝解缙一案都在这一时期得到平反。

这样，便缓和了统治集团内部的矛盾，为经济发展提供了安定的环境。

明仁宗选用贤臣，任命杨士奇、杨荣、杨溥三人辅政，发展生产，与民休息，百姓得到了实惠。

洪熙元年（1425 年）五月二十九日，明仁宗因肥胖症猝死于钦安殿。

明仁宗在位虽不到一年，但实际在位时间并不短。明成祖在位期间，有大部分时间都在北征，朝中一切政务均由他掌管，由他监国，等同皇帝。因此说，他为明朝作的贡献是不小的。

（二） 明宣宗

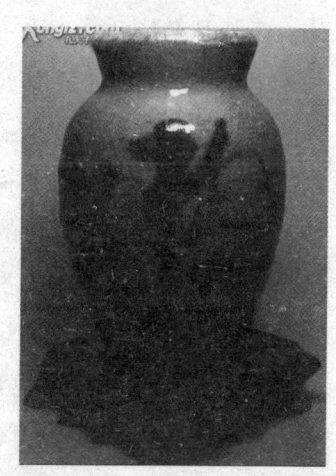

朱瞻基是明朝第五位皇帝，是明仁宗的长子，29 岁继位，史称明宣宗，年号宣德。

洪武三十一年（1398 年）二月初九日，朱瞻基出生在北京。朱棣夺得天下后在南京登基，朱瞻基随祖母离开北京也来到南京。祖父明成祖和祖母徐氏非常钟爱他，对他寄予很大希望。

朱瞻基自幼聪明，喜好读书，过目不忘。永乐五年（1407年）四月，他出阁读书，明成祖特命姚广孝做他的老师。朱瞻基学习刻苦，留意古今兴衰和历朝治乱，从中领会治国的道理。

明成祖用言传身教来影响这个招人喜爱的孙子，为他以后君临天下做准备。

永乐七年（1409年），明成祖巡幸北京，令朱瞻基同行。途中，明成祖特意带朱瞻基到田间观察农作物、农具和耕种的过程，到农民家里看他们的衣食住行，让朱瞻基知道农业是国家的根本，治理国家必须体恤农民。

永乐八年（1410年），明成祖亲征蒙古，让尚书夏原吉辅佐朱瞻基留守北京，学习处理日常政务。当时，北京是国家的陪都，地位十分重要。夏原吉每天早上辅佐朱瞻基处理政事，从容不迫，井井有条，让朱瞻基积累了许多处理政务的经验。夏原吉还陪朱瞻基深入乡村，体察百姓疾苦。此后，朱瞻基多次在夏原吉的侍从下往返于两京之间，经常谈论治国方略，获益匪浅。

永乐十二年（1414年），为了让朱瞻基接受战场的历练，明成祖命他随军亲征蒙古。朱瞻基经常随明成祖检阅军队，学习战法。

在祖父的精心培育下，朱瞻基上马管军，下马管民，为将来治理国家积累了宝贵的经验。

汉王朱高煦和赵王朱高燧一直没有放弃争夺帝位的念头，时刻威胁着国家的安定。朱高煦在被父亲安排到乐安之后，并没有改过自新，而是准备随时发难。当明仁宗突然病逝时，朱瞻基正在南京，得知消息后日夜兼程赶往北京。朱高煦在他必经之路上埋伏人马准备截杀他，而他行动极为神速，赶到北京登基为帝，阴谋才没有得逞。

朱瞻基继位后，加强了对两位皇叔的防范。但表面上重加赏赐，仍以礼相待。朱高煦认为少主新立软弱可欺，于宣德元年（1426年）八月，仿照父亲起兵争夺帝位，派人到北京秘密联络英国公张辅作内应，结果为朝廷所知。明宣宗没有派兵征讨，而是修书一封劝他罢兵，他执意不听。

面对如何平定朱高煦的叛乱，群臣意见不一。有些大臣主张命将出讨，而杨荣、夏原吉等大臣则力主以明惠帝为前车之鉴，要明宣宗御驾亲征。明宣宗采纳了杨荣、夏原吉的建议，皇帝亲征的消息极大地鼓舞了全军将士，民心也迅速安定下来，动荡的局势有所缓和。

朱高煦闻讯，只得投降。大臣请求将其就地正法，明宣宗顾及亲情，没有

中国历代统一王朝

同意，而是将朱高煦押回北京，废为庶人，在西安门内辟出囚室，械系朱高煦。

明宣宗回师途经献县时，大学士陈山劝明宣宗移师彰德（赵王朱高燧封地），袭执赵王朱高燧，大臣多表同意。朱高燧早存夺位之心，始终是朝廷之患。明宣宗颇有移军彰德之意，因杨士奇等人苦苦劝谏，最终班师回京了。

回到北京后，朝臣交章上奏，请求将赵王的护卫削去，将他拘留北京。明宣宗没有同意，念及就这一个叔父了，应该想个保全的办法，于是他将群臣的奏章派人送给赵王看。赵王看到奏章，十分惊恐，立即上表谢恩，并自请削去护卫，得以寿终正寝。

其实，赵王这次没有起兵，并不是因为他已改过自新。他对汉王的叛乱极为赞成，并且积极招待汉王派来的联络使者。赵王府左长史胡永兴力劝赵王不可造次，赵王根本不予理睬。胡永兴情急之下，派人在路上截杀了汉王的使者，烧掉了来往的信件，将赵王参与叛乱的证据销毁了。这样，赵王才逃过一劫。

汉王朱高煦本来是可以留住性命的。三年后，明宣宗带着内侍前去探望朱高煦，不想朱高煦对自己遭到禁锢耿耿于怀，竟用脚将明宣宗勾倒。明宣宗惊魂未定，盛怒之下命人将朱高煦罩在一个 300 斤重的铜缸下，四周燃起炭火，将其活活烤死。最后，铜缸烧化了，朱高煦尸骨无存。

汉王和赵王的威胁解除后，社会安定，为明朝发展提供了良好的环境。

明成祖曾经发兵八十万征讨交趾，将其并为明朝的一个省，在那设置官吏加以统治。但交趾不肯臣服，起兵反对明朝的战争时有发生。明朝连年用兵交趾，消耗了大量的人力、物力、财力，渐感难以承受了。宣德六年（1431 年），明宣宗册封黎利为安南国王。安南再次独立，脱离了明朝的直接统治，但仍然是明朝的属国。直到明朝末年，明朝和安南再也没有发生大规模的军事冲突。放弃安南之举免除了连年战争给人民带来的痛苦，也为明朝节省了大量的开支。

明宣宗实行安民、爱民的仁政，执行与民休息的政策。他下令招人垦荒，发展农业生产。

明宣宗是位仁君，十分爱护百姓，认真为百姓选拔好官。当时，苏州府是他的一块心病。苏州府每年上交税粮 281 万石，约占

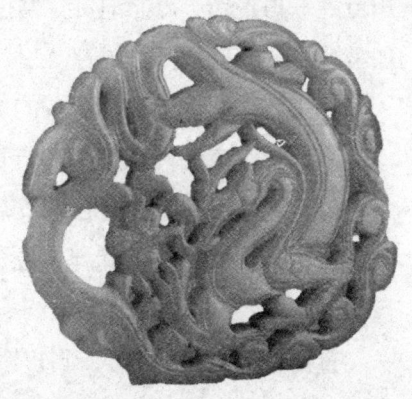

全国的十分之一。可是苏州官吏贪污成风，百姓端着金饭碗却要挨饿，不少人被逼得背井离乡，流落他乡。从明成祖以来，朝廷多次选拔官吏去治理，均未收到成效。

明宣宗反复考虑后，降旨让百官保举京官中廉洁公正而又精明强干的人去做苏州知府。经百官推荐，明宣宗选中了况钟。况钟是江西靖安人，曾在县里当过九年书吏，因办事认真、考核成绩优秀被推举进京担任礼部小吏。明宣宗任命况钟担任苏州知府，特地颁给况钟一道玺书，允许他先斩后奏，有权独自处理事情。

况钟上任后，先是装糊涂，胥吏抱着案卷请示他时，他只说该怎么办就怎么办吧。胥吏见他这样，无不窃喜。一个月后，况钟经过充分调查，摸清了情况。这时，他让人在知府大堂摆上香案，把府中的官吏、城乡的里长以及府学的学生都叫来，然后取出皇帝的玺书高声朗诵，当念到"官吏有犯法者可直接处置"一句时，那些平时为非作歹的胥吏吓得浑身乱抖。

况钟读完玺书，把里长叫到跟前，要他们在善、恶两个簿子上填写胥吏的名字，然后优待并宴请善者，从严惩治恶者，将那几个极其贪婪的胥吏当堂摔死在阶下，并将尸体摆在闹市上示众。此后，所有胥吏再也不敢贪赃枉法，百姓纷纷回乡务农，过上了温饱的生活。

况钟整顿官纪的事一下子传遍了苏州一府七县，百姓都夸他是皇帝派来的救星。况钟在苏州九年任满后，按惯例要进京接受吏部考核，重新安排。但苏州百姓一再挽留，不放他走。明宣宗体恤民心，让况钟仍为苏州知府，但给他加官晋级，让他食二品俸禄。

苏州百姓把明宣宗和况钟的像挂在祠堂里，由衷地礼拜。

由于明宣宗任贤惩恶，地方官无不勤政爱民，全国大治。

仁宣两朝天下太平，百姓安居乐业，史称"仁宣之治"。清代历史学家谷应泰说："明有仁、宣，犹周有成、康，汉有文、景。"人们都说这样的评论是有道理的。

宣德十年（1435 年），明宣宗病逝。

（三）明英宗和明代宗

明英宗朱祁镇是明朝第六位皇帝，9 岁继位，年号正统。

明英宗继位时年纪尚幼，军政大事掌握在太皇太后张氏和内阁"三杨"手中。太皇太后张氏是明仁宗的皇后，明宣宗的母亲，明英宗的祖母，很有才智，一心关怀幼帝，国家大事多禀她裁决，处理十分得当。"三杨"即杨士奇、杨荣、杨溥，是明朝历史上少有的贤相。他们历永乐、洪熙、宣德三朝，有着丰富的治国经验。

正统七年（1442 年），太皇太后张氏去世，接着三杨也先后退休，明英宗幼时的贴身太监王振掌握了朝中大权。

元朝灭亡后，蒙古虽然无力与明朝争天下了，但他们雄踞北方，时刻都是明朝的严重威胁。

明英宗时，蒙古在瓦剌部首领也先的领导下渐渐强大起来，蒙古的势力范围西起今日的新疆、甘肃、青海，东到辽东，疆域辽阔。

明英宗正统十二年（1447 年）二月，蒙古瓦剌部首领也先派使者到北京进贡，要求与明朝皇帝通婚，娶公主为妻。明朝翻译官马云、马青和指挥吴良私自答应了他，于是也先特地前来贡马作为聘礼。明廷大臣问道："皇上并未许婚，为何送聘礼？"也先一听，又羞又恼，悻悻而去。

这年七月，也先率军攻打山西重镇大同。边报传来，太监王振劝明英宗说："也先要求通婚，无礼已极，不给他点颜色看看，他是不会老实的，请陛下御驾亲征吧。"明英宗对王振言听计从，立即答应了。

明英宗决定御驾亲征后，任命王振为全军统帅。粮草还未准备充足，五十万大军就仓促出发了。一路上正逢天降大雨，道路泥泞，行军缓慢，士兵饿死无数，遍地都是尸体。

也先闻报，心中大喜，认为这正是捉拿明英宗、平定中原的大好时机。他命令将士佯败，要将明军引入重围。王振以为瓦剌军惧怕明军，正在逃跑，便下令追击瓦剌军。也先见明军中计，下令道：

明代——最后的汉家王朝

"兵分两路，从两侧包抄明军！"结果，明军前军遭到瓦剌军伏击，全军覆没。明英宗见败局已定，急忙下令道："速速班师回京！"

明军撤到土木堡时，已近黄昏时刻，大臣纷纷建议说："请陛下令大军再前行二十里，进怀来城等待援军吧。"王振驳斥道："糊涂！尚有千辆辎重未到，岂能抛弃？必须在土木堡等待！"明英宗在王振面前是个不敢拿主意的人，连忙点了几下头。其实，那些车里装的大多是王振一路上收取的礼物。

也先深怕明军进驻怀来据城固守，急忙下令军中道："马不停蹄，给我猛追！"在明军抵达土木堡的第二天，也先就追了上来，将土木堡层层包围。

明英宗几次突围不成，被也先生擒。明军见天子做了俘虏，顿时溃不成军，五十万大军全军覆没。

消息传到北京，太后和皇后急得大哭不止，忙从内库拿出大量金银珍宝、绫罗绸缎，偷偷派太监带上去寻找瓦剌军，想把明英宗赎回来，结果只是徒劳一场。

从土木堡逃回来的伤兵陆续在北京城里出现，有断手的，有缺腿的。官民见了，人心惶惶。京城里留下的兵马不多，瓦剌军来了怎么抵挡呢？这是大家最担心的事。

为了安定人心，皇太后宣布由明英宗的弟弟——郕王朱祁钰监国，代理皇帝的职权，并召集大臣商量御敌之策。

朱祁钰是明宣宗的次子，自幼受过很好的教育。朱祁钰的生母原是汉王朱高煦府邸的一位侍女。朱高煦谋反兵败后，汉王宫的女眷全部充入后宫为奴。御驾亲征的明宣宗在返京途中邂逅了吴氏，被吴氏的美貌与聪明打动，一见钟情。由于封建礼教的束缚，罪人的下人吴氏不能被封为嫔妃，于是明宣宗将她安排在一个紧贴宫墙的大宅院中，并时常临幸。一年后，吴氏为明宣宗生下了次子，取名朱祁钰。吴氏因此被封为贤妃，但继续住在宫外。

宣德八年（1433年），明宣宗病重，派人将朱祁钰母子召进宫中，并托付给自己的母亲张太后和孙皇后，让她们善待朱祁钰母子，婆媳二人都答应了。

中国历代统一王朝

两年后，明宣宗病逝，孙皇后没有食言，不久就封朱祁钰为郕王，并为他修建王府，供他们母子二人居住。

明英宗被俘时，郕王已经二十出头了。大臣们七嘴八舌，不知怎么办才好，只见大臣徐有贞说："瓦剌兵强马壮，我们抵挡不住，不如迁都到南方去，暂时避一下再说。"兵部侍郎于谦严肃地向皇太后和郕王说："主张逃跑的应该斩首。京城是国家根本，如果朝廷一撤，人心一散，大局就不可收拾了。我们要记取北宋亡国的教训啊！"于谦的主张得到许多大臣的支持，太后决定叫于谦指挥军民守城。

于谦，字廷益，钱塘人，自幼聪明过人，爱好读书，相貌堂堂，声音洪亮，胸怀大志。于谦的祖父收藏了一幅文天祥的画像，于谦十分钦佩文天祥，总把那幅画像挂在墙上激励自己。他还在画像上题词，表示一定要向文天祥学习。明成祖永乐十九年（1421年），于谦考中进士，做了几任地方官。在任上，他严格执法，廉洁奉公，成了全国闻名的大清官。他奖励生产，赈灾济贫，爱民如子。后来，他升任河南巡抚。大宦官王振专权时，朝廷上贪污成风，地方官进京办事时都得先送白银贿赂王振，而于谦从来不送礼。有人劝他说："你不肯送金银财宝，难道不能带点土特产去？"于谦甩了甩两只袖子笑着说："在下只有两袖清风。"他还写了一首诗表明自己的态度，诗的后面两句是"清风两袖朝天去，免得闾阎话短长"。后一句意思是说免得被人说长道短，"闾阎"是"里巷"之意。"两袖清风"的成语就是由这里来的。为此，王振恨透了于谦，捏造罪名将他关进监狱长达三个月，于谦几乎死在狱中。

在京城面临危急的紧要时刻，于谦毅然担起守城重任。他一面调兵遣将，加强京城和附近关隘的防御；一面整顿内部，逮捕了一批瓦剌的奸细。

有一天，朱祁钰上朝，于谦要求宣布王振的罪状，朱祁钰不敢作主。宦官马顺是王振的同党，见大臣们不肯退朝，就吆喝着想把大臣赶走。这下激怒了大臣，有个大臣冲上去揪住马顺，大伙拥上去一阵拳打脚踢，把马顺当场打死了。朱祁钰见朝堂大乱，想躲进内宫，于谦拦住他说："王振是这次战争失败的罪魁祸首，不严惩不足以平民愤。只有

宣布王振的罪状，大臣才能心安，百姓才能和我们同心协力守住京城。"朱祁钰听了于谦的话，猛然醒悟，当即下令抄了王振的家，惩办了王振的同党。这时，人心才渐渐安定下来。

也先生俘明英宗后，没有把他杀死，而是把他当做人质，不断骚扰边境。于谦认为国家没有皇帝人心容易涣散，便请太后正式宣布朱祁钰为皇帝，明英宗改称太上皇。太后准奏，于是朱祁钰继位称帝，年号景泰，史称明代宗，又叫景泰帝。明代宗是明朝第七位皇帝。

也先见明朝决心抵抗，就以送明英宗回朝为借口，大举进犯北京。于谦召集将领商量对策，大将石亨说："我军兵力太弱，应把城外的军队全部撤到城里，然后关上城门固守。日子一久，也许瓦剌就自动退兵了。"于谦说："敌人这样嚣张，如果我们向他们示弱，只会助长他们的气焰。我们一定要主动出兵，给他们一个迎头痛击。"接着，于谦分派将领带兵出城，在九门外摆开阵势。于谦亲自率领一支人马驻守德胜门外，叫城里的守将把城门全部关起来，表示有进无退的决心。他还下了一道军令："将领上阵，丢了队伍带头后退的，斩将领；士兵不听将领指挥，临阵脱逃的，由后队将士督斩。"明军将士被于谦的勇敢精神和坚定态度所感动了，一个个斗志昂扬，誓与瓦剌军决一死战。这时，各地的明军已接到于谦的命令，陆续开到北京救援，城外的明军一下子增加到二十二万人。

十月十一日，瓦剌军打到北京城下，在西直门外扎下大营。于谦果断迎击，打败了也先的先头部队，夺回被俘军民一千多人。同时，于谦又派人率军在深夜袭击敌营，以疲惫敌军。

十月十三日，瓦剌军乘风雨大作之机进攻德胜门，于谦命大将石亨在城外民房内埋伏好勇士，然后派遣小股骑兵佯败诱敌。也先中计，亲率大军穷追不舍。等也先军进入埋伏圈后，于谦一声令下，明军一跃而起痛击敌人。只见神机营火器齐发，火箭飞蝗般射向敌军。明军前后夹击，也先部队大败而归。在这一次战斗中，瓦剌军受到沉重打击，也先的弟弟勃罗、平章卯那孩等人中炮而死。

十月十四日，瓦剌军改攻彰义门。于谦命令守军将城外街巷堵塞，在重要地带埋伏神铳手、短枪手，又派兵在彰义门外迎战。明军前队用火器轰击敌军，后队用弓弩猛射，击退了瓦剌军的进攻。

各地百姓被于谦组织起来抗击瓦剌军，也先在进攻北京的过程中到处遭到军民的抵抗和袭击。也先屡战屡败，唯恐后路被截断，便于十五日深夜挟持明英宗由良乡（今北京市房山东北）向紫荆关撤退。

经过五天激战，于谦守住了北京，保住了明王朝。

十一月八日，瓦剌军全部退到塞外。在明英宗被俘的一年时间里，也先对他颇为尊重。明英宗长了一副帝王相，不怒而威，也先每次见他都有几分惮意。也先对明英宗的照顾可谓无微不至，每天进牛奶和马奶，每两天进羊一只，每隔七天进牛一只，逢五逢七逢十还要设宴宴请明英宗。北方冬季天气寒冷，也先让妻子献出暖脚用的"铁脚皮"，供明英宗御寒之用。

一年后，也先有送明英宗南归之意，但明代宗对于明英宗南归并不积极。他不愿迎接明英宗回京，怕影响他的地位。这时，于谦站了出来，向他保证明英宗归来不会影响他的帝位，希望他遣使去迎接明英宗。明代宗这才被说服，但也只是派右都御史杨善等人为使者去打探消息，不提迎回明英宗之事，也不带礼物。杨善只好变卖家产，自己买了些礼物。在他的积极斡旋下，明英宗才得以平安南归。

明英宗回北京后，明代宗将他软禁在南宫，长达七年。

景泰八年（1457年），明代宗病重，明英宗在武清侯石清、右都御史杨善以及副都御史徐有贞、太监曹吉祥等人的拥戴下，冲进宫门复位，史称"夺门之变"。

明英宗复位后，明代宗送被往西苑，不久便气死了。

明英宗复位的当天，传命在朝班中逮捕拥立明代宗的于谦。刑部论刑，认为应当凌迟处死，籍没家产。明英宗颇为犹豫，认为于谦有功社稷，不忍心杀害。这时，参与夺门之变的徐有贞提醒

说："不杀于谦，此举为无名。"意思是说如果不杀于谦，复位就没有合法性了。明英宗一听此语，才下决心杀了于谦。于谦死后，蒙古大军又屡屡骚扰明朝北方边疆，明英宗束手无策，忧心不已。一天，恭顺侯吴谨趁机在旁进言道："如果于谦还活着的话，一定不会让敌人如此猖狂的。"明英宗听了，默默无语，并不怪罪吴谨。明英宗复位后，陈汝言继于谦为兵部尚书，不到一年便因罪被抄家，缴获的赃物价值万金。明英宗召大臣来看赃物，并伤心地说："于谦在景泰朝深受信用，死时却家贫如洗。陈汝言贪得也太多了吧!"原来，于谦被抄家时，家中什么也没有，只有正门锁得紧紧的，打开一看，里面只有明代宗赏赐的蟒袍和宝剑。

明英宗复位后，又做了八年皇帝，干了一件人人称颂的大好事，即废除了殉葬制度。明太祖死时，许多宫人陪葬，此后的皇帝去世后都以宫妃殉葬。明英宗认为这样做太残酷了，临终前留下遗诏，停止殉葬。此后，明代各朝皇帝都遵从这个遗诏，不再以宫妃殉葬。这件事被史家赞为盛德之事。

（四）明宪宗

明宪宗朱见深是明英宗的长子，是明朝第八位皇帝，在位二十三年，年号成化。

明宪宗仁厚宽和，信任大臣。终成化一朝，政局平稳，因此人称成化、弘治为太平盛世。弘治是他儿子明孝宗的年号。

明宪宗严重口吃，每次上朝，如果准许大臣所奏之事，只说一个"是"字，以免出丑，因此影响了他与大臣面对面的交流，很多事情需要通过身边的人传达旨意。于是，渐渐有人借此机会开始干预朝政了。贵妃万氏、宦官汪直就曾干预朝政，成为成化一朝的污点。

万氏本是明宪宗的祖母孙太后宫中的一名宫女，4 岁时选入宫中，长大后选派到东宫服侍朱见深。万氏比朱见深年长 17 岁，朱见深从小依赖她，日久生情，一直都非常宠爱她，成化一朝的内宫基本上都是万氏主宰着。她曾为明宪宗生过一个儿子，但不久便夭折了。汪直原是服侍万氏的太监，干政后常为万氏敛财。

万氏为人机警，身材丰满。每次皇帝出行时，她不是身着戎装骑马前驱，就是佩刀侍立左右。

万氏妒忌心极强，宫中妇女一旦怀孕，她就千方百计地命人进药汤使其堕胎。

万贵妃的骄横不但影响了成化一朝的内宫生活，还间接地影响到外廷。一些士大夫不顾颜面结纳万贵妃及其家人和汪直，但并非人人如此，大清官杨继宗即不肯与他们同流合污。

杨继宗于明英宗天顺初年考中进士，出任刑部主事。从这时起，他就立志学习宋朝的大清官包拯，做一个清正廉洁的官吏。

明宪宗成化初年，朝廷采纳王翱的推荐，提拔杨继宗担任嘉兴知府。杨继宗赴任时仅带一个仆人，官署和书斋里别无长物。他生性刚正廉洁，人们都不敢冒犯他。杨继宗经常召集乡间父老询问疾苦，帮助他们解决困难。他还大力兴办学校，民间子弟如果年满八岁不入学读书，就要处罚他们的父兄。嘉兴素称难治，杨继宗到任不久便遇到这样一件案子。当地土豪张某行凶害民，养盗窝赃，无恶不作，但因其有财有势，又广交权贵，府县官吏不敢过问。杨继宗初到嘉兴，张某又与众盗劫了一批官绢。杨继宗查实无误，便下令将其逮捕法办。张某虽有万贯家财，碰上不爱钱的杨继宗，竟然无计可施。这时，恰巧有位权贵路过嘉兴，张某的家人忙备厚礼前去行贿。那权贵果然将杨继宗召去，以张某此案无原告为由为之说情，请他放过一马。杨继宗听了，正色道："知府是朝廷之官，而张某所劫的是官绢，哪里用得着原告啊？如果要原告的话，请以朝廷为失主，以杨某为原告。"一席话说得那位权贵闭口无言，惭愧无地，趁半夜四处无

明代——最后的汉家王朝

137

人时，悄悄地离嘉兴而去。京城太监因事路过嘉兴时，杨继宗只送给他们一些菱角、芡实之类的土特产。如果太监索要银子时，杨继宗当即取出库银说："银子都在这里，请写张收据吧。"太监一听这话，都吓得不敢要银子了。

有一年，杨继宗进京入觐明宪宗，太监头子汪直久闻其名，想要见他，他却不肯。明宪宗问汪直道："朝觐官中谁最廉洁啊？"汪直不敢欺君，只得如实回答道："天下不爱钱的，只有杨继宗一个人。"九年任满，杨继宗被破格升为浙江按察使，但多次冒犯太监张庆。张庆哥哥张敏在朝中司礼监做官，便在明宪宗面前诋毁杨继宗。明宪宗问道："你说的不就是那个不要一文钱的杨继宗吗？"张敏一听吓了一跳，连忙写信给张庆说："好好对待杨继宗，皇上已经知道他这个人了。"

母亲去世时，杨继宗立即将官署中的器物全部清理好，然后交给官府，只带一个仆人和几卷书回乡。守丧结束后，杨继宗开始做顺天府的长官。京畿之内有多处权贵的庄田，凡有侵占百姓产业的，他就立即夺回，还给百姓。

成化二十三年（1487年），明宪宗病逝，太子朱祐樘继位，史称明孝宗。

（五） 明孝宗

明孝宗朱祐樘是明朝第九位皇帝，其母纪氏是广西土司的女儿，广西叛乱平息后被带到皇宫。纪氏端庄聪明，被选送内书堂学习，然后被派到内藏看护皇家典籍。一天，明宪宗到内藏看书后，纪氏得到宠幸怀孕了。当时，万贵妃恃宠而骄，为所欲为，命太监带着堕胎药送给纪氏吃。派去的太监出于好心，只让她吃了一点点，没有堕胎。在好心的宫女和太监的照料下，纪氏平安地生下朱祐樘，在后宫偏僻的安乐堂生活了六年，一直不敢公开露面，甚至连胎发都不敢剪。在朱祐樘之前，明宪宗有过两个儿子，一个是万贵妃所生，早已夭折。另一个是柏妃所生，被万贵妃害死了。因此，明宪宗刚开始一直以为自己无后。一天，太监张敏为明宪宗梳头，明宪宗看到自己的白发，不禁叹道：

"老将至矣，无子。"张敏连忙跪下说："陛下已经有子了。"明宪宗大吃一惊，忙追问究竟，张敏说出了实情。朱祐樘由于长期幽禁，一直没有剪过胎发，长长的头发直披地上。明宪宗第一次见到自己瘦弱的儿子，不禁泪流满面，连忙抱起他，让他坐在膝上，亲切地抚摸他。第二年，朱祐樘被册立为太子，接着纪氏暴亡，太监张敏也吞金自尽，这都是万贵妃逼的。明宪宗的母亲周太后担心万贵妃会对朱祐樘下毒手，就亲自将孙子抱养在自己的仁寿宫内，这才使得朱祐樘安全地长大。

朱祐樘被立为太子后，明宪宗非常注重对他的教育。9岁时，他开始出阁读书，接受严格的教育。在大儒的培养下，朱祐樘既有渊博的学识，又有广泛的爱好，尤其喜欢赋诗、绘画、弹琴，造诣颇深。

明孝宗在位期间，推行了一系列有利于国计民生的政治措施。凡是明宪宗亲信的奸臣或杀、或贬，大量起用正直贤能之士，重用杨继宗、李东阳、谢迁、刘建等名臣。

明孝宗继位后，杨继宗改任湖广按察使。到任后，他让人打来上百斛水，把衙门冲洗一番，然后才处理事务。有人问他这是为什么，他回答说："我清除一下污秽。"原来，前任是个贪官，杨继宗就是这样一个疾恶如仇的人。

不久，杨继宗升任云南巡抚。云南都指挥使司、布政使司、按察使司里有许多人是他的旧日同僚，见面后，他离开座位向大家施了一揖道："明天要办公事了，望诸君能多加谅解。"第二天，杨继宗不顾情面，罢免了八个不称职的旧同僚。

杨继宗极力维持风纪，处事必定依礼而行。他担任知府时，谒见上司时一定要身着朝服，入京朝觐和谒见吏部长官时也是如此。有人说不用这样，杨继宗说："这是朝廷法服，这时候不穿什么时候穿啊？"

杨继宗自律甚严。有一天，他的夫人偶尔收了属吏送的一块烤肉。杨继宗发现后，立即击鼓召集下属，自责道："我家教不严，有罪。"说罢，将妻子遣归故里。

杨继宗廉洁奉公，刚正不阿，被称为明

朝清官第一人。

明孝宗在贤臣辅佐下大力兴修水利，发展农业，繁荣经济，采取种种措施减轻百姓的徭役和赋税。他革除一切弊政，倡导节约，与民休息。

弘治二年（1489 年）五月，开封黄河决口，明孝宗命户部左侍郎白昂率领五万人修治。

弘治五年（1492 年），苏松河道淤塞，泛滥成灾。明孝宗命工部侍郎徐贯主持治理，历时近三年方告完成。从此，消除了水患，苏松一带再度成为鱼米之乡。

明孝宗是中国历史上公认的好皇帝，甚至有人说他是一位伟大的皇帝，因为他不但是明朝的中兴明君，而且还是中国历史上唯一一位用实际行动实践男女平等的皇帝。他一生只娶了一个张皇后，不封贵妃、美人，过着和平常百姓几乎一样的夫妻生活。作为一个拥有无上权力的皇帝，能够这样洁身自律，在帝王中可谓前无古人，后无来者，是独一无二的。

明孝宗在位的十八年间是明代历史上少有的经济繁荣、人民安居乐业的太平时期，人称"弘治中兴"。

弘治十八年（1505 年）五月初七，明孝宗病逝。据《明史》记载，明孝宗死后，"深山穷谷，闻之无不哀痛"，"哭声震野"。

晚明学者朱国桢说："三代以下，称贤主者，汉文帝、宋仁宗与我明之孝宗皇帝。"他认为明孝宗是夏商周三代以来与汉文帝、宋仁宗一样的明君。

后世历史学家认为明孝宗力挽危局，为中兴明主，其功业不亚于明太祖和明成祖。在个人品德方面，更远胜于明太祖和明成祖。

四、为害百余年的三代昏君和昙花一现的明君贤臣

（一）明武宗

明孝宗病逝后，太子朱厚照继位，史称明武宗，是明朝第十位皇帝，在位十六年，年号正德。

朱厚照幼时肤如冰玉，颇有帝王风范。8岁时出阁读书，接受严格的教育。朱厚照极其聪明，所授之书次日便能背诵，宫内烦琐的礼节了然于胸。明孝宗前来检查学业时，他率领大臣迎送，中规中矩，赢得一片赞扬声。明孝宗和大臣们都认为这位皇太子将来定会成为一代明君。

明武宗生性好动，自幼喜爱骑射。明孝宗一心想把他培养成明太祖那样的皇帝，因此对他颇为纵容，从而养成了他尚武的习气。

明孝宗病逝前一天，特意把大学士刘健、谢迁、李东阳召至乾清宫托孤说："东宫虽然聪明，但年纪尚幼，喜好逸乐，爱卿要常劝他读书，辅佐他成为贤主。"

不料，明武宗拥有天下后，经不住物质刺激和诱惑，把聪明劲都用在享乐上了。他玩物丧志，不愿意留在金碧辉煌的紫禁城，而是长年往返于自己营建的两个小天地，即西苑的豹房和宣府的镇国府。从正德二年（1507年）到正德十五年（1520年）病逝，他一直住在豹房。后期，他一高兴就前往镇国府，亲切地称镇国府为"家里"。

正德十四年（1519年），江西宁王叛乱，明武宗以此为借口南下亲征。当他走到河北涿县时，王守仁擒获宁王的捷报传来。明武宗为了南下，急令王守仁不要北上献俘。

正德十五年，在南下途中，明武宗于清江浦垂钓，不慎落水受寒，身体每况愈下。次年，明武宗病死于豹房。

明武宗一生沉湎酒色，毫无建树，而为他平叛的王守仁却大有建树，创立了"心学"，在中国哲学思想史上占有重要的地位，为中华民族做出了巨大的贡献。

王守仁，字伯安，因筑室读书于故乡阳明词，世称阳明先生。父亲王华是状元，对儿子管教极严。王守仁少年时学文习武十分刻苦，但非常喜欢下象棋。

为此，父亲经常责备他，一气之下把象棋投进河中。王守仁大为震动，当即写了一首诗："象棋终日乐悠悠，苦被严亲一旦丢。兵卒坠河皆不救，将军溺水一齐休。马行千里随波去，象入三川逐浪游。炮响一声天地震，忽然惊起卧龙愁。"在父亲的关心下，王守仁以卧龙先生诸葛亮自勉，决心要做一番事业。从此，他一心读书，学业大进，骑射和兵法也日趋精通。明孝宗弘治十二年（1499年），王守仁考中进士，授兵部主事。提督军务的太监张忠见王守仁是个文人，却授兵部主事，很瞧不起他。一天，张忠竟强令王守仁当众射箭，想让他出丑。不料王守仁弯弓就射，三发三中，引得全军欢呼，令张忠十分尴尬。王守仁做了三年兵部主事，因反对宦官刘瑾，于明武宗正德元年（1506年）被廷杖四十，贬为贵州龙场（今贵州省修文县）驿丞。刘瑾被诛后，王守仁升任庐陵县知事，又升任南京太仆寺少卿。这时，王琼担任兵部尚书，认为王守仁有不世之才，将他推荐给朝廷。正德十一年（1516年），王守仁升任右佥都御史，不久又出任南赣巡抚，成为封疆大吏。他为政勤敏，用兵神速，平定了朱宸濠之乱，因功拜为南京兵部尚书，封新建伯。

王守仁学问渊博，人品高尚，不肯与朝中权贵同流合污，因而受到妒忌和排挤。他毅然决然地离开污浊的官场，回乡讲学，在绍兴、余姚一带成立书院，推广教育。

王守仁创立了心学，发展了陆九渊的学说，主张"知行合一"，用以对抗程朱学派，反对宋儒"知先后行"以及各种割裂知行关系的说法，形成了阳明学派。他广收门徒，循循善诱。他的弟子与心学影响了很多人，如张居正、海瑞等。王守仁被公认为中国明代最著名的思想家、哲学家、文学家和军事家，是中国历史上罕见的全能大儒，因而得以配祀孔庙。他的哲学思想远播海外，特别对日本学术界影响极大。

（二）明世宗

明武宗死后，因无子嗣，兴王朱祐杬的独子朱厚熜继位，成了明朝第十一

中国历代统一王朝

位皇帝，史称明世宗。

朱祐杬是明宪宗的第二子，明孝宗的异母弟，明武宗的叔父，18 岁就藩，封地在湖广安陆洲（今湖北省钟祥市）。

明世宗幼时聪明，兴王亲自教他读书，学过《孝经》《大学》及治国之道。

明世宗继位之初，杀了佞臣钱宁、江彬等，下诏废除了明武宗时的弊政，除采取了历代新君例行的大赦、蠲免、减贡、赈灾等措施外，还扭转了正统以来形成的内监擅权、败坏朝政的局面，朝政为之一新。

明世宗曾下令清理庄田，不问皇亲权贵，凡系冒领及额外多占者悉数还给百姓。但是，这些善政并没有维持多久。

明世宗信奉道教，尊敬鬼神。他不仅本人信道，还要大臣都要尊道，尊道者升官，敢于进言劝谏者轻则削职为民，枷锁狱中，重则当场杖死。

明世宗在位时，道士邵元节、陶仲文等官至礼部尚书，陶仲文还兼少师、少傅、少保数职。

明世宗的帝位来得偶然，可以说是白捡的。他在沾沾自喜之余，一心想长生不老，好永远占有帝位。这是他信奉道教的原因。

明世宗到处寻找方士，搜罗秘方，许多人因此招摇撞骗，一步登天。大奸臣严嵩就是因为善于揣摩明世宗的心思，给明世宗写青词写得好，令他满意，才入阁成为宰相的，民间称之为"青词宰相"。青词指道教仪式中向上天祷告的短文。

嘉靖十五年（1536 年），严嵩由南京吏部尚书调到北京担任吏部尚书后，即开始大索财贿。尽管明世宗知道严嵩贪赃枉法，可就是舍不得处理他，还让他主持朝政，自己则深居皇宫专心修道。在他在位的四十五年间，竟然有二十多年不上朝理事，由严嵩擅权达十七年之久。严嵩大树朋党，排除异己，残害忠良，以致国家兵备废弛，财政拮据，社会危机日益加深。

明朝中叶，蒙古鞑靼部兴起，统一了蒙古各部。俺答汗在位时，蒙古势力十分强盛。俺答屡次率军骚扰内地，边将为了保官，将军粮大半贿赂严嵩了。军士饥疲，无力抵抗蒙古大军。边疆

驻军反对克扣军粮，激起多次兵变。嘉靖二十九年（1550年），俺答率军长驱直入，在北京郊区劫掠数日，满载而归，史称"庚戌之乱"。

由于明世宗的昏聩和权臣的误国，东南沿海的海防也十分空虚，一些重要地段的士兵仅有原额的三分之一，战船只占应有的十分之一。从嘉靖三十一年（1552年）开始，日本海盗大举进犯。仅三四年间，江浙军民就有数十万人被杀害。这些日本海盗个头矮小，百姓称之为"倭寇"。

岳飞说："文官不爱钱，武将不怕死，天下太平。"在嘉靖一朝，文官虽大多爱钱，武将却有不怕死的。戚继光就是这样的武将，在负责明朝东南边防的王荆川的大力荐举下，戚继光担起了剿灭倭寇的重任。

戚继光是中国明朝军事家、抗倭名将、民族英雄。戚继光字元敬，祖籍安徽定远，生于山东济宁。戚继光17岁时承袭父职，出任登州卫指挥佥事。

嘉靖三十四年（1555年），为打击倭寇，朝廷调戚继光到浙江担任都司，次年提升他为参将，负责镇守倭寇猖獗的宁波、绍兴、台州三府。经过几年征战，戚继光发现明军将骄兵惰，纪律松弛，战斗力低，无力担当抗倭的重任。经上报批准后，戚继光于嘉靖三十八年（1559年）亲自到金华、义乌等地招募精壮的农民和矿工四千余人，按年龄和身材配发不同兵器，进行编组训练。在军训中，戚继光以"岳家军"为榜样，教育士兵苦练杀敌本领，要勇猛顽强，服从命令，严守纪律，爱护百姓。不久，一支闻名天下的"戚家军"诞生了。戚继光赏罚严明，不计个人恩怨，平时与官兵同甘共苦，因而深受士兵拥戴。

倭寇惯用重箭、长枪和倭刀作战，浙闽沿海又多山陵沼泽，道路崎岖，大部队兵力不易展开，而倭寇又善于设伏，好短兵相接。戚继光针对南方水乡地形和倭寇作战特点，创造了攻防兼宜的"鸳鸯阵"，以12人为一队，长短兵器配合，因地制宜，随时变换队形，灵活作战，在浙江九战皆捷，沉重地打击了倭寇。在戚家军的沉重打击下，到嘉靖四十五年（1566年）时，窜扰我国东南沿海的倭寇基本被肃清了。

明世宗迷信方术，经常吞服道士炼制的丹药。方士说用每天早晨的露水炼丹，效果最好，可以使人长生不老。于是，明世宗命令许多宫女清早为他去采露水，采露非常辛苦，久之，宫女们实在忍受不了，决定杀死明世宗。嘉靖二十二年（1543年）一天深夜，以杨金英为首的宫女趁明世宗熟睡之时，潜入他的寝宫，用黄绫勒住他的脖子，企图把他勒死。因为过于紧张，她们将绳子系成了死扣，怎么收也收不紧。这时，有人发现，跑出去报告皇后，皇后马上领人来救驾。杨金英等人全部被捕，几天后被凌迟处死。这件事史称"壬寅宫变"。

明世宗大难不死，被吓得失魂落魄，从此躲在西苑设醮炼丹，二十余年不敢再回大内，置朝政于不顾，使贪赃枉法的首辅严嵩横行近二十年。

明世宗一朝，在文官中，有一位最不爱钱的，那就是我国历史上有名的大清官海瑞。

海瑞是明代著名政治家，于明世宗嘉靖二十八年（1549年）考中举人。

海瑞做官后屡平冤假错案，打击贪官污吏，两袖清风，爱民如子，因而深得民心。他见明世宗深居西苑，不理朝政，便上书说："陛下一心一意学道修行，花尽民脂民膏，二十余年不上朝听政。数年来官吏贪污横行，欺压百姓，百姓已经无法生活了。请陛下看看今日的天下还成什么样子？对于陛下的错误，大臣们只知阿谀奉承，没有一个人肯为陛下指出。这是欺君之罪啊！天下是陛下的家，陛下连家都不顾了，这合乎人情吗？陛下的失误太多，但其中最大的失误是修道。修道的目的是为了长生不老。这是小人制造荒唐离奇的事来欺骗陛下。陛下企图脱离世间，成仙飞升，这是枉费精神，捕风捉影，只能劳苦一辈子，一无所成。大臣怕陛下治罪而不敢说真话，臣却抑止不住心中的愤恨，冒死进言，希望陛下听取，早日上朝，改革朝政，救救百姓。"

因为明世宗常杀向他进谏的大臣，所以海瑞在进谏之前准备好了一口大棺材备用，还和妻子做了诀别。

明世宗读罢海瑞的奏章，勃然大怒，把奏章扔在地上，对左右吼道："快把海瑞抓起来，不要让他跑了。"宦官黄锦对明世宗说："这个人是不会跑的。听说他上书前，知道冒犯皇上必死，已经买好了一口棺材，还和妻子诀别了。"

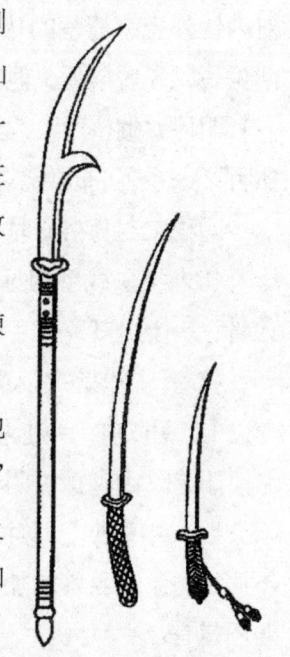

明世宗将海瑞关进监狱后，越想越气，要杀海瑞。这时，宰相徐阶上前用几句话救了海瑞。他是这样说的："陛下，听说海瑞在上书之前，已经买好了棺材。他明知会触怒皇上，还敢如此大逆不道，其用心何其歹毒啊！此人的目的十分明显，他这是要激怒陛下，好以死求名。陛下如果杀了他，岂不正中了他的圈套！"明世宗一边听一边点头，心想："是的，我是一位英明的皇帝，怎能让一个小小的六品主事给骗了呢？"

就这样，海瑞的命保住了，继续在监狱住了下去。

第二年，即嘉靖四十五年，明世宗死于乾清宫。

（三） 明穆宗

明穆宗朱载坖是明世宗第三子，明世宗病逝后继位，是明朝第十二位皇帝，在位六年，在历史的长河中犹如昙花一现。

明穆宗的母亲杜康妃失宠，明穆宗很少得到父爱，刚满 16 岁便到封地开始了独立生活，在裕王邸生活了 13 年，对民间疾苦，对国家积弊，对严嵩乱政，对内忧外患有清楚的认识，这对他登基后的大胆改革有很大的影响。由于他的两位长兄先后早死，他才成了储君。

明穆宗继位后，改年号为隆庆。在高拱、陈以勤、张居正等大臣的辅佐下，实行了一系列的改革。

明穆宗封为裕王时，明世宗被方士所惑，相信"二龙不相见"的胡说八道，十几年未与朱载坖相见。对方士欺君乱国和浪费民脂民膏的罪行，明穆宗恨之入骨，一上台就毫不手软地处死了这些国贼，如王今、刘文斌等。

接着，明穆宗平反冤狱，宣布自正德十六年（1521 年）至嘉靖四十五年（1566 年）十二月以前，因进谏获罪的大臣凡活着的全部复官，已死的存恤其后人。

于是，因直谏被明世宗关在监狱里的海瑞也获释出狱，官复原职了。

明代中后期，地主兼并土地的现象十分普遍。他们与官府勾结，不交税，不服役，给老百姓增加了沉重的赋役负担。百姓要多交税，多服役，受尽盘剥，苦不堪言。

海瑞出狱后，不久便升任右佥都御史，管理应天十府。应天十府包括现在江苏、安徽两省大部分地区。

海瑞上任后，不顾大地主反对，重新丈量土地，规定按实有土地面积缴纳田赋，田多多纳，田少少纳，无田不纳。他还强令大地主退田，解决土地兼并问题。海瑞的这种做法虽然遭到大地主的强烈反对，但深得民心。

巧的是，这一地区最大的地主正是曾救过海瑞的徐阶。徐阶退休还乡后，纵容儿子强夺民田，肆无忌惮地兼并土地，弄得民怨沸腾。

海瑞命令大地主退田时，徐阶的儿子十分忧虑。徐阶笑了笑说："我救过海瑞的命，他不会不照顾我的。"

海瑞为了推动退田，为了国家大计，他刚正不阿，公事公办，不顾情面，勒令徐阶退田，并将他的儿子制裁了。其他大地主见海瑞连恩人也不放过，都纷纷退田，土地集中的现象得以缓解。

由于交税和服役的人多了，百姓的负担减轻了。这样，海瑞救了好多百姓的命，使他们免于饥饿劳累而死。

当初，要不是徐阶在朝上挺身而出，力救海瑞，海瑞早就死了。因此，海瑞对徐阶一直心存感激之情。这次，海瑞以国事为重，不顾私恩，一般人是做不到的。正因为海瑞是个大公无私的人，所以才能不偏袒，不徇私。

不久，海瑞升任大理寺丞，负责法律。海瑞见明穆宗明辨是非，知人善任，更加卖力。他杀贪官，除恶霸，赢得了百姓的交口称赞。

明穆宗罢除一切斋醮，撤了西苑内的高玄殿、国明阁、玉熙宫等处为斋醮所立的匾额，停止因斋醮而开征的杂税和加派的织造、采买。

明穆宗整顿吏治，加强对官吏的考核，过去不予考核的王府官员也在考核之列。廉政官员受到奖赏和提拔，贪官污吏则罢官治罪。

明穆宗采取恤商与开关政策，减轻商人的负担。过去，明朝曾多次颁布禁止百姓私自下海的命令，明穆宗大开关禁，使海外贸易蓬勃地发展起来。

明穆宗加强训练军队，巩固边防。缓解与北方蒙古族的矛盾，开展互市贸易，使北方汉、

明代——最后的汉家王朝

蒙百姓有了安定的生活环境。

明穆宗隆庆四年（1570年），蒙古鞑靼部落首领俺答的孙子把汉那吉因家庭纠纷投奔明朝，俺答率大军到明朝边界要人，时任宣府大同总督的王崇古关闭城门，坚守不出，双方没有爆发大规模的战斗。随后，在内阁大学士高拱和张居正的策划与安排下，明朝派使者与俺答谈判，最终用把汉那吉交换了背叛明朝投奔鞑靼十余年的汉奸赵全，事件得以和平解决。

在这次事件中，明朝与鞑靼双方通过沟通增进了彼此间的了解，俺答再次提出进贡和互市。在高拱和张居正的斡旋下，明朝与鞑靼达成和议，明朝封俺答为顺义王，同时双方在边境地区开展互市贸易。隆庆和议的达成加强了汉蒙两族人民的团结，此后近百年中，双方再未爆发大规模的战争。

明穆宗以身作则，一改皇室奢侈的作风。他在生活上一切从简，粗衣素食，起了很大的表率作用。百官争相效仿，以致节俭成风，大大减轻了百姓的负担。

隆庆六年（1572年）四月二十五日春天，明穆宗病危，召高拱、张居正及高仪三人为顾命大臣。第二天，病逝于乾清宫。

（四） 明神宗

明神宗朱翊钧是明朝第十三位皇帝，是明穆宗第三子，10岁继位，次年改元万历。在位四十八年，是明朝在位时间最长的皇帝。

明世宗死后，明穆宗继位，张居正因才能出众受到明穆宗的宠信。明穆宗在位六年后死去，临死前命张居正等三人为辅政大臣。

张居正字叔大，明世宗嘉靖四年（1525年）生于江陵。张居正自幼聪明绝伦，嘉靖二十六年（1547年）考中进士。张居正眉清目秀，胡须至腹；勇于任事，以天下为己任。

明神宗继位后不久，张居正成了首辅。张居正根据明穆宗的嘱托，像老师教学生一样循循善诱地辅导年仅10岁的明神宗。张居正编了一本图文并茂的历史故事书，名为《帝鉴图说》，每天给明神宗讲解。

张居正对明神宗的教育十分严格，明神宗把张居正当做严师，既敬他，又惧他。在太后和大宦官冯保的支持下，朝中大事全由张居正作主。张居正掌握实权后，大刀阔斧地在军事、政治、经济几方面进行了整顿。

在张居正的努力下，腐败的明朝政治有了转机。国家粮仓堆满了粮食，足够十年之用。国库中也堆满了白银，花也花不完。

由于张居正的改革触犯了贵族的利益，这些人对张居正恨之入骨。

明神宗万历十年（1582年），张居正因病去世。

明神宗亲政后，一向对张居正改革不满的大臣纷纷攻击张居正和支持他的大太监冯保。昏君明神宗深信他们的谗言，把张居正生前的官爵全部撤掉，还抄了冯保的家，抄出好多白银和各种奇珍异宝。明神宗以为张居正执政十年，家中的白银和奇珍异宝也一定不会少。出于贪心，他竟下令抄了恩师兼贤相张居正的家。明神宗借口追赃，使张居正的儿孙十多人被关在屋子里活活饿死，大儿子被拷打后自缢而死。

明神宗废除了张居正的所有改革措施，刚有一点转机的明王朝又衰落了。

明神宗十分好色，在民间大选嫔妃，还玩弄小太监。当时宫中有10个长得很俊的小太监，就是供他发泄兽欲的，号称"十俊"。

明神宗极其贪财，将冯保、张居正的家产全部搬入宫中，归自己支配。挥霍光了之后，为了掠夺钱财，又派出矿监、税监到全国各地搜括钱财，搞得民变四起，天下大乱。

明神宗不理朝政，不管江山社稷，只顾自己享乐，沉湎酒色，导致经济凋敝，武备不修。

贤臣张居正的改革虽长达十年，但在历史长河中仅如昙花一现，就被昏君明神宗断送了。

明万历四十四年（1616年），女真酋长努尔哈赤在赫图阿拉（今辽宁省新宾县）自称可汗，建立了后金政权。

两年后，努尔哈赤率军进攻明朝，在萨尔浒一战中歼灭了十万明军。从此，明朝军队丧失了优势，从而注定了明朝灭亡的结局。因此，历史学家说："明之亡，实亡于神宗。"

五、从"一月天子"到亡国之君

（一）明光宗

　　万历四十八年（1620年）八月，明神宗病逝，太子朱常洛于同月继位，改年号为泰昌，史称明光宗。明光宗是明朝第十四位皇帝。

　　明光宗生于万历十年（1582年），是明神宗的长子。因为他的生母王氏是

明光宗

一名宫女，所以明神宗认为这个皇子的出生是他的一件丑事。直到明神宗去世，明光宗一生未得到父爱。

　　明神宗宠爱郑贵妃，将郑贵妃的儿子福王朱常洵视若心头肉，因此便有了废长立幼的想法。他先是违反古制册封郑氏为贵妃，而没有册封长子的母亲。不久，他又提出三王并封的主意，将众皇子都封为王，借以降低长子的地位，由于朝臣极力谏阻而没有成功。

　　在明光宗和朱常洵两人择一而立的问题上，因双方竞争激烈，竟拖了十余年之久，直至万历二十九年（1601年），在朝臣的极力争取和皇太后的大力支持下，明光宗才被册立为皇太子。此事史称"国本之争"。

　　明光宗当上太子后，朝内党争和宫闱纠纷始终时时威胁着他的太子地位。由于明光宗在各方面的表现都中规中矩，明神宗才无话可说。

　　就在太子之位渐渐稳定的时候，宫中发生了"梃击案"。万历四十三年（1615年），蓟州（今天津市蓟县）男子张差持枣木棍闯入太子居住的慈庆宫，准备行刺，被宫门太监抓住，明光宗才算躲过一劫。行刺的男子先是装疯，后又供认郑贵妃手下的太监庞保、刘成指使他干的，并引他进入太子寝宫。时人都怀疑郑贵妃是主谋，目的是让她的儿子登上太子之位。但明神宗和太子都不愿意追究，仅仅杀了张差，杖死了庞保和刘成，就草草结案了。

　　中国历代统一王朝

明光宗继位后，在位仅一个月，史称"一月天子"。

明光宗在位时间虽短，却做了不少好事，进行了一系列改革。他分发内帑犒劳边关将士，罢除了万历朝的矿税。同时，他又拨乱反正，将因进谏而得罪皇帝的言官全部释放，官复原职。

面对万历中后期官员严重不足的情况，明光宗提拔了一批新的官吏，补足了缺额，使朝政有了起色。

但是，明神宗留下的是一堆烂摊子，朝纲腐败，经济凋敝，宫内纠纷无休无止，军力日衰，边疆吃紧，后金崛起，边疆残破，大明王朝摇摇欲坠。明光宗虽有心中兴，但已无力回天了。

明光宗继位后因政务繁忙，不到一个月就病倒了。经太医崔文升诊治，服用泻药后，一日一夜竟腹泻43次，病情日益恶化。这时，鸿胪寺丞李可灼进献两粒红丸，说是仙药。明光宗用了第一粒，气喘减缓，食欲大增，病情稍见好转。接着，他又服了第二粒，服后昏昏睡去，第二天清晨便病逝了。有人怀疑红丸是郑贵妃指使李可灼进的毒丸，最后也不了了之。这件事史称"红丸案"。

（二）明熹宗

朱由校是明光宗长子，于泰昌元年（1620年）九月继位，次年改元天启，史称明熹宗，是明朝第十五位皇帝。

明熹宗继位时16岁，将乳母客氏封为奉圣夫人，又升与客氏有私情的内监魏忠贤为司礼监秉笔太监。

明熹宗不关心国家大政，整天躲在后宫做木匠活。在木工方面，他的技艺极高。他曾经造过一种木制模型，有山有水还有人，木人身后有机关控制，能动起来。模型做好后，拿到市场上去卖，竟卖了近千两银子。明熹宗高兴得手舞足蹈，从此再也不理朝政，只专心做一名高级木工。明熹宗不理朝政，司礼监秉笔太监魏忠贤乘机掌握了朝政。

魏忠贤网罗亲信，结党营私，从内阁、六部到各省总督、巡抚衙门都有魏忠贤的死党。朝内的"五虎""十狗""十孩儿""四十孙"等爪牙盘踞各要害部门，大肆杀害反对他们的正直官员。

明熹宗天启二年（1622年），魏忠贤以皇帝名义颁布禁令，拆毁全国所有书院，在士人心中享有崇高声誉的东林书院、首善书院、关内书院、江右书院、徽州书院均遭厄运。

魏忠贤专权误国，爱国的士大夫扼腕愤慨，不久便掀起了倒魏风潮。

天启四年（1624年），魏忠贤在明熹宗支持下疯狂反扑。他先迫令主张让魏忠贤自动引退的内阁首辅叶向高辞官，接着将弹劾魏忠贤的杨涟、左光斗、魏大中、高攀龙、赵南星等大臣罢官。这样，内阁、六部、都察院等部门几乎全部落入阉党的控制之下。

魏忠贤见时机成熟，便大开杀戒，先后制造了"六君子之狱"和"七君子之狱"。

魏忠贤假传圣旨，逮捕杨涟以及支持杨涟的左光斗、袁化中、魏大中、周朝瑞、顾大章，以追赃为借口，将六人拷打至死。这就是"六君子之狱"。

魏忠贤又以"欺君蔑旨"的罪名将支持杨涟弹劾他的周起元、周宗建、缪昌期、高攀龙、李应升、黄尊素、周顺昌逮捕入狱，也拷打至死。这就是"七君子之狱"。

这时，魏党额手称庆，开始为其主子魏忠贤大建生祠。昏君明熹宗竟然还为生祠匾额题写了"普德"二字，为之推波助澜。

魏忠贤勾结明熹宗的乳母客氏掌握朝廷大权，专横跋扈，结帮营私，卖官鬻爵，残害忠良，将朝廷搞得暗无天日。魏忠贤极为狡猾，他常趁明熹宗专心做木匠活时送去奏章，让明熹宗批阅。明熹宗哪有心思管这事，便推托说："我知道啦，你们好好办就行了。"这样，就给了魏忠贤以窃权之机。

这时，国内各种矛盾日益激化，北方女真族在努尔哈赤领导下强大起来，边境形势日益紧张。明熹宗听信谗言，不辨是非，罢免了精通兵法的辽东经略熊廷弼，致使努尔哈赤攻陷了沈阳和辽阳。为了稳定辽东，不得不再次起用熊廷弼为辽东经略。熊廷弼根据辽东实际情况，制定了正确的攻守方略。而掌握辽东实际兵权的巡抚王化贞却不顾敌强我弱、容易被各个击破的危险，力主分兵把守，全面进攻。在魏忠贤的策划下，明熹宗杀了坚持正确方略的熊廷弼。熊廷弼有胆有识，擅长攻守，守边有功，他的死令时人大呼冤枉。辽东战局陷于严重危机，幸有文武全才袁崇焕坚守宁远，努尔哈赤才未冲进关来。

天启七年（1627年）八月，明熹宗在客氏、魏忠贤的陪同下到西苑乘船游玩时，忽被一阵狂风刮翻了船。明熹宗跌入水中，差点被淹死。虽被人救起，明熹宗经过这次惊吓，却落下了病根，多方医治无效，身体每况愈下。

后来，尚书霍维华进献"灵露饮"，说服后能健身长寿，立竿见影。明熹宗饮用后，觉得清甜可口，便日日服用。不料饮用几个月后，竟得了臌胀病，浑身浮肿，卧床不起，不久便病逝了。

（三）明毅宗

明毅宗朱由检生于万历三十八年（1610年），是明光宗的第五子，明熹宗的弟弟，于明熹宗继位后的第二年被册封为信王。

明熹宗在位七年，没有子嗣，临终前对朱由检说："好弟弟，由你来做尧舜吧。"

朱由检是明朝第十六位皇帝，比明熹宗小5岁，受过很好的教育，由进士出身的翰林院官员悉心调教。18岁时，明熹宗替他完婚，聘周奎之女为王妃。朱由检擅长书法、诗文，也善于弹琴。他的字龙飞凤舞，气韵非凡。

朱由检继位后，次年改年号为崇祯，在位十七年，励精图治，一心一意想做尧舜。他勤于政务，事必躬亲。每逢经筵，他总是恭听大臣阐释经义，毫无倦意，还常常召廷臣共同探讨治国之策。但他猜忌之心太重，杀了文武全才袁崇焕，自毁长城；被宦官所误，在军国大事上处置失当。

崇祯皇帝继位伊始，就大力清除阉党，于当年十一月初一降旨，勒令魏忠

贤到凤阳去看守皇陵，家产全部充公。魏忠贤出京后，于十一月初六自缢于阜城县南关。在其自缢而死后，崇祯皇帝又下令磔其尸于河间。

崇祯二年（1629年）三月十九日，朱由检公布逆案名单，除首恶魏忠贤自缢、客氏笞死外，其余七类，首逆同谋六人一律拟斩，交结近侍十九人一律论斩，交结近侍次等十一人发配边疆充军。逆孽军犯三十五人、谄附拥戴军犯十五人、交结近侍又次等一百二十八人或削籍，或罢官。这样，总算把朝廷清理干净了。崇祯皇帝铲除了魏忠贤集团，曾一度使明王朝有了中兴的可能。不料崇祯皇帝在清除魏忠贤为首的阉党后，又重用另一批宦官，竟给予宦官行使监军和提督京营的大权。大批宦官被派往地方重镇，凌驾于督抚之上。甚至派宦官总理户部和工部，而将户部尚书和工部尚书搁置一旁，致使宦官权力日益膨胀，统治集团矛盾日益加重。这些宦官在前线挟皇帝之威瞎指挥，断送了大明王朝。

明朝后期，东北女真人首领努尔哈赤统一满洲，建立了后金政权，虎视眈眈地注视着明朝江山。他想吞并东北，再入侵关内。他做梦也没有想到，曾经百战百胜、风云一时的他竟在宁远城下败给了一介书生袁崇焕，被红衣大炮击中，重伤而死。

袁崇焕进士出身，满腹经纶，文韬武略，用兵如神。他赤胆忠心，誓死保家卫国。考中进士后曾做过福建邵武县令，政绩突出。后进兵部，守卫山海关及辽东，多次击败后金部队的进攻。

明熹宗在位时，魏忠贤阉党把袁崇焕的功劳记在自己的名下，反而责怪袁崇焕失职，将其罢官。

崇祯皇帝继位后，惩办了阉党，又给杨涟、左光斗等忠臣平反了冤狱。许多大臣都说袁崇焕善于用兵，能救大明江山，请求崇祯皇帝把袁崇焕召回朝廷。崇祯皇帝接受了这个意见，提拔袁崇焕为兵部尚书，负责指挥整个河北、辽东的军事。崇祯皇帝还亲自召见袁崇焕，问他有什么计划。袁崇焕回答说："只要给我指挥权，朝廷各部又能一致配合，不出五年可以收复辽东。"崇祯皇帝听了十分兴奋，给袁崇焕一口尚方宝剑，准许他便宜行事。

袁崇焕重回宁远，选拔将才，整顿队伍，军纪严明，士气大振。东江总兵毛文龙作战不力，虚报军功，不服从袁崇焕的指挥，袁崇焕用尚方宝剑将他杀了。

努尔哈赤死后，其子皇太极继续南侵。他惧怕袁崇焕威名，不敢再攻宁远和山海关，只好从喜峰口南下，过长城后攻陷遵化，越过蓟州直逼北京。袁崇焕闻讯，率军两昼夜急驰三百余里，赶到北京广渠门外，以一当十大败十万女真兵。他准备等增援主力一到，就对女真兵实施合围。不料，在这关键时刻，崇祯皇帝听信宦官之言，认为这伙女真兵是袁崇焕有意引进来的，竟将尽忠报国的袁崇焕凌迟处死了。从此，明朝再也无人能抵挡女真兵的进攻了。

皇太极率军大掠之后，满载而归。此后，女真越来越强大。崇祯八年（1635 年），皇太极把女真改称满洲。又过了一年，皇太极在盛京（今辽宁省沈阳市）称帝，改国号为清。

明朝派重兵镇守山海关，耗费了大量的人力和物力。为此，明廷把沉重的负担转嫁到百姓头上，专门征收"辽饷"。

李自成是明末起义军领袖，陕北人。他生活的陕北一带气候寒冷，土地贫瘠，农作物产量很低，而明朝地方官不分青红皂白，一律按田亩征收田赋。陕北人民的负担要比全国其他地区重，生活极为痛苦。明末，陕北连年灾荒，庄稼颗粒无收，百姓起初吃蓬草，蓬草吃尽了吃树皮，树皮剥光了不得不吃泥土，甚至把石头碾成粉充饥。吃了这种石粉的人，过不了几天就腹胀而死。百姓再也无法生存下去，只得揭竿而起。

崇祯八年，各路义军在河南荥阳召开大会，李自成提出分兵定向、四路攻战的方案，受到各部首领的赞同，声望越来越高。次年，义军闯王高迎祥牺牲，李自成继称闯王，提出"均田免赋"的口号，获得了广大人民的欢迎，唱起了"迎闯王，不纳粮"的歌谣。部队迅速发展到百万之众，成为农民战争中的主力军。

崇祯十七年（1644 年）三月十七日，李自成率义军围攻北京城。十八日晚，崇祯皇帝与贴身太监王承恩登上煤山（今北京市景山），见城外烽火连天，长叹不已。

崇祯皇帝回宫后，写下诏书，命

戚国公朱纯臣统领诸军并辅佐太子朱慈良。又命周皇后、袁贵妃和三个儿子入宫，简单地叮嘱了儿子们几句，命太监将他们分别送往外戚家躲藏。接着，他哭着对周皇后说："你是国母，理应殉国。"周皇后哭道："妾跟从陛下十八年，陛下没听过妾一句话，致有今日。现在陛下命妾死，妾怎敢不死？"说罢解带自缢而死。崇祯皇帝又对袁贵妃说："你也随皇后去吧！"袁贵妃哭着拜别后，也自缢了。崇祯皇帝召来15岁的长公主，流泪道："你为什么要生到帝王家来啊？"说完用左袖遮脸，右手挥刀要砍死公主，不料只砍中了左臂，接着又

砍断了右肩，长公主昏倒在地。崇祯皇帝以为长公主已死，又杀了幼女昭仁公主及几个嫔妃，并命令左右去催张皇后自尽。张皇后隔帘对崇祯皇帝拜了几拜，也去自缢，还未身亡时被人救下，但她还是于第二天晚上自尽了。

崇祯皇帝换上便服准备出城，混在太监中出了东华门。到朝阳门时，他说自己是王太监奉命出城，但守门人说要等天亮时验明后再放行。太监想要夺门而出，没有夺成。崇祯皇帝忙派人到负责城防的戚国公朱纯臣家，朱家人说朱纯臣赴宴未归。崇祯皇帝又赶到安定门，因门闸太重无法打开，外逃的路被彻底截断了。

十九日天刚破晓，太监王相尧开宣武门投降义军，义军浩浩荡荡地开入城中，守卫正阳门的兵部尚书张缙彦和守卫朝阳门的朱纯臣也先后开门迎降，北京内城被攻陷了。

崇祯皇帝得知这个消息，亲自在前殿鸣钟召集百官，钟声虽大，却未召来一人。于是，他与太监王承恩登上煤山，来到检阅内操的寿皇亭，脱下龙袍在衣襟上写道："朕凉德藐躬，上干天咎，致逆贼直逼京师，皆诸臣误朕。朕死，无面目见祖宗，自去冠尸，以发覆面，任贼分裂，无伤百姓一人。"写罢，与王承恩双双自缢而死。两天后，人们才发现他的尸体。

四月初，李自成派人将崇祯皇帝与周皇后草草葬入昌平县田贵妃的墓穴中，人们称之为思陵。

从明神宗末年开始，明朝一步步开始走向灭亡。

中国历代统一王朝

清代——帝国余晖

　　清朝是由女真族建立起来的封建王朝，它是中国历史上继元朝之后的第二个由少数民族（满族）统治中国的时期，是中国历史上统一全国的大王朝之一，也是中国历史上最后一个封建王朝。清朝的人口数也是历代封建王朝中的最高时期，清末时期达到四亿以上。清初为缓和阶级矛盾，实行奖励垦荒、减免捐税的政策，内地和边疆的社会经济都有发展。至18世纪中叶，封建经济发展到一个新的高峰，史称"康乾盛世"。

一、入主中原

(一) 清太祖努尔哈赤

努尔哈赤是后金的创建者，于明世宗嘉靖三十八年（1559年）生于赫图阿拉城（即兴京，今辽宁省抚顺市新宾县）。

北宋末年，女真完颜等部建立金国，从东北迁入黄河流域。另外一些女真部落仍留居东北，在明朝初年分为海西、建州、东海三大部。后金就是居住在我国长白山一带的女真族建州部在明朝末年建立的政权。

努尔哈赤出身武将家庭，祖父觉昌安、父亲塔克世是明朝建州左卫指挥。努尔哈赤幼年丧母，继母为人十分刻薄，家庭不和睦，兄弟闹分家。父亲塔克世在继母的挑唆下，分给努尔哈赤的产业极少，难以维持生活。青少年时代的努尔哈赤吃尽了苦，不得不采蘑菇，拣榛子，拾松子，挖人参，摘木耳，然后将这些东西运到抚顺去卖。不幸的童年让努尔哈赤饱受磨难，了解了社会，也大开眼界，并树立了雄心壮志。

明神宗万历十一年至十六年（1583—1588年）间，努尔哈赤靠武力统一了建州各部，接着又合并了海西与东海两大部，控制了东到大海、西到明朝辽东辖区、南到鸭绿江、北到黑龙江的广大地区。

万历四十四年（1616年），努尔哈赤建立后金，称金国大汗，年号天命，以赫图阿拉为都城。

万历四十六年（1618年），努尔哈赤召开誓师大会，然后率军攻打明朝，要灭掉明朝，统一全国。

战前，努尔哈赤写信给抚顺明军守将，劝他投降。守将李永芳一看后金军来势凶猛，没有抵抗就投降了。明朝辽东巡抚派兵救援抚顺，在半路上被后金军击败。努尔哈赤下令毁了抚顺城，带着大批战利品回到赫图阿拉。

中国历代统一王朝

消息传到北京，明神宗勃然大怒，立即派大臣杨镐为辽东经略，讨伐后金。杨镐集中了10万人马，号称47万大军，分兵四路进攻赫图阿拉。

杨镐与诸将议定，总兵刘綎为东路，总兵马林为北路，总兵杜松为西路，总兵李如柏为南路。其中以西路杜松为主力，杨镐坐镇沈阳。

那时，后金八旗军兵力合起来不过6万多人，一些后金将士得到情报后不免有点害怕。努尔哈赤胸有成竹地说："不要怕，不管他几路来，我只是一路去。"他决定集中优势兵力，将明军一路一路地各个击破。

这场大战从开始到结束只有五天时间，杨镐率领的10万明军损失了一大半，将官死了300多人。这就是历史上著名的"萨尔浒之战"。

萨尔浒之战是明清历史的转折点，从此明朝由进攻转为防御，后金由防御转为进攻了。

萨尔浒之战后，明朝元气大伤。后金步步紧逼，接连攻占了辽东重镇辽阳和沈阳。

萨尔浒大战结束之后，明廷派老将熊廷弼出关指挥辽东军事。熊廷弼很有才能，可是担任广宁（今辽宁北镇）巡抚的王化贞却认为熊廷弼影响了他的地位，千方百计阻挠熊廷弼的指挥。明天启二年，即后金天命七年（1622年），努尔哈赤向广宁进攻，王化贞带头逃进山海关内。熊廷弼无法抵御，只好保护百姓也退到山海关内。

广宁失守，明王朝不分青红皂白，把熊廷弼和王化贞一起打进大牢。大宦官魏忠贤趁机向熊廷弼敲诈勒索，要熊廷弼拿出四万两银子，说可以免他死罪。熊廷弼是个正人君子，自然拿不出这些钱，阉党就诬陷他贪污军饷，把他处死了。

明天启五年（1625年），努尔哈赤把后金都城迁到沈阳，改称盛京。此后，后金成了明朝最大的威胁。

明天启六年，即后金天命十一年（1626年）正月，68岁的努尔哈赤亲率6万八旗军，号称20万，渡过辽河，向山海关外的宁

清代——帝国余晖

远（今辽宁兴城）猛扑而来，企图拿下宁远，冲进关内。

明朝大臣几乎都被后金的攻势吓破了胆。这时，兵部主事袁崇焕详细研究了关内外的形势，回京后向兵部尚书孙承宗报告说："只要给我人马和军饷，我就能守住辽东。"听说袁崇焕自告奋勇，孙承宗赞成让袁崇焕去试一试。明熹宗批给袁崇焕20万两饷银，要他负责督率关外的明军。

袁崇焕在关外经过一番实地考察，决心派兵进驻宁远，在那里修筑防御工事。袁崇焕在宁远筑起三丈二尺高、二丈宽的城墙，装备了各种火器、火炮。孙承宗还派出几路人马分驻宁远附近的锦州、松山等地，声援宁远。

袁崇焕号令严明，受到军民的爱戴。关外各地的商人听说宁远防守坚固，纷纷从四面八方拥到宁远来，辽东的危急局面很快就扭转了。

正当孙承宗、袁崇焕守卫辽东时，却遭到魏忠贤的猜忌。魏忠贤唆使阉党在明熹宗面前说了孙承宗不少坏话，孙承宗被迫离职。魏忠贤排挤孙承宗后，派他们的同党高第指挥辽东军事。高第是个庸碌无能的家伙，一到山海关就召集将领开会，说后金军太厉害，关外无法防守，要各路明军全部撤回到山海关内。

袁崇焕坚决反对撤兵，说："我们好不容易在关外站稳脚跟，哪能轻易放弃！"高第硬要袁崇焕放弃宁远，袁崇焕气愤地说："我的职守是防守宁远，要死也死在那里，决不后撤。"高第说不服袁崇焕，只好答应袁崇焕带领一部分明军留在宁远，却下令要关外其他地区的明军限期撤回关内。这道命令下得十分突然，各地守军毫无准备，匆忙退兵，把储存在关外的十几万担军粮丢得精光。

努尔哈赤看到明军撤退的狼狈相，认为明军容易对付，于是猛扑到宁远城下。

这时，守在宁远周围几个据点的明军都已经撤走，宁远城只剩下一万多兵士，处境十分孤立。但是袁崇焕并不气馁，咬破指头，写了一份誓死抗金的血书给将士们看，并且说了一番激励的话。将士们听了，感动得热血沸腾，纷纷表示一定跟着袁将军死守宁远。接着，袁崇焕命令城外百姓带粮食撤进城内，把城外的民房烧掉，叫后金军没有粮食和掩体。

努尔哈赤带领后金军气势汹汹地到了宁远城下，头顶盾牌，冒着明军的箭石、炮火猛烈攻城。在这紧要关头，袁崇焕下令动用早就准备好的红衣大炮向后金军猛射。炮声响处，后金兵士被轰得血肉横飞，被迫后撤。

第二天，努尔哈赤亲自督战，集中大股兵力攻城。袁崇焕登上城楼瞭望台，直等到后金军冲到逼近城墙的地方，他才命令炮手瞄准敌人密集的地方发炮。这一炮使后金军受到更大伤亡，正在后面督战的努尔哈赤也受了重伤，不得不下令撤退。

八月十一日，努尔哈赤在沈阳东40里的瑗鸡堡忧愤而死。

努尔哈赤活了68岁，政治军事生涯44年。努尔哈赤在中华文明史上开创了一个时代，由他奠基的大清帝国，到康乾盛世时成为当时世界上人口最多、幅员最辽阔、经济富庶、文化繁荣、国力强盛的大帝国。

努尔哈赤作为大清帝国的奠基人，作为一个新时代的开创者，他所创建的八旗制度对清代历史产生了很大影响，八旗成为统一全国的主力军。

努尔哈赤利用女真原有的狩猎组织形式创建了八旗制度。女真人狩猎时，每人各出一支箭，每十人中立一个头领，称牛录额真。牛录是大箭的意思，额真是首领的意思。后来，努尔哈赤起兵后，将这个相当于狩猎小组组长的牛录额真作为一级官名，牛录成了最基层的军事单位。无论是屯田征丁，还是纳赋服役，都以牛录为计算单位。后来，努尔哈赤在此基础上进一步加以发展，创立了八旗制度，规定每三百人设一牛录额真，五个牛录设一甲喇额真，五个甲喇设一固山额真。固山是满洲户口和军事编制的最大单位，每个固山有固定颜色的旗帜，因此汉语将固山译为"旗"。开始时只有黄、白、红、蓝四旗，后来兵员大增，又增添了四旗，在原来旗帜的周围镶边，黄、白、蓝三色旗镶红边，红色旗镶白边。这样，就产生了八旗，即满洲八旗。后来又逐渐增设蒙古八旗和汉军八旗，统称八旗，实际上是二十四旗。

八旗平时耕田打猎，战时披甲上阵。八旗制度以八旗为纽带，将后金的军事、政治、经济、行政、司法和宗族联结成为一个组织严密、生气蓬勃的社会机体。八旗制度是努尔哈赤的一个创造，是清朝入主中原、统一华夏的军事保障。

努尔哈赤晚年，特别是进入辽河平原之后，实行了一些错误的政策——大量迁民，按丁编庄，清查粮食，强占田地，满汉合居，杀戮汉族读书人，遭到了辽东汉民的强烈反抗，民族矛盾十分尖锐。这也是他最后兵败身死的原因之一。

（二）皇太极

皇太极是努尔哈赤第八子，35 岁继位，年号天聪，在位 17 年，是继努尔哈赤之后又一位杰出的政治家、军事家。

天聪十年（1636 年）四月十一日，皇太极在盛京（今辽宁沈阳）大政殿举行即皇帝位的典礼，改国号为大清，改年号为崇德。皇太极改国号、称皇帝的用意表明自己不仅是满洲的大汗，而且是蒙古人、汉人以及所有人的皇帝。

皇太极是一个英明的皇帝，他一改努尔哈赤的屠杀政策，重用汉族知识分子，让他们做官，帮助他治理国家；爱护汉人，分给汉人土地，发展农业生产。

后金天聪元年（1627 年）正月，皇太极命令二大贝勒阿敏等率军东征朝鲜。阿敏统率大军跨过鸭绿江，一举占领了平壤。三月，双方在江华岛杀白马黑牛，焚香盟誓，定下兄弟之盟。

崇德元年（1636 年）皇太极称帝举行大典时，朝鲜使臣拒不跪拜。双方撕扯了一阵，朝鲜使臣仍不肯屈服。皇太极认为这是朝鲜国王效忠明朝、不肯服从他的表现。这年十二月，皇太极亲自统率清军渡过鸭绿江，一直打到汉城，朝鲜国王李倧逃进南汉山城。皇太极率军到南汉山城城下扎营，李倧只得请降，向清帝朝贡。于是，皇太极在汉江东岸设坛举行受降仪式，确立了大清国同朝鲜的君臣之盟。从此，皇太极得到了来自朝鲜的物资供应，也解除了南攻明朝的东顾之忧。

为了解决南攻明朝的后顾之忧，皇太极又向北用兵，兵锋直指黑龙江上游、中游和下游。皇太极将宗室女儿嫁给达斡尔头人巴尔达齐，征抚并用，以抚为主，终于使贝加尔湖以东、外兴安岭以南、乌苏里江至鄂霍次克海的广阔地域归属清朝。

为了解决南攻明朝的西顾之忧，皇太极又向西用兵，三征蒙古。明清之际，蒙古分为三大部：漠南蒙古即内蒙古，漠北蒙古即外蒙古，漠西蒙古即厄鲁特蒙古。漠南蒙古位于明朝和后金之间，同明朝定有共同抵御后金的盟约。漠南蒙古察哈尔部林丹汗是元太祖成吉思汗的后裔，势力强大，自称是全蒙古的大汗。明廷每年给林丹汗大量赏赐，使其同后金对立。天聪二年（1628年），皇太极利用漠南蒙古诸部的矛盾，同反对林丹汗的喀喇沁等部结盟，首次亲统大军进攻林丹汗，获得胜利，俘获11000余人。四年后，皇太极再次率军远征林丹汗，长途奔袭至归化城（今内蒙古呼和浩特市）。林丹汗闻讯，惊慌失措，星夜逃遁。此后，察哈尔部众叛亲离，分崩离析。林丹汗逃至青海打草滩，不久病逝。天聪九年（1635年），皇太极命多尔衮等统军三征察哈尔部。林丹汗之子额哲率部民千户归降。

至此，皇太极可以放心大胆地向南用兵了。他曾五入关内，企图攻占北京作为大清国的都城，但毕竟兵力有限，一时未能得逞。

后金崇德四年（1639年），皇太极围困锦州，明守将祖大寿告急。崇祯皇帝派洪承畴为总督，率8位总兵、13万步骑、4万马匹出山海关解锦州之围，明军采取"步步为营，且战且守，待敌自困，一战解围"的兵略，于崇祯十四年即崇德六年（1641年）七月进军至松山。两军初战，清军死伤甚多，几至溃败。消息传到盛京，皇太极带病急援。由于行军太急，皇太极鼻子流血不止，只得用碗接着。他马不停蹄，昼夜兼行500余里赶到松山后，立即下达了作战部署：埋下伏兵，断敌退路；袭劫积粟，断敌粮道；高桥设伏，击敌逃兵；大路列阵，截敌援兵。结果，明军大败，战死53783人，损失战马7440匹，骆驼66头，甲胄9346副，洪承畴退到松山城中。清军破城后，洪承畴被俘投降。松锦之战后，明军失掉了关外的军事凭借，清军转入新的战略进攻。

清太祖和清太宗两代经过整整60年的奋战，终于将山海关外的大片土地揽入手中，为后来入主中原奠定了基础，准备了条件。

（三）顺治皇帝

皇太极死后，其子福临继位，史称顺治皇帝。顺治皇帝年方6岁，由叔父多尔衮摄政。

明崇祯十七年（1644年），李自成率领农民起义军攻陷北京，崇祯皇帝在煤山（今北京市北海公园景山）自缢而死，276年的大明王朝灭亡了。

李自成攻占北京城的军报传到盛京（今辽宁省沈阳市）后，多尔衮急召智囊范文程等人商议进取之策。范文程建议兴师入关，逐鹿中原。于是，多尔衮

清代——帝国余晖

于这年四月初九统率 14 万大军奔向山海关。

　　这时，山海关一带集结了三支大军：第一支是明山海关总兵吴三桂所统领的明军，第二支是李自成率领的讨伐吴三桂的 20 万农民军，第三支是多尔衮所率领的清军。

　　从四月二十一日到二十三日，这三支大军在山海关展开会战。由于吴三桂降清，与清军联合起来，李自成大败。

　　李自成于四月二十六日败归北京，于四月三十日匆匆称帝后，放火烧毁紫禁城里的一些宫殿，离京西走。

　　多尔衮取得山海关大捷后，以吴三桂为先导，率领八旗军向北京进发。沿途官兵献城投降，奉表称臣。

　　五月初二，多尔衮率领清军从朝阳门进入北京城。多尔衮建议迁都北京，但他的胞兄英郡王阿济格主张屠城。多尔衮说："先帝说过，如果占领北京，当即迁都，以图进取中原。如今人心未定，岂可屠城东还。"

　　为了尊重先帝皇太极的遗愿，清廷采纳了多尔衮迁都的建议。同年十月初一，7 岁的顺治皇帝因皇极殿（故宫太和殿）被李自成焚毁，便在皇极门（太和门）颁诏天下，定都北京。

　　顺治皇帝在位 18 年，前 8 年因他年纪还小，由多尔衮摄政。

　　多尔衮摄政期间，主要有两项弊政：一是圈地，二是颁布剃发令。

　　清朝统治者入关后，多尔衮为了满足满洲贵族对土地的贪欲，为了笼络八旗将士，竟派遣官员跑马圈地。顺治元年（1644 年）十二月下了圈地命令："凡近京各州县民人无主荒田，及明国皇亲、驸马、公、侯、伯、太监等死于寇乱者，无主地甚多，……尽行分给东来诸王、勋臣、兵丁人等。"顺治二年九月，圈地的范围扩大到河间、滦州、遵化等京东、京南一带。顺治四年正月，又下令于顺天、保定、河间、易州、遵化、永平等 42 府州县内圈地。不管有主无主的田地，一律都在圈地范围之内，先后共圈占汉人田地 20 万顷。多尔衮用圈占的土地设立皇庄，赏赐王公勋臣，或分给八旗兵丁，致使百余万汉人破产失业，流离失所，激化了民族矛盾和阶级矛盾，同时也破坏了农业生产，阻碍了社会进步。由于壮丁逃亡和汉族人民的不断反抗，直到康熙八年（1669 年）

中国历代统一王朝

才下诏停止圈地。

清在关外时原是游牧民族，经常骑马射猎。为了生活方便，男子把头部前面的头发剃光，后面的头发结扎成辫子。这样，在骑马飞奔时可以避免前面的头发垂下来遮住眼睛，后面的头发飘到前面来有碍行动。清兵入关后，多尔衮下了一道剃发令，要汉人也像满人一样剃发结辫，否则格杀勿论。剃发令在各地引起的震动极大，激起了汉族各阶层人士的反对，大规模的武装反抗斗争几乎遍及全国，此起彼伏的斗争历经 37 年之久，导致国内长期政局不稳，生灵涂炭。最终，还是清朝封建统治者靠武力镇压取得了胜利，坚持不愿剃发者要么被杀，要么流亡海外，要么遁入空门带发修行，其余的人都剃发结辫了。

多尔衮摄政 7 年间，清廷消灭了李自成、张献忠的农民起义军和南明的抗清势力，基本上统一了全国。

顺治七年（1650 年）十二月，多尔衮病逝。第二年正月，顺治皇帝亲政，于二月宣布多尔衮十大罪状，抄了他的家，罢了他的封爵，诛杀了他的党羽。由于群臣纷纷上书弹劾多尔衮，揭发其贪污腐化的罪行，还举出了多尔衮逾制的铁证，说他有谋反之罪。顺治皇帝大怒，下令将多尔衮的坟掘了，抛尸荒野，还用棍子击尸，用鞭子鞭尸，最后把他的头割下来，令他身首异处。

顺治皇帝亲政后，在母亲孝庄文皇后的帮助下整顿吏治，注重农业生产，提倡节约，减免苛捐杂税，广开言路，网罗人才，在各方面取得了很大的成就，为巩固清王朝统治作出了贡献，开创了清王朝走向强盛的新局面，为康乾盛世打下了基础。

尽管顺治皇帝很想大有作为，也颇喜欢中原文化，但一直未能形成一支以他为主导的强有力的政治势力，致使他在与朝中反对汉化的守旧势力的较量中败下阵来。

政治上的失意使顺治皇帝心灰意冷，想出家为僧，被母亲极力劝阻，未能如愿。当他钟爱的皇贵妃董鄂氏死后，他的精神支柱完全崩溃了。

24 岁时，顺治皇帝染上天花，不久便病逝了。

清代——帝国余晖

二、走向盛世

（一）康熙皇帝

康熙皇帝是顺治皇帝的第三子，是大清国入关后的第二位皇帝。他8岁登基，在位61年，是中国历史上有文字记载以来在位时间最长的皇帝。

康熙皇帝读书勤奋，曾经因为学习过于用功而吐血。他接受了三种文化教育：满族师傅给他讲满语，教他写满文，教他骑射；汉族师傅给他讲四书五经，使他受到了儒家文化的教育；他向西方传教士学习代数、几何、天文、医学等方面的知识，受益匪浅。

康熙皇帝不仅能文，而且能武。他自幼习武，精于骑射，能百步穿杨，是个神箭手。在围场狩猎时，他所获野兽极多，一天竟打死了三百多只兔子，累垮了三匹马。康熙皇帝精力旺盛，为他治理好国家提供了保障。

康熙14岁开始亲政，清除了擅权的鳌拜，将大权紧紧地掌握在自己手里，每天都要御门听政。御门听政即皇帝亲自主持朝廷会议，和朝廷重臣商议和决定军国大事。御门听政的地点最初在乾清门前，因此称作御门听政。参加御门听政的主要是九卿、六部尚书和左都御使、通政使、大理寺卿，还有大学士，参加御门听政的还有起居注官。

后来，听政的地点经常变化，有时在中南海瀛台勤政殿，有时在畅春园澹宁居，有时在避暑山庄澹泊敬诚殿等地。康熙从14岁亲政以来，每天御门听政，一年四季，无论冬夏，从不间断。听政的时间一般在早上5点左右，因此又称早朝。康熙从亲政之日起，到去世之前，除因生病、三大节、重大变故外，几乎没有一天不听政。北京的冬天很冷，仍坚持在乾清门前举行最高朝廷会议，实属不易。

康熙皇帝亲政后，将三藩及河务、漕运三件大事写在宫中的柱子上，发誓一定要处理。

三藩指三个降清的明将：镇守云南的平西王吴三桂、镇守广东的平南王尚可喜、镇守福建的靖南王耿精忠。三藩占据要地，拥兵自重，成为清初的三个地方割据势力，其中以吴三桂实力最强。从顺治朝开始，军费开支浩大，每年入不敷出。以顺治十七年（1660年）为例，国家正赋收入875万两白银，而云南一藩就要900多万两白银，竭全国之财尚不足一藩之需。到了康熙初年，财政困难日益严重，国家钱粮大半耗于三藩。而三藩在自己的独立王国里设立税卡，私行铸钱，圈占土地，掠卖人口。平西王吴三桂还自行选派官员，无视朝廷。

康熙皇帝除掉鳌拜后，三藩成为他最大的心病。他要削平三藩，强化皇权。当时，朝廷上绝大多数人反对撤藩，支持撤藩的只有兵部尚书明珠、户部尚书米思翰等少数官员。康熙皇帝力排众议，毅然决然下令撤藩。经过八年的平叛战争，终于取得了削平三藩的胜利。随后，康熙皇帝着手统一台湾。

明天启四年（1624年），荷兰人侵占台湾。顺治十八年（1661年），郑成功从荷兰人手中收复了台湾。郑成功死后，其子郑经承认南明的正统地位，对抗清朝。康熙二十二年（1683年），康熙抓住郑经死后，其子郑克塽年幼、部属内讧的时机，以施琅为福建水师提督，率军攻下了台湾，从而统一了中国。

黑龙江南北大地在皇太极时已经归属清朝。清军入关后，沙俄乘机东进，侵入我国黑龙江流域，占领了雅克萨（今阿尔巴津）、尼布楚（今涅尔琴斯克）、呼玛尔（今呼玛）等地。

康熙解决台湾问题后，指挥军队进行两次雅克萨自卫反击战，取得了胜利。康熙二十八年（1689年），同俄国在尼布楚签订《中俄尼布楚条约》，规定了中俄两国的东段边界，划定以额尔古纳河、格尔毕齐河和外兴安岭为界，整个外兴安岭以南、黑龙江和乌苏里江流域，包括库页岛在内，都是中国的领土。这是中国历史上同外国签订的第一个平等条约，是康熙皇

清代——帝国余晖

167

帝独立自主外交政策的伟大胜利。

努尔哈赤和皇太极解决了漠南蒙古问题，康熙则进一步解决了漠西蒙古和漠北蒙古的问题，使蒙古成为清朝北部的坚固长城。康熙皇帝说："昔秦兴土石之工，修筑长城。我朝施恩于喀尔喀，使之防备朔方，较长城更为坚固。"

康熙帝六次南巡，治理黄河、淮河、运河、永定河，并兴修水利，取得了很大的成绩。

康熙皇帝重视文化教育，主持纂修了《康熙字典》《古今图书集成》《律历渊源》《全唐诗》《清文鉴》《皇舆全览图》等，总计六十余种，两万余卷，为中华文化事业做出了巨大的贡献。

康熙六十一年（1722年），康熙皇帝病逝前，决定传位于皇四子胤禛。

民间传说康熙皇帝病危时，只有内大臣隆科多在侧侍从，康熙皇帝亲笔写下"传位十四皇子"六个大字后病逝。隆科多是佟皇后的亲弟弟，四皇子胤禛的舅父，与胤禛早有默契，因此他立即将"传位十四皇子"改成"传位于四皇子"。这样，四皇子胤禛便继位了。胤禛便是雍正皇帝。

（二）雍正皇帝

康熙皇帝病逝后，45岁的皇四子雍亲王胤禛继位，年号雍正。

雍正皇帝在位13年，大力改革，推动了清朝的发展。

康熙皇帝晚年身患中风，有些事抓不过来，以致吏治松弛，贪污成风。雍正身在宫中，对皇父晚年弊政看得很清楚。继位后，他克服各方面的阻力，在全国大刀阔斧、雷厉风行地清查财政亏空。

雍正元年（1723年）正月，雍正皇帝连续颁布谕旨，训谕各级文武官员不许暗通贿赂，私受请托；不许库钱亏空，多方勒索；不许恣意枉法，残害百姓。如因循不改，必定重罪严惩。

二月，雍正皇帝命将亏空钱粮的官员革职追赃，不再留任。

三月，雍正皇帝命各省督、抚将幕客姓名报部，禁止出差官员纵容属下勒索地方。户部库存亏空银 250 余万两，令历任官员赔补。同年设立会考府进行审计，整顿收支。

这一年，被革职抄家的各级官吏多达数十人，其中多是三品以上的大员。历史学家杨启樵说："康熙宽大，乾隆疏阔，要不是雍正的整饬，清朝恐早衰亡。"因此，当时有"雍正一朝，无官不清"的说法。

在雍正皇帝的监督下，雍正一朝出了许多好官，两袖清风，爱民如子。雍正六年（1728 年），雍正皇帝下令重选太守和县令，命令中外官员每人各举荐一个人，兴化知府沈起元举荐了时翔。时翔字皋谟，诸生出身，博学多才。于是，雍正皇帝任命时翔为福建晋江知县。

当时，福建吏治很乱，县令都很严酷。晋江百姓好打官司，时翔下车伊始，就对百姓说："你们都是我的孩子，我不忍心把你们当做盗贼看待。"他一反前任所为，以宽和为己任。坐堂时，时翔对打官司的人说话就像唠家常一样，态度和蔼，语调低缓。是非曲直判完后，时翔总要让打官司的双方消消气，然后相对作揖而别。打官司的人无不感动，因此打官司的人越来越少了。后来，时翔升任漳州府同知，驻扎南胜。南胜百姓住在峒中，经常械斗。有个叫赖唱的纠集百姓躲进峒中，不服官府管辖，前任束手无策。时翔到任后，单人匹马亲自入山喊道："你们一万多人，为何为一个人卖命。快把赖唱给我捆来，本官担保大家平安无事。"峒中的人听了，一阵骚动。赖唱不得已，只得自缚而出，从此百姓过上了正常的生活。

对于朝廷本身，雍正皇帝也做了一些改革。

奏折是将奏文写在折叠的白纸上，外面加上封套后上呈皇帝，只有皇帝特许的官员才有资格上奏折。康熙皇帝在位时，具折奏事的官员只有 100 多人，雍正朝增加到了 1 200 多人。奏折的内容几乎无所不包，皇帝通过奏折可以直接同官员对话，更加了解和掌握下面的实际情况。奏折运转处理时，阁臣不得与闻，避开阁臣干预，直接上呈皇帝。这样，官员之间可以互相告密，互相监督，强化了皇帝的专制权力。不同身份的官吏可以及时反映情况，报告政务，使皇帝洞察下情，以便制定政策。

雍正皇帝为了把权力进一步集中在皇帝手中，特地创立军机处，作为皇帝的秘书班子，为皇帝出主意，理政务，写文件，军国大计，无不总揽。军机大臣直接与各地、各部打交道，了解地方情形，传达圣旨。军机处作为辅助皇帝决策与行政的机构，设在紫禁城隆宗门内北侧。军机大臣没有定员，少则二人，多则九人。每日晋见皇帝，处理军政要务，以面奉谕旨名义对各部门、各地方发布指示，由朝廷直接寄发，称为"廷寄"，封函标明"某处某官开拆"字样。明代内阁对皇权有一定的约束，如诏令由内阁草拟下发，阁臣对诏令有权封驳。但是军机处成立之后，排除了王公贵族，也排除了内阁大臣的干预。军机处的设立使清朝皇帝乾纲独断，既不容大权旁落，也不许大臣抗旨。

在地方行政上，雍正皇帝也做了改革。云、贵、粤、桂、川、湘、鄂等省少数民族地区，主要由世袭土司管辖。土司生杀予夺，为所欲为。这种制度妨碍了国家的统一和地区经济文化的发展。雍正继位后，全面实行"改土归流"制度，废除了土司，改成和全国一致的州县制度，在上述地区分别设立府、厅、州、县，委派有任期的、非世袭的"流官"进行管理。"改土归流"打击了土司的世袭特权和利益，减轻了西南少数民族的负担，促进了这一地区的进步。

雍正皇帝还施行"摊丁入亩"和"耗羡归公"等政策，让官民都获得了好处。

中国自古就有人丁税，凡是成年男子不论贫富都要缴纳人头税。雍正皇帝将人丁税摊入地亩税中，按占有地亩之规定纳税数额。地多者多纳，地少者少纳，无地者不纳。这就是"摊丁入亩"，也称"摊丁入地"，从而取消了人头税。这项措施有利于贫民而不利于地主，是我国赋税史上一项重大的改革。

"耗羡归公"也是雍正皇帝的善政。我国古代以银、铜为货币，征税时，银两在兑换、熔铸、保存、运解中有一定的损耗，因此征税时有一定的附加费，称"耗羡"或"火耗"，一向由地方州县征收，作为地方办公及官吏的额外收入。由于耗羡无法定征收额，州县便随心所欲地从重征收，有的抽正税一两，耗羡竟达五六钱，以致人民负担过重，不堪其负。雍正皇帝实行"耗羡归公"，将此项附加费变为法定税款，固定额数，由督、抚统一管理，所得税款除办公费用外，作为养廉银，大幅度提高官吏的俸禄。这样，既减轻了人民负担，又保证了廉政的推行。这就是所谓的"高薪养廉"。

废除腰斩也是雍正皇帝的一大功绩。一次，雍正皇帝将一个人处死，用的是腰斩之刑。因为腰斩是一刀从腰部砍下去，砍下去之后人还活着，所以这个人在被砍之后竟能用手指蘸着血在地上连写七个"惨"字才死去。雍正皇帝听说之后觉得实在太残忍了，于是下令废除了腰斩。

雍正皇帝继位后，因勤政出了名。他在位期间，不巡幸，不游猎，日理万机，终年不息。他在位十二年又八个月，几乎每天都工作到深夜，每天睡眠不足四小时。一年之中只有在他生日那天才休息。雍正朝现存汉文奏折 35000 余件、满文奏折 6600 余件，共有 41600 余件，仅在奏折中所写下的批语就多达 1000 多万字，都是亲笔朱批，不假手他人。雍正皇帝的勤政精神在中国古代帝王中堪称楷模，可谓前无古人，后无来者。

雍正十三年（1735 年）八月二十三日子夜，雍正皇帝在圆明园猝然去世。

雍正皇帝辛苦一生，为开启乾隆盛世打下了基础。

（三）乾隆皇帝

乾隆皇帝是雍正皇帝第四子，名弘历，自幼聪明，6 岁开始读书，过目成诵。

康熙六十年（1721 年），康熙皇帝在雍亲王府第一次见到 12 岁的孙子弘历两目炯炯有神，举止不凡，言语合度，一下子就喜欢上了，下令将其养在自己宫中，亲授书史。此间，弘历曾随祖父康熙皇帝前往木兰围场打猎，康熙皇帝开枪将一只黑熊射倒后，又命弘历续射。弘历走上前去，不料黑熊未死，仅是受伤倒地，见有人近前，突然立起，扑向弘历。弘历临危不惧，镇定自若，虚与周旋。康熙皇帝见事不妙，急忙又补一枪将黑熊射死。康熙皇帝在去世前曾预言道："弘历有英雄气概，将来必封为太子。"

雍正皇帝去世后，弘历继位，改翌年为乾隆元年。

乾隆皇帝在位期间，平定了新疆、贵州、大小金川、西藏等地的叛乱，进一步巩固并开拓了中国的疆域，维护并加强了中华多民族的统一。

在新疆，乾隆皇帝曾两次平定准噶尔叛乱。南疆指天山以南的维吾尔族地域，清代称"回部"。准噶尔部强大时，回部受准噶尔贵族的欺凌。但清军平定北疆后，回部贵族企图摆脱清朝独立。为此，清军同回部在库车、叶尔羌（今新疆莎车）等南疆重镇进行激战，重新统一了南疆。乾隆皇帝在新疆设伊犁将军，实行军

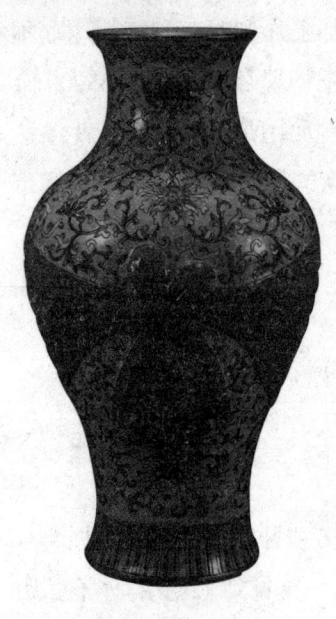

府制，修筑城堡，驻扎军队，设置卡伦，巡查边界，移民实边，进行屯垦，加强了对新疆的管辖。

乾隆皇帝继位初年，采取安抚为主、征讨为辅的手段迅速镇压了贵州苗民之乱。他免除苗赋，尊重苗俗，实行屯田，精选守令，减少了苗民的抵触情绪。这些因地制宜的措施使贵州苗族地区基本上安定下来。

明朝末年，厄鲁特蒙古四部之一的土尔扈特部离开他们世居的塔尔巴哈台（今新疆塔城），西迁至俄国伏尔加河下游。乾隆三十五年（1770 年），首领渥巴锡汗率领 16.9 万人踏上回国的征程。他们跋山涉水，克服重重险阻，于翌年六月到达伊犁，只剩下 6.6 万人了。乾隆皇帝十分重视土尔扈特部的回归，他不惧沙俄的开战威胁，令大臣前往伊犁协助伊犁将军安置他们。土尔扈特部的回归是民族团结的壮丽篇章，是乾隆时期的一大盛事。

乾隆中期，大金川土司再次叛乱，不断侵掠邻近土司。从乾隆三十一年（1766 年）起，乾隆三次派兵，才最终平定大小金川。此后清朝在这一地区废除土司制，改置州县，巩固和发展了西南地区自雍正以来"改土归流"的成果，加强了边疆和内地的经济文化交流。

乾隆五十三年（1788 年）与五十七年（1792 年），廓尔喀（今尼泊尔）两次入侵西藏。第一次清军作战不力，西藏地方政府接受屈辱条件，与之议和，向中央谎报战功；四年后廓尔喀兵再次入侵，乾隆皇帝下令反击，清军翻越喜马拉雅山连续作战，大败廓军，保卫了祖国领土。

乾隆五十八年正月，制订了《钦定藏内善后章程》，规定设驻藏大臣，督办藏内事务；在西藏驻军，分驻前藏、后藏；达赖喇嘛、班禅额尔德尼等圆寂后，在驻藏大臣亲监下，用金奔巴瓶掣签决定继承人，沿袭至今。这是乾隆皇帝的一个创造，意义非凡。驻藏大臣与达赖喇嘛地位平等，加强了清朝中央政府对西藏的管辖。对边疆的经营是乾隆帝最大的功绩，从此西藏进入了安定发展时期。

清朝的疆域经过康熙、雍正、乾隆三朝的努力，东北到外兴安岭、库页岛、鄂霍次克海，西北到巴尔喀什湖、葱岭，北到贝尔加湖以南，色楞格河以北，

中国历代统一王朝

南到南沙群岛，奠定了中国今天的版图基础。

乾隆皇帝和祖父康熙、父亲雍正一样，重视发展农业生产。他要求北方向南方学习耕种技术，提高粮食产量。

贵州一带遍地都是桑树，但不懂养蚕纺织。乾隆皇帝责成贵州地方官向外省招募养蚕纺织能手，传授技术，使贵州出现了大量养蚕能手。

乾隆皇帝鼓励开荒，扩大种植面积。乌鲁木齐地广人稀，乾隆皇帝资助甘肃贫民前去垦殖。他令地方官注意植树造林，保持水土。

乾隆皇帝关心水利建设，新筑河南南阳至商丘黄河河堤 170 余里，疏浚清口及江南运河，培筑清河千里堤岸。此外，在他关心下，修了江苏宝山至金山 242 里长的块石篓塘和浙江金山至杭县 500 里海塘。这些水利工程起了防洪和保护农业生产的作用。

乾隆皇帝重视吏治，关心官吏的选拔。他强调官吏应该年富力强，55 岁以上的官吏要详细甄别，65 岁以上的官吏要引见，能否继任要由他亲自定夺。他将不称职的官吏分成 8 类：年老、有疾、浮躁、才力不及、疲软无力、不谨、贪、酷，并给予不同的处理。在乾隆一朝，因考绩不合格受到降级或处分的官吏达 6 万多人。

乾隆皇帝禁止向皇帝进献方物和土特产，为清官做出表率。

乾隆帝重视发展商业并给予宽松政策，规定商人到歉收的地方销售粮食时可以免税。

乾隆帝关心受灾百姓，在位期间五次下令免交天下钱粮，御史赫泰曾上疏说："国家经费，有备无患，今当无事之时，不应蠲免一年钱粮。"乾隆说："百姓富足，朕也就富足了。朝廷恩泽，不施于百姓，那将施于何处！"乾隆皇帝蠲免全国钱粮，次数之多，地域之广，数量之大，可谓前无古人，后无来者。

《四库全书》是乾隆皇帝亲自组织编写的中国历史上一部规模最大的丛书。乾隆三十七年（1772 年）开始，经十年编成。此书分经、史、子、集四部，故名四库。该书共收录古籍 3503 种、79337 卷，装订成 36000 余册，保存了丰富的文献资料。为了保证此书流传千古，乾隆皇帝下令组织书生抄写七份，藏于北四阁和南三阁。

文渊阁于乾隆四十年（1775 年）建造，位于北京紫禁城内，第一部《四库全书》写成后就藏在这里。民国后此书划归故宫博物院收藏，现藏于台北故宫

博物院。

文源阁于乾隆四十年（1775 年）建造，在北京西郊圆明园内。咸丰十年（1860 年）八国联军入侵北京后，所藏《四库全书》与文源阁俱被焚毁。

文津阁于乾隆四十年（1775 年）建造，在今河北承德避暑山庄。所藏《四库全书》于 1915 年运至北京，现藏于北京图书馆。

文溯阁于乾隆四十七年（1782 年）建造，在今辽宁省沈阳市故宫之西，所藏《四库全书》于 1966 年 10 月移藏甘肃省图书馆。

文宗阁于乾隆四十四年（1779 年）建造，在江苏省镇江金山寺，所藏《四库全书》在太平天国战争中被焚毁。

文澜阁于乾隆四十九年（1784 年）利用杭州孤山圣因寺藏书堂改建，所藏《四库全书》由丁丙、丁申等人搜集抄补大半，以后又陆续据文津阁本抄补，终于补全，现藏于浙江图书馆。

文汇阁于乾隆四十五年（1780 年）建造，在江苏扬州市大观堂，所藏《四库全书》在太平天国战争中被焚毁。

在乾隆一朝，我国还出了一个震古烁今、闻名中外的大才子曹雪芹。

曹雪芹的曾祖曹玺是康熙皇帝的伴读，深受康熙皇帝宠信，被派到南方担任江宁织造。曹玺死后，曹雪芹的祖父曹寅、父亲曹頫接替了这个职务，一家三代前后做了六七十年织造，富甲一方，成了豪门。曹家还负责为皇帝选秀女，常将一等一的秀女自己留下，因而曹家美女如云，曹雪芹就是在这样的温柔乡里长大的。

雍正皇帝即位后，因为皇室内部纠纷，牵连到曹家，雍正皇帝下令抄了曹家。这时，曹雪芹还是个 10 岁的孩子，但已经懂事，心灵受到了很大的打击和震撼。

曹家回到北京老家，生活越来越艰难。曹雪芹只好搬到北京西郊，住在简陋的屋子里，有时候连粮食都不够吃，只好喝粥充饥。

曹雪芹经过大起大落，深刻地认识了社会，决心根据他的亲身体验写出一部反映当时社会生活的小说，这就是《红楼梦》。

曹雪芹在《红楼梦》里写了一个贵族大家庭贾家从兴盛到衰落的故事，揭露了封建统治阶级的腐朽和罪恶。曹雪芹花了 10 年时间在北京西郊写这部小说，辛劳和疾病把他折磨得十分衰弱。当他写完八十回的时候，他的爱子因病夭折。曹雪芹受不了这个打击，最终放下了尚未完成的著作，离开了人世。

曹雪芹死后，他的小说稿本经过朋友们传抄，渐渐流传开来。人们读了这本小说，无不拍案叫好。但是对这样杰出的著作没有全部完成，总觉得是一件憾事。后来，一个叫高鹗的文人续写了四十回，使《红楼梦》成了一部结构完整的小说。

《红楼梦》经过一再传抄、翻印，越传越广。一直传到现代，大家公认它是我国古代最杰出的长篇小说。人们不但欣赏它高超的艺术成就，而且还从书中了解到我国封建社会晚期的历史和社会状况。直到现在，从国内到世界各国，都有许多学者研究、考证这部伟大著作。

曹雪芹多才多艺，不仅文笔过人，而且医术高明，为不少人治好了病。一些有钱人病愈后，常常买些东西送给曹雪芹，以报医病之恩。曹雪芹总是告诉这些人说："以后不要给我买东西了，你的钱先留着，一旦有病人看病，抓不起药，我就让他找你，你把他的药钱给付了，这不可以帮助更多的人解除病痛吗？"就这样，曹雪芹为许多贫苦百姓治愈了多种顽症，人们交口称赞曹雪芹医术高明，医德高尚。

嘉庆四年（1799 年）正月初三，乾隆皇帝病逝，终年 89 岁，在中国古代皇帝中是最高寿的了。

三、由盛转衰

（一）嘉庆皇帝

嘉庆皇帝颙琰是乾隆皇帝的第十五子，于乾隆六十一年正月初一登基，改元嘉庆，在位 25 年。

乾隆五十四年（1789 年），颙琰被封为嘉亲王。乾隆六十年（1795 年）九月，颙琰被正式宣布立为皇太子。第二年正月初一日，乾隆皇帝禅位给颙琰，自称太上皇。

嘉庆四年（1799 年）正月初三，乾隆皇帝病逝，嘉庆皇帝开始亲政，一心要做个好皇帝。

嘉庆皇帝亲政后，做了一件大快人心的事，即处理了大贪官和珅。

和珅是乾隆皇帝的宠臣，人称"二皇帝"。和珅身兼数职，位极人臣，掌握着用人、理财、施刑、出征等多方面的大权。和珅仗着乾隆皇帝的宠信和庇护，肆无忌惮地揽权索贿，祸国殃民。

和珅权势显赫，政事多擅自决断，朝臣敢怒而不敢言。

嘉庆皇帝即位后，宣布了和珅二十大罪状，抄了他的家。清廷每年的税收

合白银七千余万两，而和珅的家产折合成白银竟达八亿多两，相当于清廷十多年税收的总和。

为此，嘉庆皇帝勃然大怒，责令和珅自杀。

嘉庆皇帝惩治和珅时没有株连，也没有扩大化，维持了朝廷的稳定局面。

中国古代是农业社会，人口就是生产力。为了增加生产力，康雍两朝鼓励人口增长。乾隆五十五年（1790年），中国人口已经突破3亿大关。然而耕地数目的增长却远远赶不上人口的增长，乾隆末年人均耕地占有量只有3.5亩，而当时的警戒线是4亩，因而经济上取得的成就被众多的人口抵消，人民生活在饥饿贫穷之中。北京街头乞丐很多，许多百姓蓬头垢面，衣衫褴褛，在垃圾堆里抢食物吃。

乾隆后期重用大贪官和珅长达二十余年，因和珅索贿造成官场贪污成风，政治腐败。官场一级级索贿，最后一级把负担都转嫁到百姓头上了。

嘉庆皇帝继位后，接手的就是这样一副烂摊子。嘉庆一朝是清朝由盛转衰的时代，由于官场腐败，积重难返，国内阶级矛盾尖锐，官逼民反，农民起义如火如荼。

嘉庆元年（1796年），川、楚、陕边境地区爆发了白莲教起义，蔓延到豫、甘等省，历时九年。白莲教起义军攻破州县达204个，抗击了清政府从十六个省调来的大批军队，歼灭了大量清军，击毙副将以下将弁四百余名，一二品大员二十余名，清廷耗费军费二亿两白银，相当于四年的财政收入。嘉庆十年（1805年），农民起义被镇压，但清朝元气大伤，逐渐走向衰落了。

嘉庆十八年（1813年），北方又爆发了天理教起义。部分天理教徒在太监接应下冲进紫禁城。嘉庆皇帝认为这是汉唐、宋明以来从未有过的事，不得不下了一道罪己诏。

原来，河南滑县人李文成组织了著名的直、鲁、豫三省天理教反清大起义。李文成是河南滑县东北五里谢家庄人，是个世代相传的泥水匠兼木工。

嘉庆年间，直、鲁、豫三

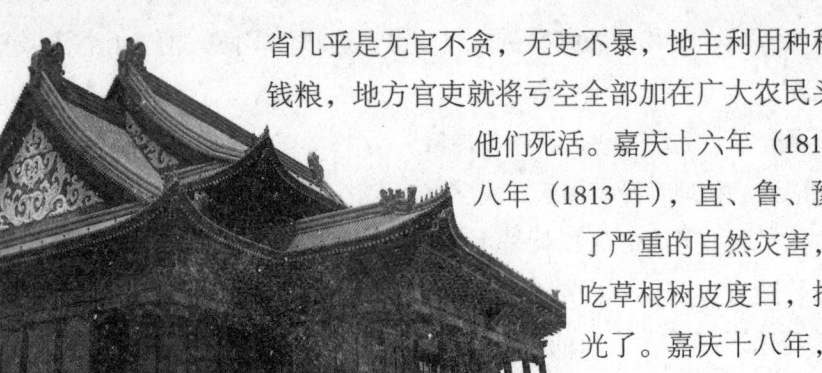

省几乎是无官不贪，无吏不暴，地主利用种种特权拖欠钱粮，地方官吏就将亏空全部加在广大农民头上，不管他们死活。嘉庆十六年（1811年）至十八年（1813年），直、鲁、豫三省发生了严重的自然灾害，广大农民吃草根树皮度日，把树叶也吃光了。嘉庆十八年，李文成于九月七日率天理教徒起义了。

天理教是白莲教的一个支派。明末清初，白莲教在统治阶级的残酷镇压下，开始向处于社会下层的农民和兵士传教收徒，形成了很多支派，如荣华会、红阳教、白阳教、大乘教和八卦教等。

李文成起义后，占领了滑县，在城内扎下大营，建立政权，自称天王，以牛亮臣为军师，宋元成为大元帅，秦学曾为提调兵马总先锋，并在北门外挂起招军旗，吸收穷苦百姓加入起义队伍。接着，起义军攻占了道口、桃源，与滑县形成犄角之势。九月初八日，李文成又派于克敬北攻浚县。起义迅猛发展，仅长垣至滑县交界处，起义军的营寨就绵延十余里，士众不下十数万，旌旗蔽日，鼓角震天。

直、鲁、豫三省起义的消息传到北京后，嘉庆皇帝立即派直隶总督温承惠为钦差大臣，带兵由北面堵截，派河南巡抚高杞严防西南两路。不久，嘉庆皇帝又令大同镇总兵张绩前往太行山外扼要处所驻扎，徐州镇总兵沈洪带兵迅速由东南北上兜围，两江总督百龄带兵驻扎徐州，防止起义军向江南逃跑。

九月十七日，嘉庆帝又调陕甘总督那彦成任钦差大臣，负责全面指挥；同时把能征善战的固原提督杨遇春和清军官兵约二万余人调到河南。此后不久，又派托津为监军，驻守直隶开州督战。

这样，逐渐形成了对起义军的严密军事包围圈。

九月下旬，清军开始向直鲁两省的起义军发动进攻。由于起义队伍过于分散，又不懂得集中兵力对付敌人，在清军三次攻势之下，丢失一个又一个据点。十一月，山东、直隶地区的起义军主力基本被消灭，余部大多退往滑、浚一带。起义军的地盘就只剩下河南滑县、道口、桃源三个据点，双方最后的决战即将开始。

这时，清军发现李文成藏在一座碉楼里。清将杨芳率众登楼，妄想活捉李文成邀功。在这最后时刻，李文成奋力抵抗，在凶狠的敌人面前威武不屈，视死如归。他神色坚毅，目光炯炯，高呼道："李文成在此，决不投降！"最后，李文成壮烈自焚。剩下的战士互相拥抱，让烈火吞没了自己的身躯，显示了为推翻腐败的清朝统治而英勇献身的大无畏精神。

李文成的妻子张氏也表现得十分英勇，和年仅12岁的女儿挥刀巷战，击杀多名清兵。力竭后母女俩双双自缢，为除暴抗恶献出了生命。

李文成领导的天理教起义虽然历时三个月就失败了，但极大地打击了清朝的腐败统治。

嘉庆皇帝并不是昏君，曾作诗斥责官吏腐败："内外诸臣尽紫袍，何人肯与朕分劳？玉杯饮尽千家血，银烛烧残百姓膏。天泪落时人泪落，歌声高处哭声高。平时漫说君恩重，辜负君恩是尔曹。"他在诗中骂内外诸臣鱼肉百姓，敲骨吸髓，吸尽了民脂民膏，辜负了他。

由于嘉庆皇帝黜奢崇俭，要求地方官员据实陈报民情，力戒粉饰太平，尽力为百姓减轻负担，因此死后获得了仁宗的庙号。但大厦将倾，非一人之力所能扶；狂澜欲倒，岂数人之手所能挽。面对乾隆皇帝留下的一堆烂摊子，嘉庆皇帝虽宵衣旰食，有心整顿，却无力回天了。

嘉庆皇帝严禁鸦片，对英国侵略者在沿海的骚扰一直保持高度的警惕性，曾严辞拒绝英国提出的帮助清朝镇压起义军，帮助澳门葡人抵御法国的居心叵测的要求。嘉庆二十一年（1816年），又拒绝了英国提出的建立外交关系、开辟通商口岸、割让浙江沿海岛屿的要求。这些外交决断都是明智的，都是正确的。

嘉庆二十五年，嘉庆皇帝死于避暑山庄。这样，曾倾全力企图维护清王朝的稳定和巩固，想尽一切办法要改善百姓处境的一代帝王，刚过花甲之年就离开了人间。

清代——帝国余晖

（二）道光皇帝

嘉庆二十五年（1820 年）七月十八日，嘉庆皇帝到热河举行秋猎，由于嘉庆年逾花甲，身体肥胖，天气暑热，旅途劳顿，中风猝死。

八月二十二日，嘉庆皇帝的灵柩从避暑山庄运回北京，在乾清宫停放。八月二十七日，其子旻宁即位于太和殿，成为清朝入关后的第六代皇帝，史称道光皇帝。

道光皇帝在位三十年，做了不少事情：整顿吏治，惩治贪污，治河通漕，清理盐政，开通海运。

张格尔利用新疆一部分人的反清情绪和宗教矛盾，曾三次发动叛乱，企图独立，使新疆脱离清朝。道光皇帝派兵镇压，于道光二十八年（1848 年）捕获张格尔，押到北京斩首。

道光皇帝平息张格尔的骚乱，巩固了新疆，这是他一生的亮点。

道光皇帝为人节俭，能够勤政，宵衣旰食，三十年如一日，不敢自暇自逸。

道光皇帝曾穿带补丁的裤子，以致大臣纷纷效仿，也在膝间缝上一块圆绸子。这些都是小节，由于道光皇帝在国家与民族利益上不能维护国家主权与民族尊严，成了千古罪人。

中国历代统一王朝

18 世纪 70 年代，英国开始向中国输入鸦片。英国资产阶级为了抵消英中贸易方面的入超现象，大力发展毒害中国人民的鸦片贸易，以达到开辟中国市场的目的。到了 19 世纪，鸦片输入额逐年增多。

清廷由雍正时开始禁烟，乾隆和嘉庆也屡次下令禁烟，但收效甚微。雍正时每年走私进口的鸦片仅 200 箱，到乾隆时增至 1 000 箱，而到嘉庆时竟增至 4 000 箱了。

道光开始禁烟时，遇到了很大的阻力。鸦片走私越来越嚣张，每年突破了 30 000 箱，流失白银 3 000 万两。

道光十九年（1839 年），鸦片输入猛增到 40 000 多箱。英国从这项可耻的贸易中大发横财，而吸食鸦片的中国人在精神上和生理上受到了极大的摧残。有识之士纷纷上书道光皇帝，建议禁烟。林则徐上书说，如果不采取制止措施，将要造成国家财源枯竭和军队瓦解。于是，道光皇帝决定严禁鸦片入口，任命林则徐为钦差大臣，到广东禁烟。

道光十九年（1839 年），林则徐到达广州，通知外国商人在三天内将所存鸦片烟土全部缴出，听候处理，并宣布："若鸦片一日未绝，本大臣一日不回，誓与此事相始终，断无中止之理。"

林则徐雷厉风行，不受利诱，不惧威胁，克服了英国驻华商务监督义律和不法烟商的阻挠破坏，共缴获各国商人烟土 19179 箱，外加 2119 袋，总计 237 万多斤，从 6 月 3 日至 25 日，在虎门海滩当众销毁。

消息传到英国，举国震惊。道光二十年（1840 年），英国远征军到达中国海面，鸦片战争爆发了。

战争伊始，道光皇帝认为英军不堪一击，中国胜券在握。随着战事的发展，英军围困珠江口，攻占浙江定海，直逼天津大沽口。这时，道光皇帝才大吃一惊，忙派琦善等人与英军谈判。道光皇帝过高地估计了英军的武力，竟对外妥协，将林则徐等主战派查办，重用穆彰阿、琦善、奕山等人，重新

清代——帝国余晖

开放广州。

英国政府不满足义律从中国攫取的利益，改派璞鼎查为全权公使，增调援军，扩大侵华战争。道光二十一年（1841年）8月下旬，璞鼎查率英舰自香港北上，26日攻陷厦门，9月英军侵犯台湾，10月攻陷定海、镇海、宁波。

道光二十二年（1842年）5月英军继续北上，6月攻陷长江口的吴淞炮台，宝山、上海相继失陷。接着，英军溯江西上，8月5日到达江宁（今南京）江面。道光皇帝闻讯，惊慌失措，忙令盛京将军耆英赶到南京，于29日与璞鼎查在英国军舰上签订了中国近代史上第一个不平等条约——《南京条约》。条约规定：中国割让香港岛给英国，赔偿英国2 100万银元，开放广州、福州、厦门、宁波、上海为通商口岸等。此后，清政府又与法、美两国签定了中法《黄埔条约》和中美《望厦条约》，使中国开始沦为半殖民地社会。

道光二十九年（1849年）正月，道光皇帝感到身体不适，次年正月病重，宣诏宗人府宗令载铨，大臣载垣、端华、僧格林沁，军机大臣穆彰阿、赛尚阿、何汝霖，内务府大臣文庆等进宫，命令他们随同总管太监从正大光明匾额后取下锦盒，宣读诏书，诏书上只有"皇四子奕讠"五个字。这天中午，道光皇帝死于圆明园慎德堂。

（三）咸丰皇帝

咸丰皇帝奕讠是道光皇帝第四子，清朝入关后的第七位皇帝。道光三十年（1850年）正月即位，以次年为咸丰元年，时年20岁。

咸丰元年（1851年），咸丰皇帝大选秀女，慈禧入选，被封为兰贵人。咸丰六年（1856年）三月二十三日，慈禧生下皇子载淳，即后来的同治皇帝，慈禧当天就晋升为懿妃。

慈禧母以子贵，深受咸丰皇帝宠爱，耳濡目染，学会了批阅奏折，渐渐开始干政了。

原来，咸丰皇帝沉湎酒色，怠于朝政，有些奏章就让慈禧代阅，慈禧因此渐渐熟悉了军国大事，具备了理政的经验。咸丰死后，慈禧垂帘听政，成了名副其实的女王，统治中国长达四十八年。

咸丰在位期间，正逢清朝衰落，国库空虚，危机四伏。

咸丰皇帝于道光三十年年初即位，还不到一年，就爆发了太平天国起义。

鸦片战争结束后，西方资本主义国家向中国倾销商品，逐步破坏了沿海通商口岸及其附近地区的传统手工业。鸦片输入年年激增，引起白银外流，银贵钱贱，比战前更为严重。

清政府为了支付战费和赔款，千方百计地进行搜刮，使劳动人民的负担越来越重，不堪其负。地主、官僚、贵族加剧土地的兼并，地租越来越高。道光二十六年至道光三十年（1846—1850 年），黄河流域和长江流域各省都连续遭到严重的水旱灾害，两广地区也是水灾、旱灾、蝗灾不断。天灾人祸使人民陷于失业、破产、饥饿、死亡的困境。

清政府的黑暗统治和沉重的封建剥削，以及外国侵略势力所造成的灾难，激起人民群众反抗的怒潮。鸦片战争结束后的十年间，汉、壮、苗、瑶、彝、回、藏等各族人民的起义和抗租斗争不下百余次，几乎遍及全国。

道光三十年十二月初十日，拜上帝会首领洪秀全率众在广西金田村起义，建国号为太平天国。

在两年的时间里，太平军先后攻克岳州、汉阳、汉口、南京等南方重镇，席卷了广西、湖南、湖北、江西、安徽、江苏六省，于咸丰三年（1853 年）定都南京，改南京为天京。

太平军打击了官僚、豪绅、地主，焚烧了衙门、粮册、田契、借券，砸了佛像及孔子牌位，对封建秩序进行了大扫荡。

太平天国起义爆发后，尽管清政府从全国各地调集大量八旗、绿营官兵前来镇压，但这支腐朽的武装队伍根本不堪一击。为此，清政府屡次颁发命令，让各地地主大办团练，力图

利用各地的地主武装来遏制革命势力的发展。

雍正、乾隆年间，朝廷遇有战事时，如果八旗兵和绿营兵不够用，就临时招募军队，不属国家正式军队，即使有功的也不留用。咸丰皇帝在位时，清廷已经穷得无力招募军队了，只得靠各地的地主组织武装部队了。

清廷急于大办团练时，朝廷二品大员曾国藩正因母亲去世在湖南老家守孝。曾国藩进士出身，很有学问，官至内阁学士。咸丰三年（1853年）曾国藩响应清廷号召，在家乡湖南依靠师徒、亲戚、好友等人际关系建立了一支地方团练，称为湘勇。经过一番军训，于次年2月发表了《讨粤匪檄》，杀向太平天国的都城天京。

曾国藩残酷镇压太平天国起义，只要有太平军嫌疑的，重则立决，轻则毙之杖下，又轻则鞭之千百。他常常亲手杀人，杀人如麻，因此人称"曾剃头""曾屠户"。南京小孩夜里哭时，只要母亲说"'曾剃头'来了"，小孩就吓得不敢哭了。

但曾国藩善于掌兵，知人善用，军纪严明，大军所到之处，百姓安居，士农工商各行其是，就像太平时节一样。因此，曾国藩成了太平天国的克星。

咸丰皇帝刚松了一口气，不料外患又发生了。

第一次鸦片战争结束后，西方资本主义列强相继侵入中国。但是，他们不满足于既得利益和特权，蓄意加紧侵犯中国主权，进行疯狂的经济掠夺。为扩大掠夺，列强曾多次提出全面修改过去和清廷签订的条约，但被清廷拒绝了。于是，英国与法国联合进攻中国，发动了第二次鸦片战争，并于咸丰十年（1860年）攻陷北京，烧杀抢掠，火烧圆明园。圆明园大火持续了两天，300多名太监和宫女葬身火海。不但名园被毁，收藏的国家级珍宝也被掠空。

北京陷落前，咸丰皇帝逃往热河（今河北省承德市）避暑山庄，留下六弟奕䜣与列强议和。

在第二次鸦片战争期间，列强迫使清政府先后签订了《天津条约》《北京条约》《瑷珲条约》。结果，外国侵略势力扩张到沿江各省，并伸向内地，方便了他们倾销商品，掠夺廉价原材料和劳动力，使中国受到资本主义经济的严重冲击。

咸丰皇帝是个平庸的皇帝，面对国家一副烂摊子，他一筹莫展，竟沉湎酒色，纵欲自戕。

咸丰皇帝好色过度，毫无节制，身体越来越差，便问御医如何才能使身体强壮起来。御医建议他多饮鹿血，借以补阳。于是，咸丰皇帝立即命令内务府养了一百余只鹿，每天都喝鹿血。

咸丰皇帝常常借酒浇愁，但古语说得好："抽刀断水水更流，举杯消愁愁更愁。"咸丰皇帝每饮必醉，每醉必怒，每怒必有一二名内侍或宫女遭殃，成为其发泄心中苦闷的牺牲品。

咸丰皇帝爱听京戏，有时亲自导演，甚至粉墨登场。无论在紫禁城、圆明园，还是在热河行宫，他都经常点戏看。他亲自导演过《教子》《八扯》等戏，并演唱过《朱仙镇》《青石山》《问路》《三岔口》《羊肚汤》《平安如意》《四盟山》等戏。

自从清中期徽班进京上演京戏后，上自皇帝，下至王公，无不喜欢，好多人浅斟低唱，甚至入了迷，把国家大事丢在一边。简简单单的几句话一唱就是大半天，消磨了大量的宝贵时间，误了正事。因此，当时有位阁老说京戏是靡靡之音，是亡国之音。

民国初年，有的历史学家说："慈禧当政后，内忧外患不断，却整天歌舞升平，沉迷于京戏而不能自拔，终至亡国，当年阁老之言还真应验了，可谓有识之士。"

咸丰皇帝的父亲道光皇帝曾下令让林则徐禁烟，而咸丰皇帝却吸鸦片，并且吸得很凶。他称鸦片为"益寿如意膏"，又称其为"紫霞膏"和"福寿膏"，从即位开始一直吸到死，整整吸了十一年。

四、"同治中兴"

同治皇帝载淳是咸丰皇帝的长子，是清朝入关后的第八任皇帝。

咸丰十一年（1861年）八月二十一日，咸丰皇帝病危，召御前大臣怡亲王载垣、郑亲王端华、协办大学士户部尚书肃顺及军机大臣穆荫、匡源、杜翰、焦祐瀛至榻前托孤，立载淳为皇太子。第二天，咸丰皇帝去世，6岁的载淳即位，年号祺祥。

咸丰死后，载淳的生母慈禧太后勾结咸丰六弟奕䜣发动北京政变，捕杀肃顺，令端华和载垣自尽，斥革其他五人，慈禧太后与慈安太后（咸丰皇后）垂帘听政，改年号为同治。

同治皇帝在位13年，前12年由两宫太后垂帘听政，最后一年亲政。

同治皇帝在位期间，慈禧任命奕䜣为议政王、军机大臣协理朝政；依靠曾国藩、李鸿章、左宗棠等汉族地主领袖，勾结外国侵略势力，实行借洋兵剿灭起义军的政策，先后镇压了太平天国、捻军、苗民和回民起义军。同治三年（1864年），天京沦陷，太平天国灭亡了。清王朝的统治危机得以延缓，清王朝得到了暂时的稳定。于是，慈禧太后采用洋务派"自强"和"求富"的方针，开办一些新式工业，训练海军和陆军，加强政权，史称"同治中兴"。

同治一朝，清廷推行了许多新政。

（一）设立总理衙门

总理衙门全称为总理各国通商事务衙门，一般称作总理各国事务衙门，它不仅掌管清廷与各国间的外交事务，而且管理对外贸易、海关税务、边疆防务、海军建设、新式工矿业，以及建新式学校，兴修铁路、矿务等，实际上相当于清廷的内阁兼外交部。

总理衙门下设独立公所，计有英、法、俄、美和海防五股等机构。其中俄国股兼理俄、日两国外交事务，英国股兼理奥地利交涉事务，美国股兼理美、德、秘鲁、意大利、瑞典、挪威、比利时、丹麦、葡萄牙各国外交事务，法国股兼理法国、荷兰、西班牙、巴西各国外交事务。后来，又增设了海防股，掌管南北洋海防。

总理各国事务衙门主要负责办理同西方有关的事务，兼办近代化事业，是中国走向近代化的一个标志。后来，又设立了驻外使领馆。

（二）出洋考察

清朝派员出国考察西洋，始于同治五年（1866 年）。这年春天，总税务司赫德要回国结婚，向奕䜣请 6 个月假，顺便建议清政府派人到西方去考察，奕䜣同意了。当时官员听说要出国考察，都不敢去，而 63 岁的斌椿报名应征了。亲朋劝他说："海上风狂浪险，还是别去了。"甚至有人说："你要步苏武后尘吗?"不管别人说什么，斌椿决心亲自去试一试。

同治五年（1866 年）正月二十一日，斌椿率三名同文馆的学生和负责照顾他的儿子广英一行离京从上海乘轮船出洋，经过一个月零八天的航程，到达法国马赛。他在欧洲考察了一百一十多天，访问了法、英、荷兰、丹麦、瑞典、芬兰、俄国、普鲁士、挪威、比利时等国，于九月十八日回到北京。斌椿回国

后，撰写了《乘槎笔记》，记录了亲眼所见，如火车、轮船、电梯、印刷机、蒸汽机、摄影机、起重机、抽水机、显微镜、幻灯机、电报等，还记述了欧洲博览会、大英博物馆、国家议院、近代报社、高等学院、兵工厂、纺织厂以及法国的凡尔赛宫、凯旋门等，反映了西方近代的科技与文明，使国人眼界大开。

（三）培养洋务人才，开办外国语学校、实业学堂、近代军事学校

同治朝开办的京师同文馆是我国最早的新式学校。清廷从京师八旗子弟中选出 10 名学生入馆学习，由英国传教士包尔腾担任教员。同文馆除聘请洋人教授外语外，还聘请徐树琳教授儒家经典。外国教师年薪 1 000 两白银，汉文教员年薪 100 两白银。同文馆学生的膳食和文具由政府承担，每月另发 10 两白银作为津贴。奕还奏请在同文馆开设天文馆、算学馆，学习西方科学，制造科学仪器。当时，守旧的人说："学西方技术是舍本求末，讲气节才是强国之本。"也有人说："设立同文馆将使中国传统丧失，令中国官员士子向外人学习技艺，不仅是一大耻辱，而且将使中国变为夷狄。"不久，北京城里出现了一副对联："鬼计本多端，使小朝廷设同文馆；军机无远略，诱佳弟子拜异类师。"于是，有人称奕䜣为"鬼子六"。更有甚者，有人将当年春旱说成是天道示警，是奕䜣倡行西学所致，纷纷上奏折要求同文馆停止招生。大学士、同治皇帝的师傅倭仁也上书反对西学说："立国之道，尚礼义不尚权谋；根本之图，在人心不在技艺。"又说："古往今来未闻有恃术数而能起衰振弱者。"他认为不必向外国学习，以中国之大，"必有精其术者"。奕䜣递上驳斥倭仁的奏折，说倭仁只知空谈，不切时务，如果听他的话，中国将会日益落后。英、法皆为小国，却几次打败中国，所恃者正是科学技术。朝廷一味因循敷衍，才一败再败。说到这里，奕䜣请倭仁保举"精其术者"，倭仁保举不出来，只好退让。由于两宫皇太后态度明朗，使攻击同文馆招生之风被压了下去。后来，上海、广州也开设了类似的学校，招收满、汉子弟入学，只开设外语课，请美国

中国历代统一王朝

人做教师。

后来，同文馆聘请美国人丁韪良为总教习，开设化学、数学、天文、物理、国际法、外国史地、医学、生理学、政治经济学等课程，毕业年限改为8年，使同文馆具备了综合性高等学府的规模。该馆在光绪二十八年（1902年）并入京师大学堂，培养了一大批精通西学的人才。

同治朝开设的新式学校还有江南制造局附设的机械学堂、福州船政局附设的船政学堂等。

（四）派留学生出国

容闳（1828-1912年），广东香山人，道光二十一年（1841年）进入澳门马礼逊教会学堂读书，家长想让他毕业后做买办。后来，该校美籍教员布朗回国时，容闳随他去了美国，成为近代早期留学生之一。他在美国先读中学，后入耶鲁大学攻读4年，于咸丰四年（1854年）获文学学士学位后回国。同治九年（1870年），曾国藩担任直隶总督时，容闳当了他的幕僚和译员。容闳多次向曾国藩建议派遣留学生出国学习，回来报效祖国。同年，清政府批准了曾国藩等奏请选派留学生的章程，决定派遣一百二十名十二三岁的幼童去美国留学，学习期限为十五年，在上海成立留学出洋局管理此事，并以陈兰彬、容闳为正副委员常驻美国，经管留学生事务。留学生年龄一般在12—16岁，出国前在上海培训。

同治十一年（1872年），首批30名幼童奔赴美国留学，史称"幼童出洋"。

从同治十一年到光绪元年，每年出国一批，每批三十人，共四批一百二十人赴美国留学。

幼童到了美国，成为美国新闻界的轰动事件。美国总统接见了他们，美国人争夸中国留学生聪明能干，彬彬有礼，并说他们是中国的荣誉。

容闳主张把幼童分别安排在美国平民家庭中生活，美国教师、医生、绅士纷纷把中国幼童领到自己家中，对幼童关怀备至，为他们提供良好的吃住条件，关心他们的学习和生活。

这些留学生归国后，成为中国政界、军界、学界、工商界等方面的知名人物和科技骨干，为中国近代建设作出了巨大的贡献。

（五）大办"洋务运动"

曾国藩、李鸿章、左宗棠等在上海、南京、福州相继办起了近代军工厂，聘请洋人担任技术指导，这就是所谓的"洋务运动"。它包括办新式军用工业，编练新式军队，加强国防建设等。奕䜣强调学习"西学"，制造"西器"，其宗旨是"求强"与"求富"。

同治三年（1864年），清政府开办大型兵工厂，如江南制造局、金陵制造局、福州船政局、天津机器局、西安机器局等，共有二十多个。

江南制造总局是曾国藩与李鸿章共同创办的规模最大的军事工业。同治四年（1865年），李鸿章委托海关道员丁日昌买下设立在上海虹口的美商旗记铁工厂，将上海、苏州两个洋炮局搬到一起，成立了大型军事工业制造局。

同治六年（1867年），曾国藩提出在该厂制造轮船，在上海海关拨出两成关税作为造船经费。此后，工厂规模逐年扩大，增设了洋枪厂、洋炮厂、炮弹厂、火药厂、轮船厂、炼钢厂、子弹厂、水雷厂，并设有学校和翻译馆。同治七年，造船厂造出了第一艘轮船，取名"惠吉"。中法战争爆发前，该厂共造出15艘军舰。

金陵制造局是同治四年（1865年）李鸿章在两江总督任上办的。他把马格里主持的苏州洋炮局迁到南京雨花台，并加以扩充，更名为金陵制造局，主要制造大炮和弹药。到光绪初年，该厂已有三个机器厂，还有火药厂、火箭厂、水雷厂。

福州船政局是同治五年（1866年）由闽浙总督左宗棠创设的造船厂，聘洋人分别任监督和副监督。该厂由炼钢厂、船厂和学堂三部分组成。工厂尚未建成时，左宗棠便被调往西北镇压回民起义去了。于是，该厂由福州船政大臣沈葆桢接办。同治八年（1869年），造出第一艘轮船，取名"万年青"。到同治末年，共造出15艘轮船。

这些军事工业引进了先进的科学技术和大机器生产，对吸收西方先进科学技术和科技人才培养起到了积极的作用。

据民间传说，同治皇帝生活荒淫，虽有许多后妃，却常常带着两个心腹太监，换上平民服装，偷偷溜出皇宫，到北京南城娼妓区去寻花问柳，夜不回宫。时间一长，染上了梅毒，同治皇帝病倒了。开始时浑身发烧，口渴，腰疼，小便不畅。太医摸不清是什么病，只当普通的感冒来治。一连几天高烧不退，又开始便秘，颈、背、腰等处出现紫红斑块。到同治十三年（1874年）11月，头部、面部都出现了紫色发亮的斑块，左颊的斑块抓破后渗出血水，面颊肿得厉害，上下嘴唇都朝外鼓着。腰部化脓外溢，很远能闻到一股令人作呕的恶臭。

慈禧太后怕同治从镜子里看见自己的脸，会受到惊吓，便命太监将养心殿内所有的镜子都藏了起来，不便挪动的穿衣镜等则用红缎子蒙上。同治命人拿镜子，皇后阿鲁特氏等以病人不宜照镜子为由加以劝阻。为了维护皇帝的尊严，宫中对同治患梅毒之事多方掩饰，只说是出天花，还嘱咐太医按天花书写病历。

同治十三年十二月初五（1875年1月12日），同治皇帝死于养心殿东暖阁。

五、渐趋末世

（一）光绪皇帝

光绪皇帝载湉是同治皇帝的堂弟，咸丰皇帝的侄子。同治十年六月二十八日（1871年8月14日），载湉出生在宣武门太平湖畔的醇亲王府的柳荫斋，其父醇亲王奕譞是道光皇帝第七子，咸丰皇帝的弟弟，其母叶赫那拉氏是慈禧太后的妹妹。

同治病逝后，4岁的载湉在太和殿继位，成为大清国的第十一位皇帝。

其实，同治属于载字辈，本应从溥字辈中选择同治的继承人。但这样一来，慈禧就成了祖母辈，不能垂帘听政了。因此，她选中了同治的堂弟。慈禧权力欲极大，找个儿皇帝，再次创造了垂帘听政的机会。

入宫后的光绪经常受到慈禧的严辞训斥，没有母爱，只有烦琐的宫廷礼节。慈禧利用光绪来专权，把光绪当成她登上女王宝座的台阶。

人在幼年时都受到父母的呵护，即使是孤儿也会得到亲朋好友的照顾。因为光绪是皇帝，无人敢亲近他。光绪在孤独中长大，饮食寒暖没有人细心照料，没有童年的欢乐。

据传，光绪每日三餐，饭菜虽有数十种摆满桌上，但离光绪稍远的饭食大都已经腐臭，接连数日不换。靠近一点的饭菜虽然尚未腐臭，但经过多次加热，早已不再可口。光绪虽为天子，还不如一个孤儿，以致身患痼疾，病弱得很。

光绪就是在这样不幸的环境中成长的，这是他的幼年时期。

光绪二年（1876年）四月二十一日，虚岁6岁的光绪帝开始在毓庆宫读书。师傅是内阁学士翁同龢和侍郎夏同善。翁同龢与夏同善是同榜进士，翁同龢主要教光绪读书，夏同善主要教光绪写字，另有御前大臣教满语、蒙语和骑射。

光绪读书很用功，并能把读书同做皇帝联系在一起，他在《乙酉年御制文》中写道："为人上者，必先有爱民之心，而后有忧民之意。爱之深，故忧之切。忧之切，故一民饥，曰我饥之；一民寒，曰我寒之。凡民所能致者，故悉力以致之；即民所不能致者，即竭诚尽敬以致之。"这一年光绪15岁，就想当一位有作为的爱民皇帝了。

光绪经过12年的读书生活，已到了亲政的年龄。光绪十二年（1886年）六月初十日，慈禧皇太后降下懿旨，定于明年举行亲政典礼。

在光绪读书的12年里，国家发生了几件大事：

同治八年（1869年），慈禧太后宠幸的内监安得海违制出京，山东巡抚丁宝桢上报朝廷，慈安太后立即下令将其诛杀。从此，慈禧同慈安结了怨。光绪七年（1881年）三月初十日，慈安被慈禧毒死。原来，慈禧害了产后痨，医生薛福辰用了补药，效果很好。慈禧病愈后，慈安知道慈禧失德，便置酒感悟她。慈安保存着咸丰临终前给她的手谕，上面说如果慈禧跋扈，就用此谕诛杀她。慈安把这份手谕给慈禧看了，慈禧既惊讶又感激。慈安当着慈禧的面把这份手谕烧了。数日之后，慈禧请慈安到自己住的长春宫，并拿出点心招待她。慈安有午睡醒后吃点心的习惯，就吃了点心，连说"好吃，好吃！"慈禧说这是她娘家送来的。过了几天，慈禧派人送点心给慈安，点心里放了毒药。慈安吃了慈禧派人送来的点心后，腹痛恶心，骤然死去。慈安死后，没等娘家人来就入殓了。慈安死后，慈禧独掌了朝中大权。

自同治十二年（1873年）开始，法国侵略军不断进攻越南。当时，越南本为清朝附属国，法国企图先占领越南，再入侵中国广西，以实现其侵略中国的野心。

光绪九年（1883年），中法两军于河内决战，黑旗军先锋阵亡。法军于海上登陆，攻入越南都城顺化，强迫越南签订《顺化条约》，将越南变为法国的保护国。于是，中法战争爆发。清军失利，清廷不得不承认法国对越南的保护权，同意从越南撤兵。

光绪十年，清军撤兵期限未到，法军突然寻衅向清军大举进攻。光绪十一年，法军进攻

谅山。爱国将领冯子材迎击法军，与法军展开肉搏战，杀敌一千余人，取得镇南关大捷。法军大败后，法国内部一片混乱，法国平民走上街头示威游行，高呼口号，要打倒总理茹费理，反对法国政府继续进行不义之战，茹费理内阁被迫辞职。正当形势对中越两国有利之时，清廷却利用战胜之机向法国求和，派李鸿章与法国签订《中法合订越南条约》，承认越南为法国保护国；在中越边境划定通商点二处，法国货物进出广西、云南边界可减轻税率；中国如再建造铁路，须同法国商办。

于是，清廷不败而败，丧权辱国；法国不胜而胜，既夺占越南，又打开中国西南门户，侵略野心终于实现了。

光绪十一年（1885年），清廷正式建立台湾省，任命刘铭传为第一任台湾巡抚。刘铭传是安徽合肥人，为人忠勇，战功卓著。少有大志，青年从军，在淮军中勇冠三军，为诸将之首。他建议修铁路，史称中国铁路之兴始自刘铭传。中法战争期间，加巡抚衔，督办台湾军务，率军英勇抵抗法军侵略。刘铭传为第一任台湾巡抚后，在台湾筑炮台，修铁路，架电线，发展经济、安定社会。死后赠太子太保，建祠祭祀。今台北市公园有刘铭传的塑像。

光绪十三年（1887年）正月十五日，光绪皇帝在太和殿举行大典，开始亲政，长达12年。

光绪临朝亲政后，53岁的慈禧表面退居颐和园颐养天年，实际上仍把持着国家政务。慈禧规定光绪每隔一天必须亲自向她奏报政务，听候训示。光绪经常披星戴月往来奔波于紫禁城和颐和园之间，十分辛苦。遇有重大事情，光绪还得随时请旨。光绪名为皇帝，实为傀儡。慈禧还安排自己的侄女隆裕皇后及亲信太监李莲英等人暗中监视光绪的行踪，随时向她汇报。

中法战争结束后，清政府成立了海军衙门。19世纪80年代末，清政府的海军有北洋、南洋、福建、广东四支水师，拥有大小70多艘军舰。其中北洋水师实力最强，拥有军舰20余艘，其主力舰皆购自英国和德国。

日本于明治维新后也建立了一支海军舰队，把侵略矛头指向朝鲜和中国。

光绪二十年（1894年），朝鲜发生东学党之乱，日本趁机进占汉城，击沉中国援朝的运兵船，并攻击驻牙山清军。

光绪皇帝为维护国家尊严，极力主战，七月一日中日两国正式宣战，爆发了甲午海战。

不久，清军在甲午海战中战败，不得已签订了《马关条约》，割让辽东半岛、台湾、澎湖列岛及附近岛屿给日本，赔偿日本军费二万万两白银，这笔钱相当于清政府三年的财政总收入。由于帝国主义国家的干涉，中国的辽东半岛总算保住了。

光绪皇帝眼见甲午战争给中国带来了巨大的痛苦和耻辱，不甘作亡国之君，一心想变法图强。他接受康有为、梁启超提出的建议，准备进行改革，提高中国的国力，成了维新派心目中的救世主。

为了把维新变法推向高潮，康有为、梁启超等人在北京出版《中外纪闻》，鼓吹变法。光绪二十二年（1896年），《时务报》在上海创刊，成为维新派宣传变法的舆论中心。光绪二十三年（1897年）冬，严复在天津主编《国闻报》，成为与《时务报》齐名的在北方宣传维新变法的重要阵地。光绪二十四年（1898年），谭嗣同、唐才常等人在湖南成立南学会，创办了《湘报》。在康、梁等维新志士的宣传、组织和影响下，全国议论时政的新风气逐渐形成，再也不是万马齐喑的局面了。

在维新人士的积极推动下，1898年6月11日，光绪皇帝颁布"定国是诏"诏书，宣布变法。新政从此开始，历时103天，史称"百日维新"。因这一年在中国阴历纪年上是戊戌年，所以也称戊戌维新或戊戌变法。

在此期间，光绪皇帝根据康有为等人的建议，颁布了一系列变法诏书和谕令。其主要内容如下：

经济上，设立农工商局、路矿总局，提倡开办实业；修筑铁路，开采矿藏；组织商会；改革财政。

政治上，广开言路，允许士民上书言事；裁汰绿营，编练新军。

文化上，废八股，兴西学；创办京师大学堂；设译书局，派留学生；奖励科学著作和发明。

这些革新政令，目的在于学习西方文化、科学技术和经营管理制度，发展资本主义，建立君主立宪政体，使国家富强起来。

新政措施虽未触及封建统治的基础，但是，这些措施代表了新兴资产阶级的利益，为封建顽固势力所不容。清政府中的一些守旧官僚对新政措施阳奉阴违，托词抗命。慈禧太后在光绪皇帝宣布变法的第五天，就迫使光绪连下三道谕旨，控制了人事任免和京津地区的军政大权，发动政变，使变法夭折。

戊戌维新运动时期，康有为、梁启超、严复、谭嗣同等思想家明确提出，在改良风俗方面要学习西方。

中国历代统一王朝

严复指出，要实现变法，就必须鼓民力，开民智，新民德。而鼓民力、开民智、新民德的重要内容之一就是改变风俗。他在破除封建传统文化，大力引进西学的同时，十分重视破旧俗、立新风的工作。

谭嗣同对封建习俗进行了猛烈的批判，呼吁变衣冠，变风俗，创办时务学堂，发起成立不缠足会。

维新派提出："现今万国交往，一切趋于大同，如果中国一国衣冠独异，礼节特殊，则与外国情意不亲，邦交不结。落后的习俗甚至还会让外人鄙夷讥笑，影响对外交往。"

他们还指出，日本明治天皇和俄国彼得大帝采取与欧美同俗的措施，取得了改革的成功，中国应该学习。

维新运动时期，各地创办了不少社会风俗改良团体，如不缠足会、戒鸦片烟会、延年会等，动员群众改变恶风陋习，取得了一定的效果。

在百日维新期间，维新派把移风易俗的措施，通过新政法令的形式，以光绪皇帝的名义颁布全国。例如：凡民间祠庙不在典册者，由地方官改为学堂，以便达到废淫祠、开民智的目的。乡试、会试及童生各试，过去用四书的，一律改试策论，一切考试均不用五言八韵诗，以讲求实学实效为主，不凭借楷书之优劣分高下。这对于改变中国知识分子的学习和生活方式无疑具有重要的意义。准许满人经营商业，使满人的寄生习俗得到改变。

由于维新人士在当局的支持下做了大量工作，一些过去不敢做、不能做的事情，如女子放足、女子上学等渐渐形成潮流。

与欧美同俗、断发易服、废跪拜礼等在当时看来是极其荒唐的主张也正式向政府提出来了，甚至鼓动得光绪皇帝也动了心，想要换掉满族服装，废掉跪拜大礼。

所有这些都为移风易俗做出了巨大贡献，是功不可没的。

变法危及封建守旧势力的利益，遭到以慈禧为主的贵族的阻挠。维新派把希望寄托在统辖新军的直隶按察使袁世凯身上，派谭嗣同深夜去见袁世凯，要他发动兵谏，协助光绪推行新政。袁世凯当时表示坚决忠于皇上，一定照办。但经过仔细权衡之后，认为后党力量强大，不能以卵击石，便去向慈禧的心腹荣禄告密。慈禧在颐和园得到荣禄密报后，立刻返回紫禁城。光绪料到事情败露，急忙派人送信要康有为等人从速逃命。

慈禧带光绪到议政堂，逼他写了退位诏书，将政权全部交给了慈禧。然后，光绪被慈禧关进南海中的瀛台，即荷花池中央一座四开间的平房，和外边断绝了一切接触。他的宠妃珍妃则被慈禧关押在别处。

康有为、梁启超接到报信后，仓惶逃亡日本。谭嗣同等六位变法领袖被杀，戊戌变法宣告失败。这样，清王朝的一线生机被扼杀了。

变法失败后，光绪皇帝开始了长达十年的幽禁期。

慈禧认为光绪4岁进宫，由她费尽心血抚养成人，却不听话，搞戊戌变法和她作对。为此，慈禧很伤心，想废掉光绪。慈禧与荣禄商议后，决定立载漪之子溥儁为大阿哥，作为同治和光绪的继承人，取代光绪皇帝。

15岁的溥儁兼有爱新觉罗氏与叶赫那拉氏的血缘，因此被慈禧选中。

光绪二十五年（1899年）十二月二十四日，慈禧太后降懿旨，溥儁入继同治为嗣，号"大阿哥"。随后大阿哥在弘德殿读书，师傅为同治皇帝的岳父、承恩公、尚书崇绮和大学士徐桐。光绪二十六年（1900年），慈禧决定举行光绪禅位典礼，改年号为保庆。这时，京师内外议论纷纷，大学士荣禄与庆亲王奕劻对慈

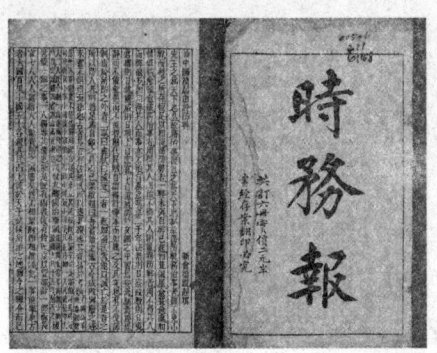

禧说："各国公使有异议，各种势力也都反对，此事还是暂停吧。"慈禧听了这话，只得作罢。

光绪被囚于瀛台，由慈禧的四名亲信太监监视着。他或坐在露台上，双手抱膝忧愁哀伤，或倒在木床上冥思苦想。在太监的监视比较松懈时，他就偷偷地记日记。这样，差不多被关押了整整两年，便爆发了义和团运动。

光绪二十六年（1900年），中国北方爆发了以"扶清灭洋"为口号的义和团运动，大阿哥的父亲载漪支持义和团，认为义和团是义民。这年五月，载漪出任总理各国事务大臣。不久，日本使馆书记杉山彬、德国驻华公使克林德被义和团所杀，义和团又围攻东交民巷使馆。这年七月，英、俄、法、德、美、日、意、奥匈等八国联军进逼京师，慈禧太后同光绪等一行离京西逃，载漪、溥儁父子也随驾西行。临行前，慈禧命总管太监崔玉贵将珍妃推入东华门内的一口水井内活活淹死。

慈禧逃到大同时，任命载漪为军机大臣。这年十二月，慈禧为了同八国联军议和，开始下令屠杀义和团。慈禧认为载漪是这次事变的罪魁祸首，便夺其爵位，遣戍新疆。

光绪二十七年（1901年）九月七日，清政府在北京与各国签订条约，赔款白银四亿五千万两。史称这个条约为《辛丑条约》，共十二款，是条约中最为苛刻的。条约签订后，八国联军撤军。在回京途中，慈禧认为载漪纵容义和团，获罪祖宗，其子溥儁不宜再做皇储，宣布废除"大阿哥"名号。溥儁归宗，仍为载漪儿子。

光绪二十八年（1902年）一月，光绪又被慈禧带回北京，仍然被囚禁在瀛台，一直到死，长达六年。光绪三十四年（1908年），光绪病逝。第二天，慈禧皇太后也病逝了。

（二）宣统皇帝

宣统皇帝溥仪是清朝第十二位皇帝，是清军入关后的第十位皇帝，也是中

中国历代统一王朝

国最后一位皇帝，年号宣统。光绪三十二年正月十四，溥仪生于北京什刹海醇亲王府内，为醇亲王载沣的长子。

光绪三十四年（1908 年）十月，慈禧太后和光绪同时生了重病。在光绪皇帝临死前一天，慈禧太后也行将不起，由于光绪皇帝无后，慈禧太后在中南海召见军机大臣商量立储人选，军机大臣认为在内忧外患之际当立年长之人。慈禧太后听后勃然大怒，最后议定立 3 岁的溥仪为帝，并让溥仪的亲生父亲载沣监国。大臣将此事告知光绪皇帝后，因为溥仪是他的亲侄子，又让自己的亲弟弟监国，光绪皇帝十分满意。

载沣有两位福晋，共有四子。嫡福晋姓苏完瓜尔佳氏，名幼兰，大学士、军机大臣荣禄之女、慈禧太后的养女，光绪二十八年（1902 年）与载沣完婚，生有两子——长子溥仪，次子溥杰。

慈禧皇太后于十月二十日降懿旨由溥仪继承皇位，醇亲王载沣入宫领旨。当天傍晚，载沣同军机大臣、内监回府，要将溥仪迎入宫中。这时，府里发生了一场大混乱。这边老福晋不等听完懿旨就昏过去了，王府太监、仆妇和丫头们灌姜汁的灌姜汁，传大夫的传大夫，忙成一团；那边又响起溥仪的哭叫声和大人们的哄劝声。摄政王手忙脚乱地跑出跑进，一会儿招呼随他一起来的军机大臣和内监，叫人给孩子穿衣服，忘了老福晋正昏迷不醒；一会儿被叫进去看老福晋，又忘了军机大臣还等着送未来的皇帝进宫。折腾了好大一阵子，老福晋苏醒过来，被扶到里面歇息去了。这里未来的皇帝还在"抗旨"，连哭带打地不让内监抱他。内监苦笑着看军机大臣怎么吩咐，军机大臣则束手无策地和摄政王商量办法，可摄政王只会点头，什么办法也没有。后来，多亏溥仪的乳母

见溥仪哭得可怜，拿出奶头来喂他，他才止住了哭叫。军机大臣和载沣商量了一下，决定由乳母抱载沣一起去中南海，再交由内监抱溥仪去见慈禧皇太后。

溥仪从出生到 3 岁离开王府前，一直在祖母刘佳氏的抚育下。按醇王府的府例，头生

清代——帝国余晖

孩子满月后要离开生身母亲，归祖母抚育，第二个孩子则由生身母亲抚育。因此，溥仪满月之后，就在祖母刘佳氏膝下抚育。祖母非常疼爱溥仪，每夜都要起来一两次看溥仪。她看溥仪时连鞋都不穿，怕木底鞋的响声惊动了溥仪，这样一直抚育到 3 岁。

听说孙子入宫，再也见不到了，能不昏过去吗？慈禧太后让溥仪进宫的懿旨，改变了溥仪一生的命运。

溥仪进宫后，第二天光绪皇帝就死了。溥仪一会儿由太监抱着到光绪灵前磕头哭祭，一会儿又由宫女抱着到慈禧病榻前叩头祈福。溥仪面对光绪的遗体，也面对慈禧的病体，在陌生、寒冷与悲哀的气氛中受着折磨。第三天，慈禧皇太后也死了。光绪灵柩停在乾清宫，慈禧灵柩停在皇极殿。两人同时受祭，宫中一片悲戚。

十一月初九，溥仪登极大典在太和殿举行。溥仪被太监折腾了半天，加上那天天气奇冷，因此当太监把溥仪抬到太和殿，放到又高又大的宝座上时，早超过了他的忍耐限度。载沣单膝侧身跪在宝座下面，双手扶着溥仪，叫他不要乱动，他却挣扎着哭喊："我不在这儿，我要回家！我不在这儿，我要回家！"父亲急得满头是汗。文武百官的三跪九叩大礼没完没了，溥仪的哭叫声也越来越响。载沣只好哄溥仪说："别哭，别哭，快完了，快完了！"

典礼结束后，文武百官窃窃私议："怎么可以说'快完了'呢？""说'要回家'是什么意思？"大家议论纷纷，垂头丧气，都认为这是大清王朝的不祥之兆。果然，不出三年，清朝便完了。后来，溥仪真的回了满族人的东北老家。当然，这都是巧合。

溥仪继位后，由光绪皇后隆裕和溥仪父亲载沣摄政，第二年改年号为宣统。

为了推翻腐朽的满清王朝，早在光绪二十年十月（1894 年 11 月），孙中山就在美国檀香山成立了兴中会。次年 2 月，孙中山在香港建立兴中会总部，宣布要驱除鞑虏，恢复中华，创立合众政府。

光绪二十九年（1903 年）11 月，黄兴建立华兴会。接着，上海成立了以蔡元培为会长的光复会，江苏、四川、福建、江西、安徽等省也都建立了革命团体。

团结起来才有力量，为了推翻满清这一共同目标，兴中会、华兴会、光复会联合起来，形成了一个统一的革命团体，取名为同盟会。

为了推翻清朝，同盟会发动了多次武装起义，虽然都失败了，但有力地冲击了清王朝的统治。为了消弭革命，清廷表示愿意分权于国人，推行君主立宪制。光绪三十一年（1905年）7月，清廷派载泽等五大臣出洋考察，于次年9月宣布预备立宪。资产阶级以为参政有望，纷纷成立立宪团体，从事君主立宪活动，准备参预政治。但是，满洲亲贵对立宪并不热衷，光绪三十四年（1908年），清政府颁布《钦定宪法大纲》，规定大清帝国万世一系，同时宣布立宪以九年为期。

溥仪继位后，摄政王载沣采取集权措施，积极推行由皇族独揽国家大权的政策，激化了满洲亲贵和汉族官僚之间的矛盾。

宣统二年（1910年），国会请愿同志会在北京连续发起国会请愿运动，要求清政府从速召开国会，推行君主立宪。

宣统三年四月（1911年5月），清政府发布内阁官制，成立以庆亲王奕劻为总理的皇族内阁。立宪派分享政权的希望完全落空，于是抛弃了对清廷的幻想，开始同情革命了。

摄政王不肯向国人让权，却向帝国主义让权，竟将国民已经购买了股份的铁路修筑权让给了帝国主义。

1911年5月，湖北、湖南、广东、四川等省人民强烈反对清政府出卖铁路修筑权给帝国主义，掀起了轰轰烈烈的保路运动。四川保路运动波澜壮阔，到这年9月时，四川保路风潮发展为全省抗粮抗捐，群众暴动接连发生。四川总督赵尔丰在成都逮捕保路同志会和川路股东会的负责人，并枪杀请愿群众数十名，造成流血惨案。

同盟会员龙鸣剑等和哥老会组织起保路同志军，拿起刀枪，转战各地，攻城夺地，进围成都，猛烈冲击了清政府在四川的统治，成了辛亥革命的导火线。

趁清政府全力应付四川保路

运动之机，湖北新军发动武昌起义，揭开了辛亥革命的序幕。宣统三年（1911年）9月下旬，武昌革命党人决定于10月6日中秋节那天发动起义，后由于形势瞬息万变，起义推迟到八月十八日（10月9日）。不料，在预定起义的那天，共进社负责人孙武在汉口装配炸弹时不慎爆炸，湖广总督下令关闭城门，严密搜查，汉口和武昌的起义指挥机关遭到破坏，一些起义领导人被捕或被杀，有的则藏匿起来。

在这种情况下，新军中革命士兵开始主动行动。10日晚7时，武昌城外的辎重营和城内工程第八营几乎同时起义，各营纷纷响应，经一夜苦战，于11日清晨占领总督府，武昌全城光复，首义成功。接着，汉阳、汉口也先后被革命军占领。

11日，起义士兵聚集到湖北咨议局，在咨议局议长汤化龙等人的参与下，宣布成立中华民国湖北军政府。由于起义领导人被捕或被杀，有的已经藏匿起来，未能亲身参加起义，缺乏政治经验的起义士兵不知如何掌握政权，便持枪逼迫清朝湖北新军协统黎元洪担任湖北军政府都督。

黎元洪就任湖北军政府都督后，发布文电号召全国各省为推翻清朝建立民国而奋斗。

武昌起义的胜利立即在全国引起了连锁反应，各省革命党人纷纷行动起来。至11月底，全国已有14省宣告独立，脱离了清政府。

武昌起义之后，立宪派纷纷表示赞成革命，从而加速了清政府的崩溃。

革命胜利的消息传到北京后，清廷极为震惊。10月27日，因清廷调动不了北洋军，只得起用北洋军阀袁世凯为钦差大臣，授予他平乱全权。11月1日，北洋军攻陷汉口。同日，摄政王载沣宣布解散皇族内阁，交出全部军政大权给袁世凯，让他出任内阁总理大臣。

黎元洪等人过低地估计了袁世凯的力量和自身的困难，企图利用袁世凯和清朝贵族之间的矛盾，把推翻清朝的希望寄托在袁世凯身上。

各省代表于11月下旬议决承认武昌的湖北军政府为中华民国中央军政府，

中国历代统一王朝

由黎元洪执行中央政务。接着，14 省代表会议在汉口英租界召开，筹备成立中央临时政府。

11 月 27 日，汉阳也被袁世凯攻陷。

12 月 1 日，交战双方议定停战三天，此后双方又议定各派代表在一起讨论大局。

12 月 2 日，江浙革命联军攻克南京，代表会议决定以南京为中央临时政府所在地，14 省代表随即自武汉转移到南京。

12 月 18 日，袁世凯的代表唐绍仪和革命军政府的代表伍廷芳在上海开始和谈，伍廷芳表示只要袁世凯逼清帝退位，可以推举他为国家首脑。

正在这时，同盟会总理孙中山于 12 月 25 日从海外归来了。29 日，17 省代表会议以 16 票的绝对多数选举孙中山为临时大总统。1912 年元旦，孙中山到南京就职，发布《临时大总统宣言书》《告全国同胞书》，正式宣告中华民国诞生。1 月 2 日，通电改用阳历。3 日，选举黎元洪为副总统，确定临时政府组成人员，中华民国临时政府成立。28 日，又成立了南京临时参议院。

以孙中山为首的南京临时政府包括革命派、立宪派和旧官僚三种政治势力，宣布独立的各省军政府大多由立宪派和旧官僚操纵，南京临时政府和身为临时大总统的孙中山手中无兵，对他们不能行使中央政府的权力，孙中山的许多正确主张都遭到反对。

当时，袁世凯手中掌握着北洋军，举足轻重。南京临时政府成立后，袁世凯感到大总统的位置难以到手，立即撤销议和代表，继续用兵。帝国主义列强拒不承认南京临时政府，并准备武装干涉。在内外交困的情况下，孙中山被迫退让。1 月 22 日，孙中山声明只要清帝退位，袁世凯宣布赞成共和，即向临时参议院推荐袁世凯担任临时大总统。

袁世凯是个有野心的人，为了当大总统，连懵带吓，逼隆裕太后在退位诏书上签了字。宣统三年十二月二十五日（1912

清代——帝国余晖

年2月12日），袁世凯以清廷的名义颁布了宣统皇帝的退位诏书："前因民军起事，各省响应，九夏沸腾，生灵涂炭。特命袁世凯遣员与民军代表讨论大局，议开国会，公决政体。两月以来，尚无确当办法。南北暌隔，彼此相持。商辍于途，士露于野。徒以国体一日不决，故民生一日不安。今全国人民心理，多倾向共和。南中各省，既倡议于前；北方诸将，亦主张于后。人心所向，天命可知。予亦何忍因一姓之尊荣，拂兆民之好恶。是用外观大势，内审舆情，特率皇帝将统治权公诸全国，定为立宪共和国体。近慰海内厌乱望治之心，远协古圣天下为公之义。袁世凯前经资政院选为总理大臣，当兹新旧代谢之际，宜有南北统一之方，即由袁世凯以全权组织临时共和政府，与民军协商统一办法。总期人民安堵，海宇乂安，仍合满、蒙、汉、回、藏五族完全领土为一大中华民国。予与皇帝得以退处宽闲，优游岁月，长受国民之优礼，亲见郅治之告成，岂不懿钦！"

这样，统治中国二百多年的清朝灭亡了，延续两千多年的帝制也随之结束了。

袁世凯如愿以偿，当上了大总统。年仅6岁的溥仪移居养心殿，整天只知道贪玩，不明白隆裕太后为什么整日以泪洗面，更不明白自己已经成了亡国之君。